Bruno Bandulet

Was wird aus unserem Geld?

BRUNO BANDULET

WAS WIRD AUS UNSEREM GELD?

Ende der Täuschung:
Requiem für den Euro

Maastricht: Währungsunion oder
Währungsreform?

Operation Rheingold und der Schatz
der Bundesbank

Inflation – Ausweg aus der Schulden-
falle?

Wie Sie als Anleger auf Nummer
Sicher gehen

Wirtschaftsverlag Langen Müller Herbig

Schutzumschlag: Wolfgang Heinzel
Satz: Verlagsservice G. Pfeifer / EDV-Fotosatz Huber
Druck: Jos. C. Huber KG, Dießen
Binden: Großbuchbinderei Monheim
Printed in Germany
ISBN 3- 7844-7347-4

Inhalt

Vorwort

Auf dem Weg in die Währungsunion ...

Seit Beginn der neunziger Jahre liegt Unsicherheit über Deutschland: der Sozialstaat wankt, die Staatsfinanzen sind zerrüttet, das immer noch reiche Land steckt in der Schuldenfalle.

Ein halbes Jahrhundert nach Gründung der zweiten deutschen Demokratie sind tiefgreifende Reformen des Systems überfällig. Sie sind eine Frage des Überlebens. Und ausgerechnet in dieser Situation verschwendet die politische Klasse den Rest an Energie, der ihr verblieben ist, auf ein überflüssiges, hochriskantes Projekt: auf die Abschaffung der Deutschen Mark und die Einführung eines europäischen Zwangsgeldes.

Der Euro ist so, wie er in Bonn und Frankfurt vielleicht einmal beabsichtigt war, bereits gescheitert. Daß er verschoben oder für immer vertagt wird oder daß er die kritische Übergangsphase von 1999 bis 2002 nicht überleben wird – dies sind reale Möglichkeiten, die der Anlager ins Kalkül ziehen muß. Er sollte aber auch Vorsorge für den Fall treffen, daß die D-Mark verschwindet und mit ihr – um Edmund Stoiber zu zitieren – das erste richtige Geld, das die Deutschen seit dem Kaiserreich hatten.

Dieses Buch handelt von einer großen Gefahr, von ihren Zusammenhängen und Hintergründen, von ihren europäischen Verwicklungen. Es ist mehr als ein Buch über Geld. Es erkundet auch die Nahtstellen zwischen Politik und Hochfinanz. Denn der Euro ist politisch motiviert.

Schon dreimal in diesem Jahrhundert wurde die Politik der Währung zum Verhängnis: 1914, in der Inflation der Weimarer Zeit, in der Diktatur Hitlers und der nachfolgenden Währungsreform von 1948. Immer wenn wirtschaftliche Vernunft politischen Zielen untergeordnet wurde, zahlten die Bürger die Zeche.

Eine Anmerkung zur Terminologie. Ich spreche in meinem Buch nicht von der EU, wenn ich die EG meine. Dann sage ich auch EG. Die Europäische Gemeinschaft beziehungsweise die Europäischen Gemeinschaften (es sind genau genommen drei) existieren nach wie vor. Die EG bleibt für die Kernbereiche der europäischen Integration zuständig. Sie ist rechtlich relevant, nicht die EU. Die Europäische Union ist demgegenüber eine vage politische Konstruktion, ein Begriff mit werbewirksamen Untertönen.

Nicht nur der europäischen Kooperation, auch dem deutsch-französischen Verhältnis ist mehr Ehrlichkeit und jene Toleranz zu wünschen, die darin besteht, andere Völker so zu nehmen, wie sie sind. »Wir dürfen uns vor unseren Unterschieden nicht fürchten«, sagte Philippe Séguin, der Führer der französischen Gaullisten. Die Stärke Europas liegt in der Vielfalt. Gleichschaltung ist der Weg in die Schwäche.

Ich danke allen, die zu meinen Recherchen und zu den Resultaten des Buches beigetragen haben, unter ihnen: Professor Wilhelm Hankel, mit dem ich bereits 1995 ausführlich über die Konsequenzen der Währungsunion diskutieren konnte; Manfred Brunner, der den Maastrichter Vertrag und die Komplexitäten der Brüsseler Bürokratie kennt wie kaum ein Zweiter; und meiner Frau, die wie immer mit Rat und Tat geholfen hat.

Bruno Bandulet
Kurhausstr. 12
97688 Bad Kissingen
August 1997

Kapitel 1

Euro: Ende der Täuschung

Walter Hanel
Frankfurter Allgemeine Zeitung

»Ein früher Spielzug der Bonner Regierung bestand darin, dem Volk zu versichern, daß die sogenannten Beitrittskriterien eine stabile Einheitswährung garantieren würden, zumal die deutschen Politiker dann ja besonders scharf auf deren Erfüllung achten wollten. Lange Zeit erweckten Politiker und Funktionäre den Eindruck, als seien die Kriterien mit klar beobachtbaren Zahlenwerten, wie etwa 3,0% Neuverschuldung gleichzusetzen. Erst in jüngerer Zeit begann man das Publikum darauf vorzubereiten, daß die Auslegung der Kriterien flexibler erfolgen werde und daß der Entscheid über die Teilnehmer an der Währungsunion schließlich ein politischer sein werde. Der Eindruck der Unredlichkeit verstärkte sich in jüngster Zeit, als die Bonner Koalition zu neuen Tricks griff, um die fixe Idee der europäischen Währungsunion 1999 umzusetzen... Wenn der Finanzminister ›Guten Morgen‹ sagt, wird man sich fragen müssen, was er wohl damit meint.«

Neue Zürcher Zeitung, 30.5.1997

Kaum hatten Theo Waigel und Hans-Dietrich Genscher am 7. Februar 1992 in dem niederländischen Grenzort Maastricht ihre Unterschriften unter den Vertrag zur Abschaffung der D-Mark gesetzt, startete eine groß angelegte, in der Geschichte der Bundesrepublik beispiellose Desinformationskampagne.

Jahrelang fragten sich die Deutschen verwirrt, was aus ihrem Geld denn nun eigentlich werden solle. 1997, weniger als zwei Jahre vor dem Tag X, wußten sie es. Die Vision eines harten Euro, der Europas Völker einigen und ihnen Stabilität bescheren würde, entpuppte sich als Halluzination.

Die Geschichte der Täuschungen und Selbsttäuschungen, der Lügen und Halbwahrheiten, des versteckten Machtkampfes zwischen Bonn und Paris, aber auch zwischen Bonn und der Bundesbank in Frankfurt geht genau genommen noch länger zurück, auf die zweite Hälfte der achtziger Jahre.

Schon damals, nachdem Jacques Delors an die Spitze der EG-Kommission gerückt war, einigten sich die europäischen Regierungen in der sogenannten »Einheitlichen europäischen Akte« von 1987 nicht nur auf die Schaffung eines europäischen Binnenmarktes bis 1992, sondern auch auf das Fernziel einer Europäischen Währungsunion.

Völlig unbemerkt von der deutschen Öffentlichkeit, wurden hinter den Kulissen die ersten Drähte gezogen, nahm die Verschwörung gegen Mark und Bundesbank konkrete Formen an.

In jenen letzten Jahren vor der Wiedervereinigung existierte das EuropäischesWährungssystem, die Devisenkurse schwankten innerhalb enger Bandbreiten, ab und zu mußten Franc oder Lira abwerten, aber nie die D-Mark.

Die Bundesbank dominierte das Währungsgeschehen in Europa, die Deutsche Mark war der Anker des Systems. Jacques Delors nahm sich vor: »Bislang ist das Europäische Währungssystem eine DM-Zone. Das muß sich ändern.«

Ein erster Versuch, das zu ändern, fällt auf den November 1987. Die Regierungen in Bonn und Paris beschlossen einen deutsch-französischen »Finanz- und Wirtschaftsrat«, um die bis dahin unabhängige Bundesbank an die Kandare zu nehmen. Der Rat sollte völkerrechtlich verbindlich in den deutsch-französischen Vertrag von 1963, den Adenauer und de Gaulle ausgearbeitet hatten, aufgenommen werden. Hinter dem Manöver standen Helmut Kohl und Außenminister Genscher. Aber auch Finanzminister Stoltenberg war involviert.

Stoltenberg weigerte sich sogar, wohl auf Anweisung von oben, den Vertragstext dem damaligen Bundesbankpräsidenten Karl Otto Pöhl zuzustellen. Pöhl mußte ihn sich bei seinem französischen Kollegen besorgen. Als sich der Frankfurter Zentralbankrat querlegte und die Bundesregierung keinen Rückhalt in der Öffentlichkeit fand, mußte Kohl einen Rückzieher machen. Der Plan wurde auf Eis gelegt.

Entwarnung war dennoch nicht angesagt. 1988 wurde zum Jahr der Weichenstellung in Richtung auf Maastricht. Kein Geringerer als Jacques Delors - Sozialist und französischer Nationalist gleichermaßen - übernahm den Vorsitz eines EG-Ausschusses, der die Europäische Währungsunion vorbereiten sollte. In dem Ausschuß saßen alle Notenbankgouverneure der EG, unter ihnen Pöhl, der sich später wegen der deutschen Währungsunion mit dem Bundeskanzler heillos zerstreiten sollte.

Ebenfalls 1988 stattete der Kanzler dem Zentralbankrat in Frankfurt einen Besuch ab und deckte erstmals seine Karten auf. »In der Währungsunion«, so teilte er den verblüfften Zentralbankiers mit, »muß Frankreich entgegengegangen werden. Dies muß man wie das Wetter hinnehmen. Wenn man merkt, so geht es nicht, muß man es anders machen. Das ist ein wesentlicher Weg der Politik.«

»Wenn nötig, verkauft Kohl auch die Bundesbank«

Die Herren im großen Sitzungssaal der Bundesbank ahnten die Absicht hinter der verquollenen Sprache. »Wir haben gedacht, wenn nötig, verkauft er auch die Bundesbank«, äußerte sich später ein Mitglied des Zentralbankrates.

Daß Kohl, Delors und der französische Präsident Mitterrand schon 1988 gegen Bundesbank und Mark konspirierten und dabei die Öffentlichkeit mit Absicht im unklaren ließen, geht auch aus einer Äußerung von Pöhl hervor, die er ein Jahr später im kleinen Kreis machte: »Wenn der Plan bekannt wird und die deutsche Öffentlichkeit begreift, was es damit auf sich hat - vor allem, daß es um ihr Geld geht und daß die Entscheidungen künftig nicht mehr von der Bundesbank gefällt werden, sondern von einer neuen Institution -, dann, nehme ich an, wird sich erheblicher Widerstand regen.«

Widerstand hatte sich bereits geregt, und zwar in Bayern. Der deutsch-französische Vorstoß vom November 1987 hatte den Präsidenten der Bayerischen Landeszentralbank, Lothar Müller, dazu animiert, einen Brief an die Staatskanzlei in München zu schreiben: »Wir sollten nicht auch noch die Währungspolitik und das deutsche Sparbuch einer falsch verstandenen europäischen Kompromißbereitschaft opfern.«

In der Staatskanzlei saß damals Edmund Stoibers Vorgänger und politischer Ziehvater: Franz Josef Strauß. Zeit seines Lebens ein überzeugter Europäer, konnte er sich dennoch oder gerade deswegen mit Kohls währungspolitischen Winkelzügen nicht anfreunden. Strauß schrieb an den Kanzler: »Wem könnte der Marsch in eine Weichwährungsunion, eine Harmonisierung in Richtung höherer Inflationsraten, eine kurzatmige Wirtschafts- und Haushaltspolitik nützen?«

Strauß hatte, ohne es zu ahnen, eine Frage gestellt, die noch neun Jahre später brandaktuell sein würde. Aber er hatte wohl, wie so viele, die Beharrlichkeit Kohls und seiner Verbündeten in Brüssel und Paris unterschätzt.

Derselbe Fehler unterlief Karl Otto Pöhl. Er wurde in die Vorverhandlungen eingebunden, er durfte selbst am Statut der Europäischen Zentralbank, so wie es in den Maastrichter Vertrag aufgenommen wurde, mitarbeiten – und er glaubte zu lange, er könne auf Zeit spielen.

Erstens verkalkulierte er sich, als er annahm, Frankreich werde eine Europäische Zentralbanksatzung nach deutschem Vorbild nicht akzeptieren. Und zweitens glaubte er, die Bundesregierung werde an dem Junktim zwischen politischer Union und Währungsunion festhalten. Da Frankreich aber von einer echten politischen Union Europas mit französischem Souveränitätsverzicht wenig hielt, bestand deswegen auch – so dachte sich Pöhl – keine Aussicht auf eine monetäre Union.

So sah es jedenfalls aus, als Pöhl am 19. September 1990 in einem Raum der Frankfurter Börse vor Finanzfachleuten aus dem Nähkästchen plauderte. Ich nahm an dem Treffen teil und studierte den mächtigen Mann aus nächster Nähe: seine lässige Attitüde, das feine Tuch seines Anzugs, den kosmopolitischen Horizont, die Goldmünzen in den Manschetten, seinen Hang zur Ironie und Selbstironie. Der Kontrast zu seinem Gegenspieler Kohl hätte kaum größer sein können.

Als Vorsitzender des Ausschusses der europäischen Notenbankgouverneure konstatierte Pöhl: »Wir sind nicht dagegen, daß es eine europäische Notenbank und eine europäische Währung irgendwann geben wird.« Die Betonung lag auf irgendwann – und das sagte er nur ein knappes Jahr bevor der Vertrag in Maastricht im Dezember 1991 paraphiert wurde!

Pöhl lästerte über die »ständigen Richtlinien einer riesigen Bürokratie in Brüssel«, äußerte Sympathie für die britische Euroskeptikern Margaret Thatcher, warf der EG-Kommission vor, sich wie eine »Superregierung« zu gerieren – und lehnte vor allem jeden Automatismus auf dem Weg in eine Währungsunion ab. Er forderte die Regierungen auf, »sich nicht unter Zeitdruck setzen zu lassen mit symbolischen Zeitdaten«.

Pöhls Taktik bestand ganz offensichtlich darin, die Bedingungen für eine Währungsunion so hoch anzusetzen, daß sich Frankreich und die anderen nicht darauf einlassen würden. Vor allem dachte er dabei an die Unabhängigkeit der Zentralbank, die französische Traditionen völlig zuwiderlief: »Ich bin noch nicht sicher, daß dieser Brocken geschluckt wird«, so damals Pöhl.

Und schließlich seine Warnung vor den enormen Kosten, die eine Währungsunion in Form von Subventionen verursachen würde. Denn: Sobald das Ventil möglicher Wechselkursänderungen entfalle, müsse die »Anpassung« über den Arbeitsmarkt und über Finanztransfers erfolgen. Damit meinte er: höhere Arbeitslosigkeit, höhere Subventionen aus deutschen Kassen.

Pöhl sprach für die gesamte Bundesbank, als er in der Frankfurter Runde warnte: »Wir hätten in einem solchen Prozeß viel zu verlieren. Für die Bundesrepublik würde es bedeuten, daß wir die Deutsche Mark auf dem europäischen Altar zum Opfer bringen. Was wir haben, wissen wir. Was wir bekommen, wissen wir nicht.«

Tatsächlich konnte 1990 niemand ahnen, daß Kohl in Maastricht seine eigenen Verhandlungsziele verraten, eine diplomatische Niederlage größten Ausmaßes einstecken und dieses Fiasko hinterher auch noch als europäische Errungenschaft verkaufen würde.

Kohl hatte sich immer ganz klar auf die Parallelität zwischen Währungsunion und Politischer Union festgelegt. Noch am 27. August 1991, bei der Verabschiedung Pöhls aus dem Amt, hatte er erklärt: »Zu unseren unverzichtbaren Grundpositionen gehört auch die Forderung, daß die beiden Regierungskonferenzen über die Wirtschafts- und Währungsunion wie über die Politische Union eine untrennbare Einheit bilden.« (Beide Konferenzen tagten in Vorbereitung des Maastrichter Treffens nebeneinander.)

Die Bonner Verhandlungsfehler

Tatsächlich hatten sich Kohl und Mitterrand vier Monate nach dem entscheidenden Europagipfel von Straßburg im Dezember 1989 darauf geeinigt, »parallel« über Währungsunion und Politische Union zu verhandeln. Und als Kohl wenige Tage vor der Maastrichter Konferenz gefragt wurde, was er denn tun werde, wenn am Ende zwar eine Einigung über die Währungsunion, aber nur ein Minimalkompromiß über die Politische Union herauskäme, gab er zur Antwort: »Dann gibt es Krach.«

Die Politische Union bekam Kohl in Maastricht bekanntlich nicht, trotzdem opferte er die Mark. Und er ließ sich – das war der zweite, noch schlimmere Fehler – auf einen starren Zeitplan ein. Genauer: auf den Vertragsteil, der einerseits Konvergenzbedingungen aufstellte und andererseits feststellte, daß die Währungsunion spätestens zum 1. Januar 1999 beginnen müsse.

Ein fester Zeitplan war aber nicht einmal im Delors-Bericht von 1989 vorgesehen, und er war in sämtlichen Erklärungen der Bundesbank vom September 1990 bis Ende 1991 strikt abgelehnt worden. Kohl lief wider besseres Wissen in die Falle, die man ihm in Maastricht gestellt hatte.

Er akzeptierte die innere Unlogik des Vertrages. Ein unverrückbares Datum festzulegen und gleichzeitig Konvergenzbedingungen für die Teilnahme an der Währungsunion zu stellen, war widersinnig. Das war ungefähr so stimmig wie die Ankündigung: Am Sonntag machen wir einen Ausflug, wenn die Sonne scheint, aber wir machen den Ausflug auf jeden Fall am Sonntag.

Es gab noch einen dritten, besonders skandalösen Konstruktionsfehler im Maastrichter Vertrag: Die Teilnahme an der Währungsunion war nicht freiwillig, und der Vertrag sollte für alle Ewigkeit gelten. Das bedeutete: Der EG-Rat würde spätestens in der ersten Jahreshälfte 1998 Deutschland zum Euro zwingen können, selbst wenn dann triftige Gründe gegen die Währungsunion sprachen.

Bonn setzte sich in einer Schicksalsfrage der Gefahr aus, von Ländern majorisiert zu werden, die seit Jahr und Tag von deutscher Finanzhilfe abhängig sind! Allerdings hat das Bundesverfassungsgericht in Karlsruhe später, in dem bekannten Brunner-Urteil vom Oktober 1993, festgelegt, daß die Bundesregierung an diesen Automatismus nicht gebunden ist.

Manfred Brunner sagte mir dazu: »Das Bundesverfassungsgericht hat den Vertrag nur mit einer neuen Interpretation seines Inhalts akzeptiert.«

Daß sich die deutsche Delegation in Maastricht auf einen Vertrag einließ, den sie nach ihren eigenen Vorgaben hätte ablehnen müssen, hatte mit der Wiedervereinigung zu tun. Die Regierung glaubte offenbar, für die französische Zustimmung zur Wiedervereinigung nahezu jede Gegenleistung erbringen zu müssen – einschließlich der Liquidation der Deutschen Mark.

Richtig ist, daß Präsident Mitterrand halbherzig versuchte, die Wiedervereinigung zu hintertreiben (daher sein peinlicher Besuch in Ostberlin kurz vor dem Sturz des Regimes) und dann die Chance auf ein Gegengeschäft witterte und ergriff.

Sein außenpolitischer Berater, Jacques Attali, sagte denn auch ganz unumwunden, Maastricht sei ein langer und hochkomplizierter Vertrag, der im wesentlichen nur einem Zweck diene: »die Mark loszuwerden«.

Nur stand es zu keinem Zeitpunkt im Belieben Frankreichs (oder Großbritanniens), die Wiedervereinigung zu verweigern. Das mußte Kohl eigentlich wissen. Deutschland wurde vereinigt, weil die USA dies so wollten und weil die Sowjetunion zu schwach war, es zu verhindern. Schon am 24. Oktober 1989, 16 Tage vor dem Fall der Mauer, erklärte Präsident Bush: »Ich teile die Sorge nicht, die einige europäische Länder wegen einer Wiedervereinigung Deutschlands haben.«

Als Kohl am 15. Juli 1990 in der Sowjetunion zu Verhandlungen eintraf, war der amerikanisch-russische Deal praktisch schon perfekt. Die Deutschen »bewegten sich an einer langen, aber starken Leine, die Washington in der Hand hielt«, schrieb dazu Josef Joffe in der führenden außenpolitischen Zeitschrift der USA, *Foreign Affairs*.

Wer das bezweifelt und immer noch an die Legende glaubt, »Europa« habe die Wiedervereinigung ermöglicht, möge das hervorragend recherchierte Buch der amerikanischen Autoren Zelikow und Rice lesen (*Germany Unified and Europe Transformed*, Cambridge 1995).

Nur halbwahr ist übrigens, daß Kohl »die deutsche Einheit wollte«, wie er auf dem Titel seines Buches verkündete. Er wollte sie, als sie zum Greifen nah war und gar nicht mehr hätte verhindert werden können. 1990 führte er die Verhandlungen durchaus zielstrebig und mit großem Geschick. Aber vorher? In den Jahren vor 1989 gehörte, wie der britische Autor David Marsh anmerkte, das Wort Wiedervereinigung nicht zu seinem Vokabular. Noch ein knappes Jahr vor dem Fall der Mauer meinte er, daß er ein solches Ereignis wohl nicht mehr erleben werde – Ronald Reagan war bei seinem Berliner Besuch in dieser Hinsicht der eigentliche Realist. Und als Kohl im Februar 1989, nur neun Monate vor dem Fall der Mauer, gefragt wurde, wie er sich die Wiedervereinigung eines Tages vorstelle, fiel ihm als Antwort nichts Originelleres ein, als daß es ihm um »die politische Einheit Europas« gehe.

Von Jean-Pierre Chevènement, dem französischen Euroskeptiker, stammt der kluge Satz: »Wer von Politik nicht reden will, soll vom Euro schweigen.«

Es ist zurecht ein Kernsatz deutscher Außenpolitik, daß sich diese Mittelmacht im Zentrum Europas nicht isolieren darf. Die Behauptung, Bonn müsse die D-Mark aufgeben, um der Isolierung zu entgehen, ist aber frei erfunden. Die Skandinavier sind am Euro nicht oder nicht übermäßig interessiert, die Briten erst recht nicht und die USA – das ist besonders wichtig – haben Bonn nie dazu gedrängt. Nur die romanischen Länder wünschen den Euro, weil sie sich davon – fälschlicherweise – Vorteile versprechen.

Mit den Hintergründen der Wiedervereinigung hat sich Professor Detlef Junker in einem gut recherchierten Aufsatz in der *FAZ* vom 13. März 1997 befaßt. Er verwies darauf, daß die Mehrheit der Amerikaner die deutsche Vereinigung freudig begrüßt habe – trotz des »tiefsitzenden Mißtrauens gegenüber Deutschland bei vielen Intellektuellen, in der akademischen Welt und im amerikanischen Judentum«. Die USA seien traditionell nie deutschfeindlich gewesen. »Deutschland wurde nur dann zu einem Problem für die Vereinigten Staaten, wenn es zum Hegemon oder Unterdrücker Europas aufzusteigen drohte.«

Auch in den Wendejahren 1989/90 war es wieder die Supermacht Amerika, die das Gleichgewicht der Kräfte in Europa garantierte und durchsetzte, daß Deutschland in der Nato blieb. In einer Nato, die nach einem berühmten Satz von Lord Ismay zu dem Zweck gegründet worden war, »die Sowjets draußen, die Amerikaner drinnen und die Deutschen unten zu halten«.

Seit es die Nato gibt, ist Deutschland militärisch nicht mehr selbständig. Auf sich allein gestellt, ist die Bundeswehr weder zur Verteidigung noch zum Angriff fähig. Die Frage von Krieg oder Frieden stellt sich nicht mit dem Euro, sie ist längst beantwortet. Deutschland ist Mitglied der Nato, eines Verteidigungsbündnisses souveräner Staaten – ein Integrationsmodell, das die Ideologen in Bonn, Brüssel und Paris bezeichnenderweise für die europäische Zusammenarbeit ablehnen. Das Gerede von einer deutschen Gefahr, die eingedämmt werden müsse, dient nur der Bemäntelung pekuniärer Interessen. Es geht um Geld, nicht um hehre Ideale und schon gar nicht um Krieg oder Frieden.

In seinem Euro-Buch geißelt Roland Baader das dümmliche Kokettieren deutscher Politiker mit der Gefährlichkeit ihres Landes. Er zitiert den Vorsitzenden des Maastricht-Sonderausschusses des Bundestages, Günther Verheugen, mit den Worten: »Ein starkes, geeintes Deutschland kann leicht – die Geschichte lehrt es – eine Gefahr für sich selbst und für andere werden.«

Baader meint dazu: »Gemeinschaft und friedliche, aber entschlossene Solidarität erfordert das selbstbewußte und verantwortungsbereite Miteinander aufrechter Freunde, und nicht die Selbsteinlieferung in eine korporative Verwahranstalt für Unmündige.«

Jedenfalls hätte sich die Bundesregierung nicht isoliert, wenn sie den Maastrichter Vertrag unter diesen Bedingungen abgelehnt hätte. Die USA haben nicht darauf gedrängt, die Sowjetunion ebenfalls nicht. Washington blieb bis heute auf Distanz zum Euro. Professor Junker kam zu folgendem Urteil:

»Es erscheint fraglich, ob die amerikanische Regierung im Frühjahr 1990 die Tragweite und mögliche Dynamik des Preises richtig eingeschätzt hat, den besonders Frankreich für die Zustimmung zur deutschen Vereinigung von der Bundesrepublik verlangte und erhielt: das Versprechen, das vereinigte Deutschland, insbesondere die D-Mark zu europäisieren.«

Andreotti und die Mafia setzten auf den Euro

Frankreich erhielt zwar die gewünschte »Kompensation« für die Wiedervereinigung (so Josef Joffe), aber internationaler Druck stand nicht dahinter. Es handelte sich in Wirklichkeit um eine meisterhafte diplomatische Leistung zweier Männer, von denen sich Kohl in Maastricht ausmanövrieren ließ: François Mitterrand und Giulio Andreotti.

Beide hatten sich bereits am Sonntagabend, dem 8. Dezember, noch vor Eröffnung des Maastrichter Gipfels, in einem Hotel außerhalb der Stadt getroffen und einen machiavellistischen Plan ausgeheckt: Sie würden die strengen deutschen Vertragsbedingungen, vor allem die Konvergenzkriterien akzeptieren (obwohl Italien sie gar nicht erfüllen konnte) und dafür die deutsche Verpflichtung einfordern, spätestens 1999 automatisch und unwiderruflich mit der Währungsunion zu beginnen.

Mitterrand lebt nicht mehr, Andreotti steht vor Gericht. Er soll ein Exponent der Mafia gewesen sein. Nicht nur das, nach Aussagen eines Kronzeugen hat die sizilianische Cosa Nostra – wie praktisch – mehrere innerparteiliche Gegner Andreottis liquidiert. Das wurde im Juli 1997 bekannt. Ebenfalls im Juli meldete die deutsche Presse: »Die Mafia setzt auf den Euro.« Wie klug von der Mafia.

Aber hat sie das nicht schon in Maastricht getan? Schließlich haben die verschiedenen Mafia-Organisationen in Europa einen jährlichen Umsatz von 350 Milliarden Dollar. Das ist soviel, wie die fünf größten europäischen Unternehmen (Shell, Daimler, BP, VW und Siemens) zusammen umsetzen. Der Euro geht zwar auf Kosten des Mittelstandes, erleichtert aber den Großkonzernen das Geschäft ungemein.

Der französische Zyniker Talleyrand meinte einmal, den Politikern sei die Sprache gegeben, um ihre Gedanken zu verbergen. Wir müssen deswegen scharf unterscheiden zwischen den offiziellen Erklärungen, mit denen der Euro gewöhnlich begründet wird, und den wirklichen Motiven im Hintergrund.

Was man offiziell hört, ist manchmal nebensächlich, manchmal gelogen und nicht selten auch abstrus.

Unmittelbar nach der Paraphierung des Vertrages im Dezember 1991 und der Unterzeichnung im Februar 1992 schien die Bundesregierung nicht sonderlich daran interessiert gewesen zu sein, daß sein Inhalt einer breiteren Öffentlichkeit in Deutschland bekannt würde.

Am 12. Februar 1992 äußerte sich Theo Waigel in Kiel folgendermaßen: »Müssen wir die Deutsche Mark opfern, wie vielfach behauptet wird? Die klare Antwort ist: Nein!« Und in einem Interview mit dem Handelsblatt vom 9. Dezember 1991 hatte er die Währungsunion noch so erklärt: »Dabei wird unsere D-Mark nicht geopfert. Sie bleibt als Garant unseres wirtschaftlichen Erfolgs und unseres Wohlstandes das Symbol deutscher Stabilitätspolitik.«

Dann ist ja alles in Ordnung, wird sich mancher brave Bürger gedacht haben. Noch im Europa-Wahlkampf 1994 stieß ich bei Vorträgen auf diese typische Reaktion: »Was? Die Mark soll abgeschafft werden? Das glaube ich nicht!«

Als der Groschen erst einmal gefallen war, setzte die Regierungspropaganda mit voller Wucht ein. Es wurde behauptet, der Binnenmarkt erfordere eine einheitliche Währung, ohne den Euro falle die EU wieder auseinander, der Euro werde mindestens so stabil wie die D-Mark sein, wir schaffen neue Arbeitsplätze, Deutschland könne ohne den Euro global nicht mehr mithalten, die EU habe uns fünf Jahrzehnte lang vor einem Krieg bewahrt (Originalton Roman Herzog) und überhaupt stelle sich jetzt für den Kontinent die Frage von Krieg oder Frieden (Originalton Kohl). Alles erfunden, alles Unterstellungen ohne die Spur eines Beweises.

Wir müssen nach den wirklichen Motiven fahnden. Dabei kam es im Laufe der Jahre zu interessanten Verschiebungen, zu wechselnden Absichten der einzelnen Akteure. Es lassen sich vier Phasen unterscheiden:

Von 1987 bis 1990 handelte es sich noch um eine Wiederaufnahme früherer Pläne für eine Währungsunion, die bis auf den sogenannten Werner-Bericht von 1970 zurückgingen. Mit einer Währungsunion war damals nichts anderes gemeint, als was der Terminus besagt, nämlich eine Fixierung der Wechselkurse. Die einzelnen Währungen sollten nicht beseitigt werden. Und von einem starren Zeitplan war ohnehin nicht die Rede. So gesehen wäre die Währungsunion nicht viel mehr als eine Fortsetzung des Europäischen Währungssystems gewesen, das 1992/1993 auseinanderbrach, weil die Schwachwährungsländer zu lange mit einer neuen Abwertung gewartet hatten.

Im Jahr der Wiedervereinigung riß Frankreich das Gesetz des Handelns an sich. Kohl ließ sich in Maastricht völlig neue, für Deutschland extrem nachteilige Bedingungen diktieren. In einem viel zitierten Leitartikel vom 18. September 1992 brachte der Pariser *Figaro* die Situation auf den Punkt: »Deutschland wird zahlen, sagte man in den zwanziger Jahren. Heute zahlt es: Maastricht, das ist der Versailler Vertrag ohne Krieg.«

Die nächste Runde – das war Phase 3 – ging mehr oder weniger an die Bundesregierung. Das 1994 gegründete Europäische Währungsinstitut, der Vorläufer der Europäischen Zentralbank, erschien wie eine Zweigstelle der Bundesbank. Europa schien sich dem deutschen Stabilitätsdiktat zu beugen. Der Euro würde zu einer Fortsetzung der D-Mark mit anderen Mitteln werden, glaubte man selbstbewußt in Bonn und Frankfurt.

Die Verfechter solcher Hegemonialvorstellungen wollten tatsächlich keinen weichen, sondern einen harten Euro. Bis zum Herbst 1996 sah es fast so aus, als könne das Prinzip Bundesbank und die Mark selbst nach Europa »exportiert« werden, wie Waigel einmal versprach.

Aus diesen Jahren eines überhöhten deutschen Selbstgefühls sind starke Sprüche überliefert. Der CSU-Europapolitiker Dr. Ingo Friedrich sprach im August 1993 von einer »Führungsrolle« Deutschlands in Europa, von einem »führenden Platz« und einem »Primus inter pares«. Das Papier, das er für die Presse erstellte, trug den schönen Titel: »Europa auf dem Prüfstand – Deutschlands Weg ins nächste Jahrhundert«.

Wenig bescheiden äußerte sich auch der Kanzler am 8. Dezember 1994 in der ARD-Sendung »Farbe bekennen«. Auf die Frage nach einer Führungsrolle der Bundesrepublik zierte er sich erst, und dann kam es doch heraus: »Wir müssen es auch machen. Wir haben es ja längst akzeptiert. Aber wir dürfen um Gottes Willen doch nicht dauernd darüber reden. Lassen Sie doch das andere sagen. Als junger Abgeordneter habe ich von Konrad Adenauer mal ein bemerkenswertes Wort gehört, das ich gar nicht gleich verstanden habe. Heute verstehe ich es besser. Der sagte einmal salopp: Wir waren 50 Jahre die Hochstapler in Europa, jetzt müssen wir 50 Jahre die Tiefstapler sein. Das ist keine Abkehr von deutschen Interessen, sondern wir müssen nicht jeden Tag den Kopf zum Fenster heraushängen und der ganzen Welt verkünden: Wir sind wer, wir sind 80 Millionen, wir sind wirtschaftlich die Stärksten. Das wissen die alle... Wir müssen psychologisch geschickt sein.«

Nicht viel anders drückte es Karl Lamers, der CDU-Außenpolitiker, 1995 in einer Sitzung der Unionsfraktion aus: »Wir müssen führen, aber ohne daß es jemand merkt.«

Auf einer ähnlichen Linie lagen bis 1996 die deutschen Großbanken. Sie machten sich für den Euro stark, weil sie die Chance sahen, in einem großen europäischen Kapitalmarkt noch mächtiger zu werden. Sie dachten in geopolitischen Zusammenhängen. Sie träumten von einem Euro als Gegengewicht zum Dollar. Dazu durfte er aber auf keinen Fall eine schwindsüchtige Weichwährung werden.

Wie die Großbanken (und mit ihnen zeitweise die Bundesbank) dachten, läßt sich sehr schön aus einer 1995 erschienenen Publikation der Deutschen Bank (*»Eine stabile Währung für Europa«*) herauslesen. Die geldpolitische »Dominanz« der Bundesbank abzugeben sei aus deutscher Sicht nur dann berechtigt, »wenn die Geldpolitik der Europäischen Zentralbank mindestens so stabilitätsorientiert wie die der Bundesbank gefahren wird«.

Die Deutsche Bank glaubte damals noch an eine vertragskonforme, kleine und harte Währungsunion – und daran, daß die Konvergenzkriterien ernst genommen würden. Wörtlich: »Da ein Beitritt zur Währungsunion an die Erfüllung strenger Konvergenzkriterien gebunden ist, werden nur stabilitätserprobte Länder mit ähnlichen Wirtschaftsstrukturen teilnehmen.«

So hätte der Euro vielleicht funktionieren können, aber die Strategen in Frankfurt und Bonn hatten sich übernommen. Niemand in Europa dachte ernsthaft daran, sich von den Deutschen führen zu lassen.

Wer die Vormacht spielen will, muß erst einmal dafür sorgen, daß er in zuständigen Gremien nicht jederzeit überstimmt werden kann. Dabei wäre zum Beispiel die Lektüre der Satzung des Internationalen Währungsfonds hilfreich gewesen. Alles läuft dort so, wie es die Interessen der amerikanischen Außen- und Währungspolitik verlangen.

Als die Insider der Deutschen Bank schließlich merkten, daß das Spiel nicht nach Plan verlief, erhielten die »global traders« und die wichtigsten Großkunden der Bank im November 1996 folgende Mitteilung: Das Risiko sei gestiegen, daß die Währungsunion entweder verschoben oder ganz aufgegeben werden müsse. Ein Engagement in den Bonds der europäischen Weichwährungsländer sei jetzt eine »gefährliche Strategie«.

Damit wären wir bei Phase vier des Machtkampfes, deren Beginn ich auf das vierte Quartal 1996 datiere. Genauer: auf den EG-Gipfel in Dublin.

In Dublin verlor Kohl die Schlacht um den Euro

In der irischen Hauptstadt Dublin im Dezember 1996 verlor Helmut Kohl endgültig die Schlacht um einen stabilen, D-Mark ähnlichen Euro. Seit Dublin steht fest, daß es keine Europäische Zentralbank als Ebenbild der Bundesbank geben wird, daß Europa die deutsche Geldphilosophie nicht übernehmen, daß der Euro nicht der Mark, sondern dem Franc oder der Lira ähnlich sein wird.

In einer siebzehnstündigen Marathonsitzung beschuldigte Finanzminister Waigel seinen französischen Kollegen Arthuis in Dublin immer wieder, sich vom Geist des Maastrichter Vertrages zu entfernen. »Ich habe den Theo nie so wütend gesehen«, berichtete ein hoher EU-Diplomat. Ein Bonner Vertreter verglich Chirac, der sich schon vorher mit Kohl in Nürnberg getroffen hatte, mit einem »Aal«.

In der *Financial Times* vom 16. Dezember war zu lesen, daß Frankreich sich bei den Verhandlungen geweigert hatte, seine Karten aufzudecken und daß es keine Zusagen betreffs Aufgabe französischer Souveränitätsrechte gegeben habe. Arthuis habe es abgelehnt, Waigel nachzugeben, so das Londoner Blatt. »Am Ende willigten die Deutschen ein, aber nur, weil Kohl schon mehrere Tage vorher entschieden hatte, daß die Risiken der Verschiebung einer Einigung zu hoch seien.«

In Dublin zeichnete sich auch ab, daß es Frankreich und den Südeuropäern gelingen könnte, eine romanische Achse gegen deutsche Stabilitätsvorstellungen zu bilden und die Politik einer künftigen Europäischen Zentralbank nach ihrem Geschmack zu modellieren.

Auf einer Pressekonferenz unterstrichen der französische und der spanische Wirtschaftsminister, daß der von Waigel durchgesetzte »Stabilitätspakt« keinen Automatismus vorsehe, sondern daß der Rat der Finanzminister im Einzelfall entscheiden werde. Präsident Chirac drohte sogar, die Ernennung des von Deutschland favorisierten Niederländers Wim Duisenberg zum Präsidenten der künftigen Zentralbank zu blockieren.

Unabhängig davon bezeichnete Chirac im Fernsehen den Euro als »Mittel, um den Dollar zu bekämpfen«.

Auf einer Pressekonferenz am 14. Dezember in Dublin präsentierte sich der französische Präsident als Sieger: »Was wir nicht akzeptieren wollten, war ein Automatismus, den die Deutschen zu Beginn wünschten. Den gibt es nun nicht.«

Chirac ließ auch keinen Zweifel daran, welchen Grad von Unabhängigkeit die Europäische Zentralbank genießen würde: »Was die politische Macht betrifft, so stellt sich da praktisch kein Problem. Da gibt es keine Meinungsverschiedenheit, auch nicht mit den anderen Europäern. Das heißt, daß in Wirklichkeit der Ministerrat, aber vor allem der Rat der Staats- und Regierungschefs der Länder, die den Euro einführen, ge-

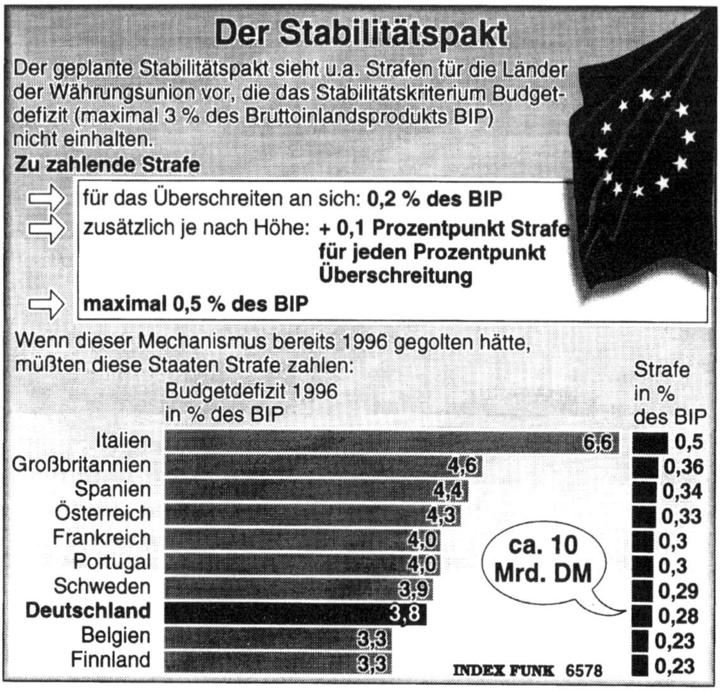

meinsam in noch unbestimmter Form, die Macht gegenüber der Europäischen Zentralbank darstellt.«

Noch deutlicher machte es Premierminister Juppé in einem Zeitungsinterview: »Wir wollen nicht, daß alle Entscheidungen von einem technokratischen, halbautomatischen System unter der alleinigen Autorität der Europäischen Zentralbank getroffen werden.«

William Rees-Mogg, einer der einflußreichsten Publizisten Englands, kam in der Londoner *Times* vom 16. Dezember 1996 zu dem Schluß: »Es ist jetzt mehr als wahrscheinlich, daß Italien und Spanien an der Einheitswährung von Anfang an teilnehmen können. Der Euro wird keine germanische und unabhängige Währung sein, sondern eine lateinische und eine politisierte – weniger ein Ersatz für die Deutsche Mark als ein Ersatz für den Franc. Er wird keine Hartwährung sein, sondern bestenfalls eine halbweiche. Die Deutsche Mark ist das Symbol der deutschen Errungenschaften nach dem Kriege. Sie für eine Euro-Mark einzutauschen, wäre ein Opfer, aber ein erträgliches. Sie in einen Euro-Franc zu wechseln, ist in der Tat bitter.«

Der Finanzkommentator Anatole Kaletsky hatte das Debakel von Dublin kommen sehen. Bereits am 19. November 1996 schrieb er in der *Times*: »Während Deutschland mehr und mehr Kompromisse bei der Währungsunion eingeht, wird es der deutschen Öffentlichkeit wohl nach und nach klar werden, daß Helmut Kohl sie in die Niederlage führt, nicht zum Triumph. Die Deutschen könnten anfangen zu denken, daß der Vertrag von Maastricht in der Geschichte als Deutschlands dritte Kapitulation vor Frankreich in weniger als einem Jahrhundert beurteilt werden wird: als natürlicher Nachfolger der Verträge von Versailles und Potsdam.«

Es lohnt sich eben immer wieder, die britische Presse zu lesen. Sie hat einen Hang zum Aussprechen von unangenehmen Wahrheiten.

Zwar mag der Vergleich mit Versailles und Potsdam übertrieben sein, aber seit Dublin und vor allem seit dem Machtantritt der Sozialisten in Frankreich hat sich der Kreis geschlossen. Das europäische Machtspiel ist dorthin zurückgekehrt, wo es am Abend des 8. Dezember 1991, als sich Mitterrand und Andreotti in Maastricht zum Tête-à-tête trafen, seinen Anfang genommen hatte.

Zur Debatte steht nichts anderes als die sinnlose Liquidation der D-Mark – ohne die Aussicht, einen gleichwertigen Ersatz zu erhalten. Was schon 1991 absehbar war, ist jetzt Gewißheit: Deutschland wird unter dem Strich der große Verlierer sein.

Frankreich hat sich übernommen, Kohls Politik endet in der Sackgasse. Der Euro wird so, wie sich das der Kanzler einmal vorgestellt hatte, nicht kommen. Jedenfalls nicht als

Währung, die Europa eint und stärkt. Nicht als Währung, die einen neuen deutsch-französischen Aufbruch einläutet. Und nicht als Währung, die dem seit 1948 neu erworbenen deutschen Reichtum Bestand und Sicherheit im nächsten Jahrtausend verbürgt.

Die Operation ist mißglückt, sie sollte abgebrochen werden. Vielleicht muß sie, sobald sich die Karlsruher Richter ein zweites Mal mit der Verfassungsmäßigkeit der geplanten Währungsunion befassen, ohnehin eingestellt werden. Dann gibt es immer noch die Möglichkeit, Artikel 109j (4) des Maastrichter Vertrages heranzuziehen und die Währungsunion zwar vertragsgemäß zum 1. Januar 1999 beginnen zu lassen, jedoch als leere Hülse und ohne Mitglieder. Diesen eleganten und zugleich juristisch sauberen Ausweg läßt der Vertragstext durchaus offen.

Daß der Termin des 1. Januar 1999 nicht rechtlich bindend ist, bestätigte kein Geringerer als Jean-Louis Dewost, der Chef der EG-Rechtsabteilung, im Juli 1993 vor dem Bundesverfassungsgericht in Karlsruhe.

Der Euro war immer ein »europäisches Abenteuer«, wie ihn Wim Duisenberg, der Präsident des Europäischen Währungsinstituts, einmal nannte. In Dublin und Amsterdam wurde aus dem Abenteuer eine europäische Farce. Wenn zugelassen wird, daß die Farce in der Tragödie endet, hätten alle verloren – nicht nur die Deutschen ihre Mark.

Kapitel 2

Die Hüter unseres Geldes

„ . . . und jetzt warten wir noch auf den Euro!“

»In Deutschland sind die Preise längerfristig weniger gestiegen als in den meisten anderen Industrieländern. Zur Stabilität der D-Mark hat die Geldpolitik der Bundesbank maßgeblich beigetragen, die sich auf einen klaren gesetzlichen Auftrag, eine unabhängige Stellung und ein überzeugendes geldpolitisches Konzept stützen konnte. Hauptaufgabe der Bundesbank ist nach dem Bundesbankgesetz ›die Währung zu sichern.‹ Damit sie dieses Ziel ungehindert verfolgen kann, ist sie unabhängig von politischen Weisungen. Da eine Inflation auf die Dauer ohne die übermäßige Ausweitung der Geldmenge nicht ablaufen kann, kommt der Kontrolle der monetären Expansion bei der Erhaltung der Geldwertstabilität entscheidende Bedeutung zu. Auf diesem Zusammenhang beruht die Geldmengenstrategie der Bundesbank, die sie seit Mitte der siebziger Jahre verfolgt.«

Deutsche Bundesbank

Haben Sie schon einmal einen Tausender in der Hand gehabt? Wenn nicht, dann sollten Sie sich beeilen. Denn der prächtige Schein ist ein Auslaufmodell – wenn es nach dem Willen der Herrschenden in Bonn, Paris und Brüssel geht.

Betrachten Sie ihn noch einmal in aller Ruhe: das fein ausgearbeitete Porträt der Brüder Grimm, die hochgestellten Aufdrucke *Deutsche Bundesbank* und *Tausend Deutsche Mark*, die Unterschrift eines deutschen Bundesbankpräsidenten links unten, mit der er die Qualität dieser weit über die Grenzen Deutschlands hinaus geschätzten Banknote quasi garantiert.

Halten Sie ihn doch einmal gegen das Licht. Dann erkennen Sie in dem Sechseck links oben ein großes D, auf dem weißen Feld links tauchen spiegelbildlich die beiden Grimms noch einmal auf, und im Aluminiumfaden werden die kleinen Eindrucke *Tausend DM* sichtbar. Eine erstklassige Arbeit deutscher Druckereien. Schwerer zu fälschen ist nur noch Gold.

Der Tausender läßt sich übrigens auch ertasten. Lassen Sie die Fingerkuppen darüber streichen, fühlen Sie die leicht erhabenen Schriftzüge. Vielleicht am schönsten aber ist der Klang. Der Tausender knistert satt und edel. Das ist kein billiges Papier! Da ist nichts von der lappigen Textur, wie wir sie von den Club-Med-Währungen an den Gestaden des Mittelmeeres kennen. Auf Lira-Noten werden schon einmal Termine und Telefonnummern gekritzelt. Die D-Mark hält man in Ehren.

Wie materialistisch, werden Sie jetzt vielleicht denken. Da tun Sie der größten deutschen Banknote aber unrecht. Sie verkörpert mehr als den schnöden Mammon. Dahinter steht eine ganze Philosophie. »Geld ist gemünzte Freiheit«, sagte schon Goethe, als man noch mit Silbermünzen zahlte.

Ganz ähnlich denkt offenbar auch die Bundesbank. Auf der Rückseite der Tausend-Mark-Note wird ein beziehungsreicher Auszug aus dem Wörterbuch der Brüder Grimm wiedergegeben. Ausgewählt wurde dieses Stichwort: Freiheit.

Tatsächlich paßt zu einer freiheitlichen Demokratie kein staatlich manipuliertes, fremdbestimmtes Zwangs- und Inflationsgeld. Die Deutsche Mark, so wie sie immer noch existiert, ist das Kind des Wirtschaftswunders, der Ausdruck nationaler Geldkultur und das Ergebnis dessen, was die Deutschen in fünf Jahrzehnten seit dem verlorenen Krieg geleistet und aufgebaut haben.

Ein bißchen Magie ist auch dabei – die geheimnisvolle Professionalität nämlich, mit der die Hohen Priester der Bundesbank den Wert dieser Währung seit 1948 besser erhalten haben, als dies den Geldtechnikern aller anderen Notenbanken gelang.

Das war eine beachtliche Leistung, denn auch die D-Mark ist – wenngleich aus Baumwolle hergestellt – nichts anderes als Papiergeld, theoretisch beliebig vermehrbar, stets bedroht von Vertrauensverlust und vom letztendlichen Absturz in die Wertlosigkeit. Die Bundesbank war wohl deswegen so erfolgreich, weil sie die D-Mark stets so zu managen versuchte, als sei sie eine Goldwährung. Während Länder wie Italien großzügig Lire druckten, während die USA die Welt mit Dollars überschwemmten, hielt die Bundesbank die D-Mark knapp, so gut es eben ging.

Daß das Geheimnis ihres Erfolges in der reinen Lehre der Geldmengensteuerung lag, ist freilich eine Legende. Denn erstens kann eine seriöse Notenbank die Geldmenge nie direkt steuern, und zweitens entwickelte sich die deutsche Geldmenge sehr oft keineswegs so, wie sich die Währungshüter in Frankfurt das vorgestellt hatten. In Wirklichkeit konnten sie doch nicht mehr tun, als ab und zu an der Zinsschraube zu drehen.

Die feierlich verkündeten Geldmengenziele waren und sind nicht viel mehr als ein Ritual. Aber dieses Ritual beeindruckte die Finanzmärkte zutiefst. Prestige und Macht der Bundesbank, ja selbst die Angst vor ihren manchmal harten Entschlüssen, wuchsen und wuchsen, je älter das Besatzungskind Bundesrepublik wurde. So entstand ein Vertrauenskapital, das nur einmal und nur über sehr lange Zeit aufgebaut werden kann und das nicht beliebig übertragbar ist – auch nicht auf irgendein europäisches Komitee.

Entscheidend war, daß die Bundesbank nie unter die Kontrolle der Parteien geriet, die in Deutschland – vor allem seit den siebziger Jahren – nahezu alle Bereiche des öffentlichen Lebens durchsetzt, korrumpiert und ihren Zwecken nutzbar gemacht haben.

Tatsächlich liefe die Entmachtung der Bundesbank, wie sie der Maastrichter Vertrag für 1999 vorsieht, auf den endgültigen Triumph des Parteien- und Funktionärsstaates hinaus. Die Bundesbank, eine genuin deutsche Schöpfung, wie Beethovens Neunte oder der Preußische Generalstab, läßt sich weder klonen noch kopieren – allenfalls schlecht und recht eine Zeitlang imitieren.

Die bundesrepublikanischen Parteien haben im Laufe der Zeit die Verbände infiltriert, sie haben die Beamtenschaft politisiert, sie haben Parteikarrieristen zu Richtern gemacht, sie haben ihre hauseigenen Meinungsmacher in die Rundfunk- und Fernsehanstalten geschleust, sie üben sogar Druck auf die Zeitungen aus. Sie haben inzwischen die Hand auf die Hälfte des deutschen Volkseinkommens gelegt, das sie den Bürgern wegnehmen und anschließend nach eigenem Ermessen wieder im In- und Ausland verteilen, aber der Zugriff auf die Geldpolitik war ihnen bislang verwehrt. Geld und Zins blieben die Domäne der Fachleute in Frankfurt, und so ergab es sich, daß die Bundesbank zur angesehensten Institution in Deutschland wurde.

Selbstverständlich sind Geld und Währung die Machtfrage schlechthin. »Gebt mir die Kontrolle über die Währung eines Landes«, hat ein früher Rothschild einmal gesagt, »und es ist mir gleichgültig, wer die Gesetze macht.« Das war ein wenig übertrieben, aber ernster muß man folgendes Lenin-Zitat nehmen: »Die Selbstvernichtung des Kapitalismus wird mit der Zerstörung seiner Währungen beginnen.« Wie aktuell.

Mit dem Euro wäre die Herrschaft der politischen Klasse – sei sie deutsch oder europäisch – über den Bürger komplett. Kein Wunder, daß den Deutschen eine Abstimmung über diese Schicksalsfrage vorenthalten wird. Wenn sie selbst über Euro und D-Mark entscheiden dürften, wäre dies schließlich ein fundamentaler Kurswechsel in Richtung auf mehr Demokratie.

Dieser Kurswechsel ist nicht gewollt. Und außerdem wäre zu befürchten, daß das Volk falsch abstimmt. Heutzutage ist die Behauptung, daß das Volk am besten weiß, was für es gut ist, fast schon Ketzerei. Als die erste Maastricht-Abstimmung in Dänemark negativ ausging (nicht so, wie Brüssel das erwartet hatte), ließ man sie einfach wiederholen. Wäre das nicht auch ein Ausweg für Deutschland? Man läßt die Bürger so lange zur Urne gehen, bis das Ergebnis stimmt.

Jedenfalls liegt die Vorstellung, daß Bereiche wie die staatliche Verwaltung oder eben auch das Geldwesen dem Zugriff der Politiker entzogen sein müssen, außerhalb des Horizonts der Machthaber. Bereits zu Beginn des Jahrhunderts definierte der deutsche Soziologe Robert Michels die Parteiorganisation als »Mutter der Herrschaft der Gewählten über die Wähler, der Beauftragten über die Auftraggeber, der Delegierten über die Delegierenden«.

Michels wußte, wovon er sprach. Er war Mitglied einer Partei, der SPD, bis er 1907 austrat. Zu ähnlichen Erkenntnissen gelangte ein kritischer Engländer, der Marquis of Halifax. Er meinte, die beste Partei sei »nichts als eine Verschwörung gegen den Rest der Nation«.

Wenn wir korrekt die Diagnose stellen, daß sich die Parteien den Staat zur Beute gemacht haben, verstehen wir besser, was der frühere Tübinger Professor für Geldwirtschaftslehre, Hero Moeller, zum Thema Geld zu sagen hatte. Er bezeichnete die gesamte Geschichte des Geldwesens als die Geschichte eines Kampfes zwischen dem Staat und den Privaten. Man könnte auch sagen: es ist die Geschichte eines immer wiederkehrenden Betrugs.

Geld: Eine Betrugsgeschichte seit der Antike

Währungsreformen, mit denen in größeren Abständen immer wieder einmal ein Neuanfang gemacht wurde, sind kein Phänomen des 20. Jahrhunderts. Schon im Römischen Reich wurde das Geld ständig verschlechtert. Die Regierung reduzierte ganz einfach den Edelmetallgehalt der Münzen, bis schließlich unter dem Kaiser Aurelian der Denar – die damals wichtigste Silbermünze – zu 95% aus Kupfer bestand. Währungsreformen wurden unter Augustus, Aurelian und Diokletian durchgeführt. Jedesmal machte Rom scheinbar den Versuch, zu solidem Geld zurückzukehren – bis der Staat dann wieder der Versuchung erlag, abzuwerten und zu inflationieren.

Wenn die Inflation für den Staat als Großschuldner nicht so viele Vorteil hätte, gäbe es sie nicht. Inflation ist nichts anderes als a) eine zunächst kaum sichtbare Sondersteuer, b) eine Methode der realen Staatsentschuldung und c) eine Umverteilung zwischen den Klassen der Gesellschaft, meist von Arm zu Reich, von den anständigen zu den gerissenen Zeitgenossen.

Manchmal gab es sie aber doch, die gute alte Zeit. In Griechenland wurde der Silbergehalt der athenischen Drachme fast drei Jahrhunderte lang, von der Zeit Solons bis zu Alexander dem Großen, konstant gehalten. Auch das wilhelminische Kaiserreich kannte keine Geldentwertung.

Mit der Goldmark konnte man sich vor Ausbruch des Ersten Weltkrieges so viel kaufen, wie in den siebziger Jahren des 19. Jahrhunderts. Und dies über einen Zeitraum hinweg, in dem sich die Löhne eines Arbeiters bei Krupp verdreifachten. Auf die Idee, Geldmengen zu definieren oder zu steuern, kam niemand. Wo man die Krankheit nicht kannte, fehlten auch die Symptome. Die Steuerbelastung war minimal, Staat und Gesellschaft waren sauber voneinander getrennt, es ging nach Recht und Gesetz zu – keine Rede von einer Parteienherrschaft.

Diese Welt der soliden Goldmark ging in den Stürmen des Ersten Weltkrieges unter. Wären die Kriegsparteien nicht im Sommer 1914 vom Goldstandard abgegangen, hätten sie die Kampfhandlungen schon zu Weihnachten einstellen müssen. Unter einem Goldstandard lassen sich keine modernen Kriege finanzieren, weil Gold nicht beliebig vermehrbar ist – ein entscheidender Nachteil aus der Sicht der Herrschenden.

Daß die Geschichte des Geldwesens eine Geschichte des Konfliktes zwischen staatlichen und privaten Interessen ist, mußten die Deutschen in diesem Jahrhundert zweimal erfahren – und jetzt droht mit dem Euro, wenn er denn kommt, das dritte böse Erlebnis. Immer wieder hatten die Politik, hatten Kriegs- und Großmachtpläne Vorrang vor wirtschaftlicher Vernunft. Und immer, wenn das ökonomisch Vernünftige politischen Erwägungen geopfert wird, zahlt der kleine Mann die Zeche. Bonner Regierungskreise waren empört, als Bundesbankpräsident Tietmeyer einmal sagte, für die Europäische Währungsunion gebe es keine ökonomischen Gründe. So ist es. Da hat Tietmeyer den empfindlichsten Nerv getroffen.

Tietmeyer wird, wenn die Währungsunion wirklich kommt, nicht mehr Herr des Geldes sein. Noch darf er die Banknoten unterschreiben, vom Fünfer bis zum Tausender. Das Bemerkenswerte dabei ist: die Geldscheine repräsentieren ungleich mehr Kaufkraft als die Kosten ihrer Herstellung ausmachen. Nur in Hyperinflationen sinkt der Wert von Geldscheinen auf oder sogar unter die Produktionskosten. Damit das in normalen Zeiten nicht geschehen kann, bedroht der Staat jeden, der Banknoten nachmacht oder gefälschte Banknoten in den Verkehr bringt, mit schweren Strafen. Papiergeld kann nur als staatlich verordnetes Zwangsgeld funktionieren. Der innere Wert ist eine Fiktion, er beruht auf Strafandrohung, aber auch auf Vertrauen und – nicht zuletzt – auf der spezifischen Methode, mit der dieses Papiergeld in die Welt gesetzt wird.

Wie Papiergeld geschöpft und »gedruckt« wird

Wie soll ich jemandem erklären, wie Papiergeld entsteht? Ich würde zunächst in die Epoche des Goldstandards zurückgehen und ihm schildern, wie jemand, der eine größere Menge Gold hatte, damit zu einem Goldschmied oder einer Bank ging, dort das Metall deponierte und sich dafür eine Quittung ausstellen ließ. Derartige Quittungen waren die ersten Banknoten. Wenn die Bank oder der Goldschmied absolut seriös waren, dann war diese Quittung praktisch so gut wie Gold. Sie wurde überall als Zahlungsmittel akzeptiert. Die Note war gedeckt durch Gold.

Dann würde ich einen gedanklichen Sprung zum modernen Papiergeldstandard machen. Hier gibt es eine Reihe von Möglichkeiten der Geldvermehrung. Beginnen wir mit der einfachsten, indem wir das Beispiel Zaires nehmen. General Mobutu selbst hat einmal erzählt, wie das funktionierte: »Wenn ich eine Million brauche, sage ich das meinem Referenten. Der geht zum Finanzminister und bestellt zwei Millionen. Der Minister ruft bei der Zentralbank an und verlangt drei Millionen. Die Zentralbank druckt das Geld. Der Minister erhält eine Million, der Referent eine andere und ich bekomme die dritte.«

Einfacher kann sich eine Regierung ihr Geld nicht besorgen. Zaire war der Inbegriff der Kleptokratie. Aber man sollte nicht vergessen, daß Notenbanken ursprünglich zu genau dem Zweck gegründet wurden, ihre Regierung mit Geld zu versorgen.

Was wir in fortschrittlicheren Staaten unter inflationärem »Gelddrucken« verstehen, geht ein wenig raffinierter vor sich. Da ruft die Regierung zwar auch bei ihrer Notenbank an, nimmt aber dort einen regulären Kredit auf, der säuberlich verbucht wird und in die Staatsschuld eingeht. Die Notenbank liefert das Geld, und damit werden Beamte bezahlt, Sozialleistungen finanziert oder Rüstungsgüter produziert. Angewandt wurde die Methode (bis zu einem gewissen Ausmaß) in den USA – und damit erklärt sich auch der oft schwache Dollar. Auch Italien hat auf diese Weise lange Zeit gesündigt.

Die Deutsche Bundesbank tut so etwas nicht, auch einer europäischen Zentralbank ist die direkte Übernahme von Staatsschulden untersagt. Sie kann aber Staatsanleihen von den Geschäftsbanken übernehmen und gegen diese Sicherheiten neues Geld in Umlauf bringen.

Unter einer ordentlichen Geldverfassung spielt sich die Geldschöpfung nicht zwischen Staat und Notenbanken ab, sondern im Dreieck zwischen Notenbank, den Geschäftsbanken und deren Kunden. Dabei greift die Notenbank regulierend ein. Je nach Bedarf erleichtert oder dämpft sie die Geldvermehrung. Sie kann dem Bankensystem Liquidität zuführen oder Liquidität entziehen. Je nachdem, steht das Geld der Wirtschaft (und dem Staat) knapp oder reichlich, teuer oder billig zur Verfügung. Auch Geld hat schließlich seinen Preis. Er nennt sich Zins.

Dem Buchstaben nach ist der Maastrichter Vertrag auf eine konservative Geld- und Schuldenpolitik verpflichtet. Im Vertrag können wir nachlesen, daß die Europäische Zentralbank keine direkten Kredite an die Regierungen geben darf, daß sie unabhängig ist, daß kein europäischer Staat für die Schulden eines anderen aufzukommen hat. Das klingt gut, aber es garantiert wenig. Der Teufel steckt auch hier im Detail. Ein modernen Papiergeldstandard ist kompliziert und in sich widersprüchlich genug, um verschiedene Möglichkeiten zuzulassen, Geld zu verschlechtern und abzuwerten. Der permanente Interessenkonflikt zwischen Staat und Bürger ist in das System eingebaut.

Bevor wir uns mit der Frage befassen, wie und wozu das europäische Geldmonopol mißbraucht werden könnte, müssen wir uns noch einmal mit dem Ablauf der Geldschöpfung beschäftigen. Zwischen Edelmetallen und Papiergeld besteht ein grundlegender Unterschied: Wenn der Staat Silber- oder Goldmünzen ausgibt, betreibt er keine Geldschöpfung. Denn Geld aus Edelmetall ist eine Ware, keine Forderung oder Verbindlichkeit. Papiergeld hingegen hat immer mit Schulden zu tun. Geldschöpfung ist immer ein Kreditakt. Weil das so ist, muß auch der Euro in erster Linie als ein Instrument gesehen werden, mit dem Schulden gemacht und Steuern eingetrieben werden. Die Politiker, die auf die Euro-Idee gekommen sind, haben dabei zu allerletzt daran gedacht, ein neues Wertaufbewahrungsmittel in die Welt zu setzen. Wer das glaubte, wäre wirklich naiv.

Geldschöpfung, Geldvermehrung – daran sind sowohl die Notenbanken als auch die Geschäftsbanken beteiligt. Zunächst die Zentralbank: sie bringt Geld in den Umlauf, indem sie Wechsel ankauft oder Kredite auf Wertpapiere einräumt, die die Banken bei ihr hinterlegen, aber auch, indem sie dem Staat Kredit gibt – oder, indem sie Staatsanleihen am offenen Markt ankauft. Die Notenbank kann außerdem Geld schöpfen, indem sie Gold oder Devisen ankauft, weil auch bei solchen Transaktionen neue Zahlungsmittel entstehen. Wir kennen das aus der Zeit der großen Dollar-Krisen. Die Bundesbank mußte aus politischen Gründen den Dollar stützen, Dollars hereinnehmen und damit die Defizite der USA finanzieren. Damit erhöhte sich der Umlauf von D-Mark. Die USA hatten Inflation exportiert.

Die Geschäftsbanken wiederum müssen zwar ständig eine Barreserve bei der Notenbank halten, sie können aber beispielsweise einen neuen Kredit von 10 000 Mark geben, sobald ein Kunde 2000 Mark auf sein Konto einzahlt. So und nicht anders spielt sich die Geldschöpfung seitens der Geschäftsbanken ab.

Die problematische Druckstelle in diesem System verläuft zwischen Notenbanken und Geschäftsbanken. Auf der einen Seite haben wir das staatliche Geldmonopol: nur der Staat bzw. seine Notenbank darf Geld emittieren. Hier ist das marktwirtschaftliche Prinzip ausgeschaltet. Wer die Scheine selber druckt, wird schwer bestraft.

Auf der anderen Seite haben wir die Geschäftsbanken, die Kredite gewähren und dabei miteinander in Konkurrenz stehen – ein marktwirtschaftlicher Vorgang, bei dem auch neues Geld geschaffen wird. Beides paßt dem Wesen nach eigentlich nicht zusammen.

Im 19. Jahrhundert und bis ins 20. Jahrhundert hinein funktionierte die Geldschöpfung denn auch etwas anders. Im 19. Jahrhundert, als die USA zur Großmacht aufstiegen, existierte dort keine zentrale Notenbank. Das Geld wurde von den Geschäftsbanken ausgegeben. Die USA kamen auch ohne ein staatliches Geldmonopol gut zurecht. Auch im Deutschland der Kaiserzeit wurden nicht-staatliche Noten von einzelnen Banken emittiert – ein Privileg, das erst im Dritten Reich endgültig abgeschafft wurde.

Daß eine Diktatur keine private Geldausgabe duldet, daß sie alles zentralisiert, leuchtet auf den ersten Blick ein. Und wenn jetzt versucht werden soll, das Geld auf europäischer Ebene zu zentralisieren, dann ist dies ganz bestimmt nicht im Sinne einer freiheitlichen Demokratie. Denn, je mehr zentralisiert wird, desto weniger Wettbewerb bleibt übrig. Der amerikanische Finanzanalytiker Martin Armstrong hatte also nicht unrecht, als er bei einem Vortrag in Frankfurt den Euro eine »Geldverfassung russischen Typs« nannte.

Die schlechte Qualität eines Euro-Geldes kann daraus resultieren, daß die Direktoren der Euro-Superbank sich nicht einig sind, daß eine auf ganz Europa passende Geldpolitik sich als unmöglich herausstellt, daß die Regierungen auf ihre Vertreter in der Notenbank politischen Druck ausüben, daß die Finanzmärkte diese Zentralbank nicht respektieren und deswegen das von ihr ausgegebene Geld kein Vertrauen genießt.

Die Problematik ist bekannt. Besonders die deutsche Öffentlichkeit ahnt, daß sich der Erfolg der Bundesbank mit ihrem unvergleichlichen Korpsgeist auf eine heterogene gesamteuropäische Währungsbehörde schlecht übertragen läßt. Übersehen wurde freilich in der öffentlichen Diskussion bisher ein wichtiger Punkt: die Qualität einer Währung hängt immer auch von ihrer Deckung ab. Womit eine Währung »gedeckt« ist, läßt sich aus der Bilanz der zuständigen Notenbank ablesen. Was würde sich in dieser Hinsicht mit dem Euro ändern? Warum ist jetzt schon absehbar, daß er nicht so gut wie die D-Mark sein kann? Betrachten wir uns also das Pendant zum Tausendmarkschein, die 500-Euro-Note, etwas genauer. Wie sieht sie aus, wer steht dahinter, wer trägt die Verantwortung? Womit wäre dieser Euro eigentlich gedeckt?

Kapitel 3

Währungsunion oder Währungsreform?

"Das ist das tolle an unserem Kanzler: Wenn er sich etwas vorgenommen hat, dann will er es auch verwirklichen!"

News Aktuell

»Die D-Mark hat eine andere Bedeutung in Deutschland als der Franc in Frankreich, die Lira in Italien und die Peseta in Spanien. Nach dem Zweiten Weltkrieg waren wir ganz unten. Die D-Mark steht für den Wiederaufstieg des Landes als funktionierende Demokratie, als Wohlfahrtsstaat und als wirtschaftlich bedeutende, mittelgroße Macht. Zum kollektiven Bewußtsein der Deutschen gehören auch zwei Hyperinflationen, die die Lebensleistung vieler Millionen Menschen über Nacht ausgelöscht haben. Die D-Mark ist die erste richtige Währung, die wir seit der Kaiserzeit gehabt haben.«

Edmund Stoiber, *Financial Times*, 7.7.1997

Im diffusen Licht eines Dezembermittags, elf Tage vor dem Weihnachtsfest 1996, spazierte ich vom Frankfurter Hauptbahnhof zum Sitz des Europäischen Währungsinstituts (EWI), das sich im Gebäude der ehemaligen gewerkschaftseigenen Bank für Gemeinwirtschaft eingerichtet hatte. Das Währungsinstitut ist Vorläufer der Europäischen Zentralbank. EWI und EZB konnten von der Bundesregierung nach Frankfurt geholt werden. Und damit verbindet sich der fromme Wunsch, der genius loci werde auf die Güte des Eurogeldes abfärben.

Ich war nach Frankfurt gekommen, um live die Vorstellung der neuen Eurobanknoten mitzuerleben – des Geldes, das wir alle lieben lernen müssen, wie EG-Kommissar de Silguy gesagt hat. Wie auch immer das gemeint war, die Aufforderung klang fast wie eine Drohung.

Vorbei an einem großen Aufgebot an Sicherheitsbeamten – ganz so, als habe das EWI jetzt schon einen Währungsschatz zu hüten – gelangte ich mit dem Aufzug in einen halbdunklen Raum mit erhöhtem Podium. Dort saßen ein Deutscher, ein Brite, ein Franzose und ein Niederländer und warteten auf die Fragen der Journalisten.

Die Herren sahen wie Beamte aus, und das waren sie auch. Die EG-Regierungschefs hatten sie damit beauftragt, die Europäische Währungsunion im allgemeinen und die Herstellung der Euro-Banknoten im besonderen vorzubereiten. Letzteres ist keine Kleinigkeit, wenn man bedenkt, daß in der EU 370 Millionen Menschen leben und daß derzeit rund 13 Milliarden einzelne Banknoten im Umlauf sind, daß diese im Durchschnitt zwei Jahre halten und daß pro Jahr etwa sechs Milliarden Noten neu produziert werden müssen, damit Europa immer genug Geld in der Tasche hat.

In der Welt der Symbole hat die Zahl Tausend die Bedeutung von Vollkommenheit. »Da Tausend sich in zehn Hunderter zerlegen läßt, so umfaßt es eine vollkommene und volle Zahl«, behauptete nicht ganz logisch ein Dichter der Antike. Während aber die Lira sogar mit einem Hunderttausender aufwarten kann, bringt es der Euro nur auf 500. Denn: ein Euro ist gleich ein ECU, und da der ECU in der Nähe von zwei Mark notiert, paßt zum deutschen Tausender eben nur die 500-Euro-Banknote. Später einmal wird sicherlich auch der Euro-Tausender kommen, dafür sorgt schon der unaufhaltsame Gang der Inflation.

Auf einer Videowand präsentierten die Herren vom Währungsinstitut in der Kaiserstraße ihre sieben Banknoten-Entwürfe vom grauen Fünfer bis zum Fünfhunderter in lila. Das Geld hatte den Charme und die Funktionalität einer modernen Kücheneinrichtung. Der Grafiker ist übrigens Österreicher.

Wo sollte man auf einer großen Banknote vor allem hinsehen? Auf die Unterschrift. Man will schließlich wissen, wer für die Güte des Geldes geradesteht. Auf unserem Euro-Fünfhunderter, Größe 160 mal 82 Millimeter, fehlte die Unterschrift selbstverständlich noch. Denn auf den Präsidenten der Europäischen Zentralbank, sofern sie rechtzeitig 1998 überhaupt errichtet wird, müssen sich Europas Politiker erst noch einigen.

Und dabei steht Krach ins Haus. Als François Mitterrand noch lebte und wieder einmal mit seinem Freund Helmut am Kamin saß, einigten sich die beiden über die Köpfe der anderen Europäer hinweg auf einen deutsch-französischen Kuhhandel: die Zentralbank kommt nach Frankfurt, dafür wird der erste Präsident ein Franzose.

Eine Zusage, von der maßgebende Kreise in Bonn und Frankfurt inzwischen nichts mehr wissen wollen. Nachdem sich die europäische Währungsbehörde längst in Frankfurt etabliert hatte, dementierten Bundesbank und Bundesfinanzministerium, daß es eine personelle Zusage an Frankreich gegeben habe. Der von Deutschland bevorzugte Kandidat für das Präsidentenamt war schon im Dezember 1996 der Niederländer Willem Frederik Duisenberg, der damals – weißhaarig, imposant und das Ebenbild eines Zentralbankiers – der Euro-Präsentation in Frankfurt beiwohnte und die Fragen der Journalisten sogar gelegentlich auf deutsch beantwortete. Duisenberg war damals bereits designierter Nachfolger von Baron Lamfalussy an der Spitze des Währungsinstituts. Ob er von Paris letzten Endes doch noch als Präsident der Europäischen Zentralbank akzeptiert wird, muß sich herausstellen – wenn das ganze Projekt nicht ohnehin zwischen den deutsch-französischen Interessengegensätzen zerrieben wird.

Halten wir also fest: die Euro-Banknoten werden aller Voraussicht nach von einem Niederländer oder allenfalls von einem Franzosen unterschrieben werden – nicht von einem Deutschen. Und schon gar nicht vom Präsidenten der Deutschen Bundesbank. Die Bundesbank wird bekanntlich auch nach 1999 – oder, wann immer die Währungsunion beginnt – weiter existieren. Sie wird sogar die neuen Banknoten in Deutschland in Umlauf setzen dürfen. Sie wird aber jede Zuständigkeit für den Wert dieses Geldes, für die Geld- und Zinspolitik verlieren. Die multinationale EZB wird das ausschließliche Recht haben, die Ausgabe von Euro-Noten zu genehmigen.

1998–2002: Der Fahrplan in die Währungsunion

Seit dem Dezember 1996 ist auch klar, daß es eine kleine, feine Hartwährungsunion – bestehend aus Deutschland und seinen Nachbarn – nicht geben wird. Im Institut an der Frankfurter Kaiserstraße waren alle EG-Mitglieder von Anfang an vertreten und haben am Projekt Euro mitgewirkt. Und auf den Banknoten, die in Frankfurt vorgestellt wurden, stand auch schon die Bezeichnung Euro in griechischen Buchstaben. Wie schockierend! Das europäische Inflationsland par excellence wird zwar nicht schon 1999 dabei sein, rechnet aber fest mit seiner Teilnahme im Jahr 2002 – daher der griechische Schriftzug schon jetzt auf den Geldscheinen. Dabei sind Griechenlands Finanzen so zerrüttet, daß sich das Land sogar eine Scheibe vom deutschen Finanzminister abschneiden könnte.

Etwas anderes fiel auf: Die Euro-Scheine zeigen Fenster, Tore und Brücken aus sieben Epochen der europäischen Kulturgeschichte – von der Romanik bis zur modernen Architektur des 20. Jahrhunderts.

Nur sind diese Bauwerke nicht identifizierbar. Alles könnte man schon irgendwo gesehen haben, aber man ist sich nicht sicher, wo. Des Rätsels Lösung: »Dargestellt werden keine bestimmten, tatsächlich bestehenden Fenster, Tore und Brücken. Die Motive haben somit keinen Bezug zu ausgewählten Denkmälern in einem bestimmten Land«, so stand es im Begleittext des Währungsinstituts.

Und als später doch jemand Ähnlichkeiten zu realen Bauwerken entdeckte, wurden die Motive einfach noch einmal abgeändert.

Eine synthetische Währung mit synthetischem Gesicht! Phantombilder auf Phantomgeld. Nichts existiert in der Realität. Der Euro-Grafiker hätte den Kölner Dom oder die Kathedrale von Reims oder das Kolosseum in Rom zeigen kön-

nen, aber das Problem der richtigen Auswahl – so war in Frankfurt zu hören – war unlösbar. Die Beamten kapitulierten vor dem Risiko, nationale Empfindlichkeiten zu verletzen.

Wer den Euro-Masterplan stoppen will, muß sich beeilen. Der Zeitplan ist eng. Schon 1998 soll die Produktion der Banknoten anlaufen. Ebenfalls 1998 – im Frühjahr – müßte darüber entschieden werden, wer an der Währungsunion teilnimmt. Spätestens Ende 1998 – eher früher – muß festgelegt werden, zu welchen Kursen die nationalen Währungen untereinander und zum Euro fixiert werden.

Zum 1. Januar 1999 werden die nationalen Notenbanken entmachtet – die Europäische Zentralbank wird allein zuständig für die Geldpolitik. Spätestens zum 1. Januar 2002 werden die Euro-Banknoten und die Münzen eingeführt. Spätestens am 1. Juli 2002 verlieren die D-Mark und alle anderen nationalen Banknoten ihre Gültigkeit als gesetzliches Zahlungsmittel. Sie sollen dann physisch vernichtet werden. So jedenfalls sieht die Planung aus, letzter Stand: Sommer 1997.

Wer für den Wert des Euro verantwortlich sein wird, läßt sich leicht aus dem Maastrichter Vertrag herauslesen: der Europäische Zentralbankrat, in dem die Präsidenten der nationalen Zentralbanken und die sechs Mitglieder des EZB-Direktoriums sitzen werden. Der Zentralbankrat trifft die großen Entscheidungen, das Direktorium führt sie aus. Da zählt jede Stimme gleich viel, die Portugals nicht weniger als die Deutschlands. Konflikte zwischen den Romanen, die eine Währung manchmal mit einem Camembert verwechseln (je weicher, desto besser) und den eher stabilitätsbewußten Mitgliedern des DM-Blocks sind absehbar. Daß die Europäische Zentralbank unabhängig von den Regierungen sein soll, stimmt durchaus. Aber das sagt noch nichts darüber aus, welchen Gebrauch sie von ihrer Unabhängigkeit machen wird, ob sie eine solide oder eine leichtfertige Geldpolitik betreiben wird.

Da sind zum einen die Direktoren der Europäischen Zentralbank, zu denen auch der EZB-Präsident und sein Stellvertreter zählen. Sie erhalten einmalige Verträge mit einer Laufzeit von acht Jahren. Falls sie dann nicht schon im Pensionsalter sind, werden sie an die Fortsetzung ihrer Karriere denken müssen – und damit ist ihre persönliche Unabhängigkeit möglicherweise schon gefährdet.

Und die nationalen Notenbank-Präsidenten? Sie werden von ihren Regierungen für mindestens fünf Jahre bestellt, können nicht vorzeitig abberufen werden, stehen aber nach Ablauf ihrer Amtszeit immer wieder vor dem Problem, ob sie noch das Vertrauen ihrer Regierungen genießen und weitermachen dürfen. Die Frage ist doch: Werden die Notenbankpräsidenten aus Ländern wie Italien oder Spanien, falls sie nicht ohnehin politische Figuren ihrer Heimatländer sind, in der EZB im Ernstfall zinspolitische Entschlüsse unterstützen, die ihrem Land schaden? Niemand kann das im voraus wissen. Vorhersehbar ist aber das Dilemma dieser nationalen Präsidenten. Wenn zum Beispiel die Wirtschaft in Deutschland floriert und gleichzeitig in Italien Rezession herrscht – werden dann die Zinsen erhöht oder gesenkt? Loyalitätskonflikte sind kaum vermeidbar.

Ganz unabhängig davon, ob die Mitglieder der Europäischen Zentralbank Standvermögen gegenüber den Politikern beweisen, bleibt noch das Problem der Bilanz einer künftigen europäischen Notenbank. Wie ist die Qualität der Posten auf der Aktivseite? Anders gefragt: Wie gut sind die Sicherheiten, gegen die die Notenbank Kredite an die Geschäftsbanken vergibt, also Geld in Umlauf bringt?

Aus der Art der Deckung einer Währung kann man tatsächlich seit jeher ihre Stärke oder Schwäche ablesen. Früher war diese Deckung noch wörtlich zu nehmen. Zu Zeiten des Goldstandards in Deutschlands mußten ein Drittel des Geldumlaufes durch Gold unterlegt sein, das die Reichsbank zur Verfügung hielt und auf Verlangen jedem aushändigte, der eine von ihr ausgegebene Note präsentierte. Niemand zweifelte daran, daß die Goldmark so gut wie Gold war – sie war schließlich nur eine Quittung auf das Metall, ausgegeben von einem Institut, dessen Bonität völlig außer Frage stand.

Nach dem Ersten Weltkrieg kehrte Deutschland nicht mehr zum klassischen Goldstandard zurück. Aber immerhin mußte der Geldumlauf nach der Währungsreform von 1923 durch Gold oder Devisen gedeckt sein. Der Staat hatte zwar die Goldeinlösungspflicht aufgehoben, er setzte aber durch die Bindung an Gold und Dollar der unbeschränkten Geldvermehrung Grenzen.

Eine Deckung im ursprünglichen Sinn kennt heute nur noch die Schweiz. Dort muß der Bargeldumlauf zu 40% durch Notenbankgold unterlegt sein. Weil die Schweiz ihr Gold immer noch sehr niedrig bilanziert und weil die 40%-Marke inzwischen erreicht wurde, muß entweder das Gold aufgewertet oder die Deckung herabgesetzt werden. 1998 wird das Schweizer Volk über eine Verfassungsänderung abstimmen. Daß die Golddeckung dem Schweizer Franken bisher gut getan hat, kann niemand bestreiten.

Die Bundesbank hat derartige Deckungsvorschriften nicht. Aber auch sie hat immer auf ein qualitativ einwandfreies Portefeuille Wert gelegt. Die Bremer Professoren Gunnar Heinsohn und Otto Steiger schrieben dazu:

»Eine Währung ist hart, wenn eine Zentralbank, die sie emittiert, ebenso handelt wie eine solide Geschäftsbank, die Kredit gibt. Eine solide Geschäftsbank zu sein, bedeutet, daß Kredite nur gegen gute Eigentumstitel als Sicherheiten vergeben werden. Entsprechend handelt eine Zentralbank solide, wenn sie ihr Geld nur an solche Geschäftsbanken gibt, die ihr dafür ebenfalls gute Sicherheiten abtreten müssen. Es ist sicher keine unrealistische Annahme, daß die gesetzmäßige Aufgabe der Deutschen Bundesbank, ›die Währung zu sichern‹, in der Beachtung dieses Grundsatzes entscheidend verankert ist.«

Den beiden Professoren kommt das Verdienst zu, als erste Wissenschaftler die heimliche Schwachstelle des Euro entdeckt zu haben: die Tatsache nämlich, daß die europäischen Währungsbehörden beabsichtigen, Geld gegen schlechte Sicherheiten auszugeben.

Mit so etwas haben wir unsere Erfahrungen in der deutschen Geschichte. Wie bereits erwähnt, war der Geldumlauf nur bis zum Ersten Weltkrieg zu einem Drittel durch Gold gedeckt. Der Rest der Deckung bestand aus erstklassigen Handelswechseln mit einer Laufzeit von höchstens drei Monaten. Das waren nicht etwas Finanzwechsel, die manchmal nur heiße Luft darstellen. Es waren richtige Warenwechsel, mit denen richtige Produktion finanziert wurde. Sie hatten deswegen einen unmittelbaren Bezug zur realen Wirtschaft. Sie waren eine Garantie dafür, daß Geldvermehrung und Güterproduktion im Prinzip parallel verliefen. Zusammen mit den Goldreserven war so für eine absolute Stabilität der Mark gesorgt. Es kam zwar einmal vor, daß die Preise etwas stiegen, aber anschließend fielen sie wieder. Und per saldo veränderte sich die Kaufkraft nicht.

Während des Ersten Weltkrieges ging die Reichsbank dazu über, minderwertige »Darlehenskassenscheine« zu akzeptieren und zur Deckung des Notenumlaufes zu verwenden. Und die kurzfristigen Schatzanweisungen, mit denen der Staat die Rüstung finanzierte, überstiegen bis 1918 selbst die Kriegsanleihen um das Fünffache. Dafür ging der Bestand an Handelswechseln im Portfolio der Reichsbank stark zurück. Die Grundlage für die verheerende Geldentwertung der Nachkriegszeit war gelegt, noch bevor dies in den tatsächlichen Inflationsraten richtig deutlich wurde.

Nach 1923 konnte der Geldwert für längere Zeit stabilisiert werden, bis sich dann im Dritten Reich das Portfolio der Reichsbank abermals drastisch verschlechterte. Rüstungswechsel, Mefowechsel, Schatzwechsel des Reiches etc. wurden hereingenommen. Zwar konnte die Inflation durch Lohn- und Preisstop künstlich unterdrückt werden. Der Ruin der Mark war aber für jeden vorhersehbar, der sich die Bilanz der Reichsbank etwas genauer ansah.

Und die D-Mark? Noch legt das Bundesbankgesetz strenge Maßstäbe an. Frankfurt gewährt den Geschäftsbanken Kredit, indem Wechsel angekauft und Wertpapiere beliehen werden. Auf den Wechseln müssen drei »als zahlungsfähig bekannte Verpflichtete« unterschreiben. »Sie sollen gute Handelswechsel sein«, so das Bundesbankgesetz.

Wie das in der Praxis aussieht, zeigt ein Blick in die jüngste Bundesbankbilanz, die vom 31.12.1996. Dort findet man auf der Passivseite den Banknotenumlauf in Höhe von gut 260 Milliarden Mark zusammen mit anderen Positionen, die uns in diesem Zusammenhang nicht interessieren. Links, auf der Aktivseite, muß diesem Banknotenumlauf etwas gegenüberstehen. An erster Stelle unter den Aktiva finden sich die Goldreserven der Bundesbank, die Ende 1996 noch sehr konservativ und niedrig bewertet waren, nämlich mit 13,687 Milliarden Mark. Es folgen die Forderungen an das Europäische Währungsinstitut, an welches 20% der deutschen Gold- und Devisenreserven abgeführt wurden. Dann kommen die eigentlichen Devisenreserven in Höhe von 72,332 Milliarden Mark, wobei es sich vor allem um Dollar handelt.

Die Inlandswechsel haben mit immerhin noch 52,285 Milliarden Mark im Laufe der Zeit an Bedeutung verloren. Fast dreimal so groß ist jetzt die Position der Wertpapiere, die mit Rücknahmevereinbarung angekauft wurden. Zusammenfassend läßt sich sagen: Die Bundesbank erfüllt die bankmäßigen Erfordernisse für die Härte der ihr anvertrauten Währung. Unter den Aktiva ihrer Bilanz ist kein Schrott versteckt. Es wird strikt auf Qualität geachtet.

Schlechte Euro-Deckung: Zwei Professoren schlagen Alarm

Beim Euro wäre das keineswegs der Fall. Seitdem das Europäische Währungsinstitut im Januar 1997 eine Studie über die künftige »einheitliche Geldpolitik« veröffentlicht hat, beschleichen den Kenner düstere Vorahnungen. Die Professoren Heinsohn und Steiger stellten fest: »Es wird schon nach dem ersten Blick in die Studie deutlich, daß beispielsweise die bisherigen Standards der Deutschen Bundesbank auf alarmierende Weise unterlaufen werden.«

Hier geht es um die »refinanzierungsfähigen« Sicherheiten, die nach 1999 bei geldpolitischen Operationen verwendet werden dürfen und die dem künftigen europäischen Geldumlauf zugrunde liegen werden. Es geht, etwas vereinfacht ausgedrückt, um die künftige Deckung des Euro.

Die Liste der Sicherheiten, die maßgeblich die Qualität dieses Euro ausmachen werden, liest sich fast wie ein Horrorkatalog. Handelswechsel in Form des traditionellen Diskontkredits sind im Euro-Katalog überhaupt nicht mehr enthalten. Die Bundesbank meinte dazu etwas irritiert, zur Hereinnahme von Handelswechseln gehöre eine »arbeitsintensive Bonitätsprüfung«. Und für die fehle im Rest Europas die »Akzeptanz«. Eine Bemerkung, die man sich auf der Zunge zergehen lassen muß.

Statt dessen können Euros künftig gegen äußerst fragwürdige Sicherheiten ausgegeben werden, darunter: »Nicht-marktfähige« Schuldtitel, Aktien, Kreditforderungen von Geschäftsbanken gegen Unternehmen – und selbstverständlich Staatsschulden aus allen Teilen der EU. Bezeichnenderweise werden diese minderwertigen Sicherheiten in der erwähnten EWI-Liste auch noch unter dem Titel »Kategorie 2« aufgeführt. Damit ist klar, daß der Euro nur eine Währung zweiter Kategorie werden kann.

Man muß sich einmal vorstellen, was das konkret bedeutet: Nicht nur die EZB, auch die Bundesbank wird ab 1999 jedes dubiose Papier akzeptieren müssen, das aus irgendeinem Winkel der EU kommt, sofern es nur in der offiziellen Liste der Kategorie 2 aufgeführt ist. Die Bundesbank muß dann zum Beispiel gegen die Kreditforderung einer griechischen Bank gegenüber einem griechischen Unternehmen Geld emittieren, auch wenn Griechenland noch nicht der Währungsunion angehört.

Der Zweck dieser ganzen Aufweichung kann nur darin bestehen, daß sich die geldhungrigen Regierungen ihre Euros in Zukunft genauso leicht besorgen können wie in der Vergangenheit ihre Drachmen, Lire und Peseten. Mit weichen Sicherheiten bei der Refinanzierung des Bankensystems (und damit bei der Deckung des Euro) kann es aber keine harte Währung geben.

Die Bundesbank ahnt offenbar, was auf sie zukommt. In ihrem Monatsbericht vom Februar 1997 sprach sie von »unterschiedlichen Zentralbankgepflogenheiten in Europa«. Sie mahnte an, daß die »bonitätsmäßigen Kriterien« im einzelnen noch zu definieren sind. Und sie wehrte sich gegen eine »auch nur indirekte Bevorzugung öffentlicher Titel«. Die Staatsfinanzierung dürfe nicht erleichtert werden... Die Bundesbank begann offenbar zu begreifen, daß sie den Kampf um einen harten Euro kaum noch gewinnen kann.

In solchen geldpolitischen Methoden steckt Dynamit, meinen die Professoren Heinsohn und Steiger. Und zwar aus einem doppelten Grund. Einerseits darf eine beliebige europäische Zentralbank, die bisher eine schwache Währung emittierte und deren Geld mit fragwürdigen Sicherheiten gedeckt war, künftig mit derselben Methode Euros herausgeben – die dann selbstverständlich überall in der EG akzeptiert werden müssen.

Andererseits werden auch angesehene Zentralbanken, wie die Bundesbank, gezwungen sein, diese neuen, weichen »Sicherheiten« zur Refinanzierung zu akzeptieren. Denn unter dem Euro-System ist schließlich alles gleichgeschaltet und zentralisiert. Es gibt keine autonome deutsche Notenbank mehr, es gibt auch keinen »deutschen Euro«. Es gilt dann: ein Euro für alle.

»Das Ergebnis«, so die Bremer Professoren, »kann nur ein Euro sein, der weicher ist als die gegenwärtigen Hartwährungen in der EU.«

Fragt sich, welche Absichten hinter dem Ganzen stecken. Dazu lasse ich noch einmal die beiden Professoren zu Wort kommen:

»Den nationalen Regierungen soll auch für die Zukunft die Möglichkeit erhalten bleiben, ihre Budgets per Kredit zu finanzieren. Würden härteste Kriterien à la Bundesbank schon jetzt bei den nationalen Zentralbanken zum Zuge kommen, dürften etliche Kandidaten die Lust am Euro ganz unabhängig davon verlieren, ob sie die Maastricht-Kriterien erfüllen oder nicht. Die nationalen Geschäftsbanken könnten dann nämlich nicht mehr wie bisher ihre Regierungen dadurch mit Geld versorgen, daß sie deren weiche Titel bei ihrer Zentralbank umstandslos in nationale Währung umwandeln können. Der dann einsetzende Ausfall der Geldversorgung würde in kürzester Zeit Rebellionen in den national nicht mehr bezahlbaren Staatssektoren provozieren. Man könnte solche Unruhen vermeiden, wenn es eine europäische Sozialpolitik gäbe, die Megabeträge nach Art der Ostdeutschland-Transfers dann in viele Regionen der EU schaufeln würde. Eine solche Instanz soll es aber nach dem Maastricht-Vertrag gerade nicht geben. Man will soziale Verwerfungen mithin dadurch vermeiden, daß der Euro ebenso leicht beschafft werden kann, wie bisher eben nur Lira oder Peseta.«

Schlechte Aussichten. So hat Kanzler Kohl seinen Deutschen den Euro nicht verkauft. Dabei werden sie sich noch

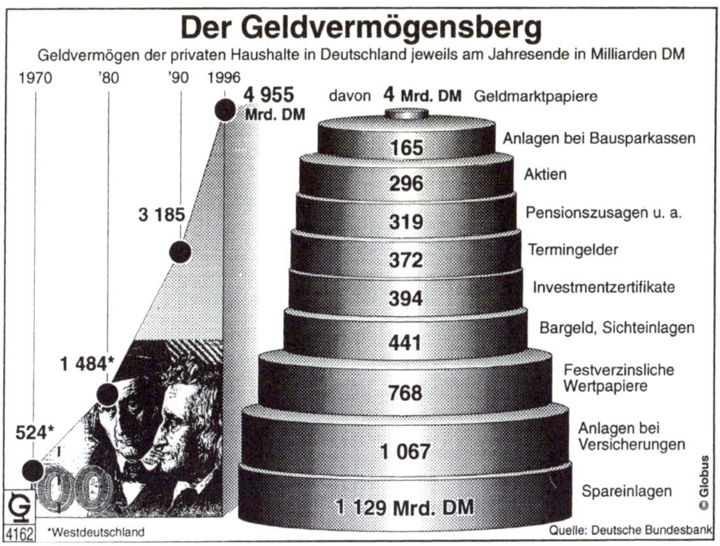

glücklich schätzen dürfen, wenn der Euro auf mittlere Sicht, sagen wir, nur zwei Prozent mehr Inflation bringt. Damit würde dann die reale Kaufkraft des deutschen Geldvermögens (das sind rund 5000 Milliarden Mark) nur um 100 Milliarden Mark zusätzlich im Jahr reduziert.

Bisher kostete Europa die Deutschen – in Form von Netto-Transfers nach Brüssel – rund 30 Milliarden Mark per annum. Dann kommen eben noch einmal 100 Milliarden dazu. Aber auch die dienen, wie wir aus Bonn stets hören, einem guten Zweck. Denn, wie heißt es doch so schön, Geld für Europa ist gut angelegt.

Übrigens gibt es auch Fachleute, die noch pessimistischer sind. Auf der letzten Jahrestagung des Deutschen Vereins für Versicherungswissenschaft prognostizierte der Münchner Professor Ray Rees folgende Variante der Europäischen Währungsunion: »Die Inflation bei sechs Prozent, und der Euro so stark wie die italienische Lira.«

Was wäre das dann eigentlich? Ein Opfer für Europa? Eine bedauerliche Geldentwertung? Oder eine Währungsreform wie gehabt?

In Deutschland herrscht begreiflicherweise große Verwirrung darüber, ob es sich bei der drohenden Umstellung um einen rein technischen Vorgang oder vielleicht doch um eine Art von Währungsreform handelt.

Die Position der Bundesregierung ist klar. Sie beteuert immer wieder: »Die Einführung des Euro ist keine Währungsreform: es werden keine Vermögensverluste eintreten.«

Wirklich? Daß Bonn etwas anderes sagen würde, war schließlich nicht zu erwarten. Vieles, was in Bonn in den letzten Jahren verkündet wurde, hat sich hinterher als falsch herausgestellt: die Landschaften im Osten blühen nicht, die Renten sind alles andere als sicher, der Lebensstandard der Masse der Arbeitnehmer sinkt seit Jahren, obwohl doch der Kanzler versprochen hatte, es werde niemandem schlechter gehen.

Man kann sich auf Nichts, was aus offiziellem Munde kommt, verlassen.

Der Euro bringt eine Währungsreform ganz neuer Art

Hören wir uns zunächst einmal an, was andere Experten zu diesem Thema zu sagen haben.

Professor Hankel nannte Maastricht einmal die »erste Währungsreform, die vorher angekündigt wird«. Aber er wollte damit nicht sagen, daß sie so ablaufen würde wie die Währungsreformen von 1948 oder 1923. Er meinte keinen einmaligen Währungsschnitt, der ja für 1999 beziehungsweise 2002 tatsächlich nicht geplant ist, sondern er bezog sich auf denkbare oder wahrscheinliche Vermögensverluste.

Dies nicht nur, weil der Euro auf lange Sicht weicher als die Mark sein wird, sondern auch wegen der Risiken der Umstellung selbst. Denn: Wenn die Mark am Tag X der Umstellung ungünstig in Euro getauscht, also abgewertet wird, »dann verlieren die deutschen Sparer und Anleger, weil der Gegenwert einer zu geringen Kaufkraft entspricht«.

Professor Ralf Dahrendorf, der frühere Rektor der London School of Economics, prophezeite in der *Woche* einen Vermögensverlust durch Inflation, widersprach also der Regierungspropaganda: »In einem zivilisierten Land darf man die Aussage, der Euro wird genauso stark werden wie die Mark, einfach nicht durchgehen lassen. Es gibt keine neue Währung, die so stabil sein kann.«

Ähnlich argumentierte Hans Mundorf im *Handelsblatt*: »Die Aufgabe der Maastrichter Kriterien und der Verzicht auf einen harten Euro können somit nicht subsummiert werden unter dem Begriff der Inflation, gegen die kein staatliches Kraut gewachsen wäre. Es handelt sich vielmehr um eine wirkliche Währungsreform.«

Wenn der Wert des Euro von »europäischen Kippern und Wippern« bestimmt würde, handele es sich um einen »Akt der Enteignung durch den Staat«. Dann greife die Eigentumsgarantie von Artikel 14 Grundgesetz.

Die ultra-seriöse *Neue Zürcher Zeitung* wiederum plädierte dafür, den Euro beziehungsweise ECU als freiwillige Parallelwährung neben den nationalen Währungen einzuführen, diese also nicht abzuschaffen. Nur so könne der Eindruck vermieden werden, es »vollziehe sich das, was im EU-Vertrag wirklich postuliert wird: eine Währungsreform«.

Roland Baader meinte, daß keine der europäischen Regierungen einen »offenen Währungsschnitt« wagen werde. Statt dessen werde es zu mehreren verschiedenen »stillen« Währungsschnitten kommen, zu Umstellungswirkungen und Nachfolgeeffekten des Euro, »welche den Konsequenzen einer echten Währungsreform gleich- oder nahekommen«.

Baader sprach von einer »legalisierten Staatsbankrottverschleppung« und fragte: »Wie viele halb-, dreiviertel- und ganzsozialistische Bankrottstaaten kann die Mark noch sanieren, bis sie selbst vor dem Konkursrichter der Geldgeschichte steht, zum dritten Mal in diesem Jahrhundert?«

Der Schweizer Fondsmanager Felix Zulauf ist noch pessimistischer. Er verweist darauf, daß etwa Italien technisch gesehen bereits bankrott ist. Er rechnet nicht nur mit einer schleichenden Enteignung, sondern mit einem brutalen Schnitt:

»Die schwächsten Länder werden irgendwann gezwungen sein, einen Währungsschnitt durchzuführen. In Italien wird es beispielsweise eines Tages heißen: Alle ausstehenden Schuldpapiere werden ausgetauscht. Für 100 alte Einheiten erhalten Sie 20 neue, und der neue Zinssatz ist im Sinne eines Sanierungspaketes bloß noch 2,5%. Die Wirtschaftsgeschichte lehrt uns, daß alle Länder, die zu lange über ihre Verhältnisse gelebt haben, zu diesem Kapitalschnitt auf dem Buckel der Gläubiger gezwungen werden.«

Und Barry Riley, der Kolumnist der *Financial Times*, wunderte sich am 15. April 1995 darüber, daß zum Beispiel das heillos verschuldete Belgien seine Probleme so lange »tarnen« konnte, indem es sich hinter Maastricht-Europa versteckte. In Bezug auf die schlimmsten Schuldner in der EU meinte er: »Partielle Zahlungseinstellungen und Umschuldungen sind wahrscheinlich.« Schließlich habe schon in den dreißiger Jahren nicht nur Belgien seine gesamten Staatsschulden auf eine 4%-Anleihe umgestellt, sondern auch Großbritannien in einem ähnlichen Schnitt 1932 den Coupon der Kriegsanleihe von 5 auf 3,5% gekürzt.

Hinzuzufügen ist, daß selbst die als so sicher geltenden USA ihre Gläubiger in den dreißiger Jahren teilenteigneten. Der Dollar, damals eine Goldwährung, wurde von Roosevelt massiv abgewertet. Gold im Privatbesitz mußte zum alten, ungünstigen Preis abgeliefert werden.

Was ist von all dem zu halten? Zunächst einmal steht fest, daß die Bundesregierung verharmlost, wenn sie behauptet, die Umstellung in Euro sei ein »rein technischer Vorgang«, es werde keine Gewinner und Verlierer geben, niemand werde durch die Umstellung ärmer oder reicher.

Das stimmt schon am ersten Tag der Umstellung nicht. Je nachdem, wie umgetauscht wird, haben die Deutschen oder Franzosen oder Italiener voraussichtlich mehr oder weniger Euro auf dem Konto, als sie bei einer Umstellung ein oder zwei oder drei Jahre zuvor gehabt hätten. Mit anderen Worten: die Währungsunion startet mit einer Neuverteilung des europäischen Geldvermögens zwischen den Nationen.

Zu welchen Kursen umgestellt wird, wissen wir jetzt noch nicht. Das müssen die Politiker erst noch beschließen. Aber es ist vollkommen klar, daß zum Beispiel die Italiener Anfang 1997 mehr Euro bekommen hätten als Anfang 1995, jedoch weniger als Anfang 1992. Im Falle der Deutschen wäre es umgekehrt gewesen. Wie auch immer: es wäre fast schon ein Zufall, wenn die Währungsunion mit richtigen und gerechten Kursen startet.

Gewinner und Verlierer gibt es bei solchen staatlichen Eingriffen immer. Anders ist die seit Jahren anhaltende Unruhe an den europäischen Devisenmärkten gar nicht zu erklären. Die Spekulanten positionieren sich in bestimmten Währungen und Zinspapieren, um von der Umstellung zu profitieren. Ob sie richtig gewettet haben, muß sich allerdings noch herausstellen.

Richtig ist aber auch, daß anders als 1948 diesmal alles gleichmäßig umgestellt wird: Guthaben ebenso wie Schulden, Löhne ebenso wie Lebensversicherungen.

Mit den Preisen allerdings ist das so eine Sache. Wenn sie bei dem Währungswechsel gerundet werden müssen, dann wohl eher nach oben. Der Übergang zum Euro wird den Einzelhandel im Schnitt so viel kosten, wie ein Jahresgewinn ausmacht – und das muß wieder hereingeholt werden.

Schwerer freilich wiegt, daß die Preistransparenz verlorengeht. Dem Großteil der Bevölkerung wird es schwerfallen, in der neuen Währung zu denken und exakte Preisvergleiche zwischen alter Mark und neuem Euro anzustellen. Die Umgewöhnung wird Jahre dauern. Es werden sich genug Möglichkeiten für Übervorteilungen und Schwindeleien aller Art bieten. Selbstverständlich wird es Euro-Gewinner und Euro-Verlierer geben.

Zu den Verlierern werden auch die deutschen Urlauber zählen, die sich dann nie mehr einen billigen Urlaub am Mittelmeer leisten können – und zwar wie in der Vergangenheit dann, wenn Lira oder Peseta gerade abgewertet haben.

Der Sommer 1997 gab einen Vorgeschmack darauf. Weil die Finanzmärkte glaubten, der Euro werde 1999 eingeführt und die Mark werde verschwinden, senkten sie den Außenwert der deutschen Währung im Vorgriff auf ihre Liquidation schon einmal ab. Für die Mark bekam man deutlich weniger

Lire als zwei Jahre zuvor, der Italienurlaub war teurer geworden.

Idiotische Kommentatoren zogen daraus den Schluß, die D-Mark tauge nichts mehr. Damit wird dem Schaden Spott zugefügt: erst infiziert man die Mark mit dem Euro, dann klagt man darüber, daß sie krank geworden ist.

Was wollen Sie denn von einer Währung erwarten, die von ihrer eigenen Regierung als Auslaufmodell behandelt und als »Dorfwährung« (Außenminister Kinkel) verächtlich gemacht wird? Und warum sollte die Lira nicht fest sein, wenn dem italienischen Staat die Europäisierung seiner Schulden in Aussicht gestellt wird? Der Gewinner wird von den Devisenmärkten mit Respekt behandelt, der Verlierer wird verkauft.

Sobald aber das dubiose Projekt abgeblasen wird, kehrt der Normalzustand zurück. Lira, Peseta und selbst das Pfund verlieren wieder langfristig (wenn auch mit Unterbrechungen) gegen die Mark, die Deutschen können wieder preiswert Urlaub im Ausland machen, die deutsche Industrie kann ihre Rohstoffe wieder billig importieren, und die deutschen Exporteure halten selbstverständlich ihren Vorsprung, indem sie produktiver und besser arbeiten als die Konkurrenz. Die Mark wird auch dann noch, vor allem wegen der Mißwirtschaft in Bonn, ihre Probleme haben – aber Probleme haben auch die anderen. Papierwährungen sind eben nur relative Größen.

Bringt also der Euro eine Währungsreform? Ja und Nein.

Nein, denn die Staatsschulden werden nicht auf einmal zusammengestrichen, die Sparer werden nicht über Nacht enteignet.

Ja, weil die vertraute D-Mark als Wertaufbewahrungsmittel und als gesetzliches Zahlungsmittel verschwinden und durch ein unerprobtes Einheitsgeld ersetzt werden soll.

Was sich die Regierungen hinterher noch einfallen lassen, weiß ohnehin niemand. Nicht umsonst haben sie in den Maastrichter Vertrag den berüchtigten Artikel 73f aufgenommen, wonach im Notfall in der EU Kapitalverkehrskontrollen eingeführt werden können. Dann hätte der Anleger nicht mehr die Wahl, in den Dollar, den Schweizer Franken oder den Yen auszuweichen, um sein Geld vor einem Euro-Fiasko in Sicherheit zu bringen. Europa würde zur Währungsfalle.

Ich definiere den Unterschied so: In einer klassischen Währungsreform wird schlechtes Geld durch gutes ersetzt, bei der Euro-Reform ist es umgekehrt.

Kapitel 4

Der Schwindel mit den Maastricht-Kriterien

Frankfurter Allgemeine
Zeitung

»Wenn die Franzosen damit durchkommen, können wir ihnen auch den einen oder anderen Trick zeigen.«

Romano Prodi, italienischer Ministerpräsident, über Bilanzkosmetik und Konvergenzkriterien

»Die Europäische Währungsunion wird als politisches Heilmittel für alle möglichen Krankheiten angepriesen. Manchmal denke ich, daß der Gemeinsame Markt nicht in Rom, sondern in Wien hätte gegründet werden sollen, auf der Couch von Dr. Freud. Die Deutschen wollen die Union, um nicht in die Methoden der Nazis zurückzufallen. Die Franzosen wollen von ihrem Inferioritätskomplex geheilt werden. Die Italiener wollen eine Nation werden. Die Spanier wollen Franco beerdigen. Die Portugiesen wollen wie die Franzosen werden. Und die Griechen wollen keine Türken sein.«

Pedro Schwartz, spanischer Finanzexperte

Im Seminarraum des Bad Kissinger Hotels Bristol – mit herrlichem Blick auf Saale und Stadt – saßen mittelständische Unternehmer aus dem nördlichen Unterfranken und ließen sich über den Euro informieren. Skeptisch und mit unterdrückter Wut hörten sie zu, wie ihnen der Volkswirt einer bayerischen Großbank den Abschied von der D-Mark schmackhaft zu machen versuchte.

Der aus München herbeigeeilte Experte hatte sich einen Vergleich ausgedacht, um die viel zitierten Maastricht-Kriterien verständlich zu machen: »Drei Prozent Defizit als Obergrenze, das ist so, als ob Sie ein Jahreseinkommen von 100 000 Mark haben und sich im Jahr mit 3000 Mark neu verschulden.

Das ist eigentlich nicht übermäßig viel. Und die Obergrenze von 60 Prozent entspricht einem Schuldenstand von 60 000 Mark, wiederum bei einem Jahreseinkommen von 100 000 Mark.«

Ein derartiger Denkfehler hätte dem Volkswirt einer großen Bank nicht unterlaufen dürfen. Der Vergleich hinkt nicht nur, er hat überhaupt keine Beine. Denn die Maastricht-Kriterien beziehen sich keineswegs auf das Einkommen des Staates, das sich bekanntlich größtenteils aus Steuern zusammensetzt. Sie beziehen sich nicht einmal auf das Volkseinkommen, sondern auf das – deutlich höhere – Bruttosozialprodukt.

Schulden zurückzahlen und Zinsen auf Schulden aufbringen kann der Staat aber nur mit Geldern, die erst einmal hereinkommen müssen. Rechnen wir nach:

- 1996 hatten die öffentlichen Haushalte in Deutschland (Bund, Länder und Gemeinden) Einnahmen von 1744 Milliarden Mark. Die Ausgaben waren um 134,5 Milliarden höher. Diese Lücke entsprach einem jährlichen Defizit von 7,7 Prozent. Das lag weit über dem eigentlichen Maastricht-Kriterium von 3 Prozent.
- Jetzt setzen wir die gesamten Staatsschulden nach dem Stand von Ende 1996 – das waren 2133 Milliarden Mark – in Beziehung zu den bereits erwähnten staatlichen Einnahmen von 1744 Milliarden. Was erhalten wir? Eine Schuldenquote von 122 Prozent. Das ist gut das Doppelte von 60 Prozent, dem Referenzwert von Maastricht.

Die fiktive Privatperson unseres Volkswirtes mußte demnach – um den Vergleich richtig zu stellen – bei einem Einkommen von 100 000 Mark jährlich 7700 Mark neue Schulden machen. Und ihre Gesamtverschuldung war auf 122 000 Mark aufgelaufen. Nur so kann man die Staatsschulden mit der Situation eines Privatmannes vergleichen. Da wird es eng, besonders bei sinkenden Einnahmen.

Wie die Maastrichter Konvergenzkriterien berechnet werden

Der Maastrichter Vertrag rechnet natürlich anders. Er bezieht seine Schuldenkriterien nicht auf das Einkommen, sondern auf das Sozialprodukt, also auf den Wert aller Güter und Dienstleistungen, die innerhalb eines Jahres produziert und erbracht werden – eine Summe, die die Wertschöpfung der Volkswirtschaft repräsentiert. Auch in Deutschland kann das Sozialprodukt nur ungenau berechnet werden. Deswegen macht es praktisch keinen Unterschied, ob man auf das Bruttosozialprodukt (BSP) oder das Bruttoinlandsprodukt (BIP) abstellt. Der Maastrichter Vertrag legt letzteres zu Grunde.

Da die Wirtschaftswissenschaftler das Sozialprodukt als Basis für ihre (meist falschen) Konjunkturprognosen nehmen, müssen sie selbstverständlich so tun, als sei ihr Datenmaterial hieb- und stichfest. Das ist es aber nicht. Nur auf ganz wenige Statistiken ist wirklich Verlaß, zum Beispiel auf Verkehrszählungen. Wie viele Autos eine Straße innerhalb einer Stunde passieren, läßt sich zweifelsfrei feststellen. Vage hingegen muß bleiben, wie schnell eine Volkswirtschaft wächst, wie hoch die durchschnittliche Inflation ist, wie groß genau die Defizite oder Überschüsse in einer Zahlungsbilanz sind.

Dabei ist die Grundidee der Maastricht-Kriterien einleuchtend: eine Währungsunion ist ohne großes Risiko nur zwischen Ländern möglich, in denen ähnliche monetäre Verhältnisse herrschen. Inflationsraten, Zinsen, Schulden und Wechselkurse sollen zueinander passen. Sie sollen über längere Zeit im Gleichschritt gewesen sein. Man spricht dann von einer dauerhaften Annäherung, das heißt von Konvergenz.

Zur echten Konvergenz gehören freilich auch realwirtschaftliche und psychologische Faktoren: Produktivität und Wachstumspotential einer Volkswirtschaft, die Größe des Staatsanteils, der Grad der Modernität, der Stand der Arbeitslosigkeit, Wirtschaftsmentalität und Geldkultur eines Volkes.

Eine Währungsunion zwischen Deutschland, Österreich, den Niederlanden (und auch der Schweiz) wäre unproblematisch, weil in diesen Volkswirtschaften sehr ähnliche Verhältnisse herrschen. Aber deswegen braucht man sie nicht. Schilling und Gulden sind gegen die Mark ohnehin seit Jahren stabil. Warum also die Bürger irritieren und die ihnen vertraute Währung ohne triftigen Grund abschaffen? Tatsache ist: dort, wo eine Währungsunion keinen Schaden anrichten würde, ist sie überflüssig. Und dort, wo sie künstlich erzwungen werden soll (nämlich europaweit), kann sie nur schaden.

Es tut mir leid, aber ich muß Sie an dieser Stelle nun doch ganz kurz mit einer Aufzählung jener Kriterien langweilen, die im Dezember 1991 im niederländischen Maastricht beschlossen wurden. Ich zitiere dabei wörtlich und vollständig aus einer Publikation des Bundesfinanzministeriums vom April 1996:

»Für die Teilnahme an der Währungsunion gelten strenge Aufnahmebedingungen. Wer seine stabilitätspolitische Reife nicht bewiesen hat, kann sich vorerst nicht beteiligen. Eine automatische Teilnahme an der Endstufe der Wirtschafts- und Währungsunion gibt es nicht.

Für den Eintritt in die Endstufe sind objektive und exakt quantifizierte Maßstäbe – die sogenannten Konvergenzkriterien – festgelegt. Nur wer die Konvergenzkriterien erfüllt, kann an der WWU teilnehmen. Die Kriterien bestehen aus Anforderungen an die Preisstabilität, die Haushaltsdisziplin, die Zinshöhe und die Wechselkursstabilität.

- Preisstabilität: Die Inflationsrate darf nur um 1,5%-Punkte über der Rate der drei preisstabilsten Länder liegen.

- Haushaltsdisziplin: Das öffentliche Defizit darf in der Regel nicht mehr als 3% des Bruttoinlandsprodukts (BIP) betragen. Der Schuldenstand darf 60% des BIP in der Regel nicht übersteigen.
- Zinshöhe: Der Zinssatz für langfristige Kredite darf nur 2%-Punkte über den Zinsen für Staatsanleihen der drei preisstabilsten Länder liegen.
- Wechselkursstabilität: Die jeweilige Währung muß mindestens zwei Jahre vor der Entscheidung des Europäischen Rats über den Teilnehmerkreis ohne Spannungen mit der normalen Bandbreite am Europäischen Währungssystem (EWS) teilgenommen haben.«

Der Bundesfinanzminister hätte bei seiner Aufzählung allerdings erwähnen müssen, daß die Schuldenkriterien nicht ganz so eindeutig sind – wenn man den Maastrichter Vertrag genau liest. Dort heißt es nämlich: die Defizitquote kann auch

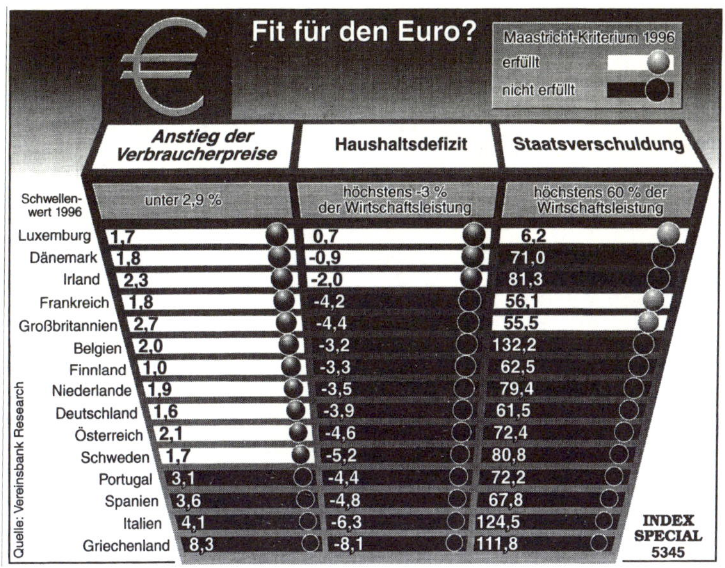
Fit für den Euro?

Maastricht-Kriterium 1996: erfüllt / nicht erfüllt

	Anstieg der Verbraucherpreise	Haushaltsdefizit	Staatsverschuldung
Schwellenwert 1996	unter 2,9 %	höchstens -3 % der Wirtschaftsleistung	höchstens 60 % der Wirtschaftsleistung
Luxemburg	1,7	0,7	6,2
Dänemark	1,8	-0,9	71,0
Irland	2,3	-2,0	81,3
Frankreich	1,8	-4,2	56,1
Großbritannien	2,7	-4,4	55,5
Belgien	2,0	-3,2	132,2
Finnland	1,0	-3,3	62,5
Niederlande	1,9	-3,5	79,4
Deutschland	1,6	-3,9	61,5
Österreich	2,1	-4,6	72,4
Schweden	1,7	-5,2	80,8
Portugal	3,1	-4,4	72,2
Spanien	3,6	-4,8	67,8
Italien	4,1	-6,3	124,5
Griechenland	8,3	-8,1	111,8

Quelle: Vereinsbank Research

INDEX SPECIAL 5345

höher als 3% sein, sofern sie »erheblich und laufend zurückgegangen ist und einen Wert in der Nähe des Referenzwertes erreicht hat oder der Referenzwert ausnahmsweise und vorübergehend überschritten wird«.

Fast dieselbe Wortwahl beim Schuldenstand, der normalerweise nicht mehr als 60% des Bruttoinlandsprodukts betragen soll. Er kann bei einem Teilnehmer der Währungsunion eventuell höher sein, aber nur, »wenn er hinreichend rückläufig ist und sich rasch genug dem Referenzwert annähert«.

Wie man sieht, ist der Maastrichter Vertrag flexibel. Aber nur bis zu einem gewissen Grad. Belgiens Schuldenquote war 1996 mit 130% BIP ebenso hoch wie 1991, als der Vertrag ausgehandelt wurde. Liegen 130% etwa in der Nähe von 60%? Selbstverständlich nicht. Belgien erfüllt dieses Kriterium keineswegs – selbst bei wohlwollendster Auslegung.

Italiens Schuldenquote ist seit 1991 sogar gestiegen – von 101 auf 123%. Wenn der Text des Maastrichter Vertrages überhaupt einen Sinn haben soll, darf Italien beim Euro nicht mitmachen.

Und Deutschland hat die Marke von 60% gerade erst überschritten, wenn auch nur knapp. Dies wäre laut Vertrag akzeptabel, sofern die deutsche Schuldenquote »rückläufig« wäre. Das ist sie aber nicht, ganz im Gegenteil. Seit 1991 gab es kein Jahr, in dem die deutsche Schuldenquote – damals noch bei 41% – nicht gestiegen wäre. Der Trend geht nur nach oben. Fazit: Selbst wenn wir den Maastrichter Vertrag großzügig auslegen, sind Belgien, Italien und Deutschland – um nur drei Fälle zu nennen – nicht reif für die Währungsunion.

Ein zweites kommt hinzu: für die Politiker in Bonn ist nicht der Maastrichter Vertrag maßgebend, sondern seine Interpretation durch das Bundesverfassungsgericht vom 12. Oktober 1993. Damit ist das bekannte Maastricht-Urteil gemeint, das auf eine Klage des Münchener Rechtsanwaltes Manfred

Brunner zurückgeht. Brunner war in Brüssel Kabinettschef für den Binnenmarkt bei EG-Kommissar Bangemann und mußte seinen Posten aufgeben, weil er eine Volksabstimmung über den Maastrichter Vertrag gefordert hatte. Im Januar 1994 gründete er die DM-Partei Bund Freier Bürger und hat sich seitdem dem Kampf gegen den Euro verschrieben. Wenn der Euro verschoben oder ganz gekippt wird, hat Brunner daran ein außerordentliches Verdienst.

Karlsruher Urteil und Parlamentsvorbehalt sind bindend für Bonn

Die Richter des II. Senats in Karlsruhe stellten fest, daß die Konvergenzkriterien nicht durch eine bloße Mehrheitsentscheidung auf europäischer Ebene unterlaufen werden können und daß sie nicht ohne deutsche Zustimmung und ohne die Mitwirkung des Bundestages aufgeweicht werden dürfen. Sie bestritten auch, daß die Währungsunion 1999 automatisch beginnen muß und daß sie unwiderruflich ist. Deutschland kann, so sagten die Richter, notfalls später auch wieder aussteigen. Damit entstand eine völlig neue Situation.

Das Gericht bezog sich in seinem Urteil ausdrücklich auf den sogenannten Parlamentsvorbehalt. Gemeint damit ist die Entschließung des Deutschen Bundestages vom 2. Dezember 1992. Sie ist für die Regierung nach wie vor bindend. Hier die drei wichtigsten Stellen:

- Beim Übergang zur Wirtschafts- und Währungsunion sind »die Stabilitätskriterien eng und strikt auszulegen«.
- Die Entscheidung, in die Währungsunion einzutreten, »darf sich nicht an Opportunitätsgesichtspunkten, sondern muß sich an realen ökonomischen Gegebenheiten orientieren«.

- »Der Deutsche Bundestag wird sich jedem Versuch widersetzen, die Stabilitätskriterien aufzuweichen, die im Maastrichter Vertrag vereinbart worden sind. Er wird streng darüber wachen, daß der Übergang zur dritten Stufe sich streng an diesen Kriterien orientiert.« (Laut Vertrag soll diese dritte Stufe spätestens am 1. Januar 1999 beginnen.)

Dies und nichts anderes ist die vom Bundestag beschlossene und von Karlsruhe sanktionierte deutsche Position! Wir dürfen gespannt sein, ob der Bundestag wachsam bleibt, ob auf sein Wort Verlaß ist – oder ob er einer staatsstreichartigen Abschaffung der D-Mark unter Mißachtung des Karlsruher Urteils sprachlos und tatenlos zusehen wird.

Damit keine Mißverständnisse aufkommen: Ich bin nicht so naiv, zu glauben, daß Regierungen Verträge schließen, um sie partout einzuhalten. Wenn es opportun ist, brechen sie jeden Vertrag und jedes Versprechen, das sie den Bürgern gegeben haben. Verträge werden befolgt, solange sie im Interesse des mächtigeren Vertragspartners liegen. Wer in Europa – ob Deutschland oder Frankreich – der Mächtigere ist, weiß man nicht genau. Und wo die deutschen Interessen liegen, scheint selbst der Bundesregierung nicht immer ganz klar zu sein.

Bemerkenswert am Maastrichter Vertrag ist jedenfalls die beispiellose Dreistigkeit, mit der er von fast allen umgangen wird. Zugegeben, die Kriterien waren von Anfang an ziemlich willkürlich. Warum soll Stabilität ausgerechnet bei 3% Defizit garantiert sein, statt bei 0% oder 4%. Warum ausgerechnet die 60%-Schuldenquote? Es ist doch paradox, daß Spanien leichter in die Währungsunion eintreten könnte als Italien, obwohl die italienische Wirtschaft der spanischen weit voraus ist. Das Ganze ist typisch für die Brüsseler Bürokratie: Weil sie es nicht wagt, klar zu sagen, was sie wirklich anstrebt, weil sie die Karten nie offen auf den Tisch legt, flüchtet sie sich in statistische Formeln, die oft wenig Bezug zur Realität haben. Die Berufseuropäer argumentieren technokratisch, auch wenn politische Entscheidungen von größter Tragweite zur Debatte stehen.

1991 glaubte man offenbar, die Schuldenobergrenzen von 3% und 60% seien leicht einzuhalten – jedenfalls für die Hartwährungsländer. Daß die Weichwährungen dabei sein würden, konnten sich die meisten in Deutschland wohl damals nicht so recht vorstellen.

Die Planungen von Maastricht wurden Zug um Zug von der Wirklichkeit eingeholt: 1991, als der Vertrag unterzeichnet wurde, lag die durchschnittliche europäische Staatsverschuldung noch bequem unter 60%. Daher wohl auch diese Obergrenze. Inzwischen sind die 70% überschritten. Und was tat man? Die 60%-Grenze spielte im Laufe der Jahre eine immer geringere Rolle. Sie gilt jetzt kaum noch als Eintrittskriterium für die Währungsunion.

Im Vordergrund steht inzwischen die 3%-Vorschrift, die sich auf das jährliche neue Defizit bezieht. Dieses Kriterium sollte, wie aus Bonn lange Zeit zu hören war, »dauerhaft« erfüllt werden. Da sich auch dies als unmöglich herausstellte, wird jetzt nur noch auf das Defizit eines einzigen Jahres – nämlich 1997 – abgestellt. Und damit war der Anreiz geschaffen für Budget-Tricks, für das Frisieren von Bilanzen, für schamlose Manipulationen.

Jeder weiß, daß aus dem Erfolg einer vierwöchigen Fastenkur nicht auf dauerhafte Gewichtsabnahme geschlossen werden kann. Genauso sagt die Momentaufnahme eines Jahres absolut nichts aus über echte Konvergenz, das heißt über eine wirkliche Annäherung verschiedener Volkswirtschaften.

Wie Europas Regierungen die Kriterien umgehen

Daß der Maastrichter Vertrag ein abenteuerliches Risiko darstellte, war von Anfang an absehbar. Jetzt ist er auch noch zum Ärgernis geworden, zu einer permanenten Beleidigung der Intelligenz der Bürger. Hier eine unvollständige Liste der Tricks, mit denen gearbeitet wird, damit im Stichjahr 1997 der schöne Schein gewahrt wird und der Euro pünktlich zum 1. Januar 1999 eingeführt werden kann. Die Beispiele sind größtenteils einer Verfassungsbeschwerde mit Antrag auf Einstweilige Anordnung entnommen, die der ehemalige Münchner Chefredakteur Klaus Peter Heim am 14. April 1997 in Karlsruhe eingereicht hat:

- Um das Defizit in die Nähe von 3% zu drücken, erhebt Italien eine einmalige Sondersteuer, die sogenannte Eurotax. Sie soll in den Jahren nach 1997 zu 60% wieder zurückgezahlt werden.
- In Italien wird das Inkasso bei Verbrauchssteuern vorgezogen, damit diese noch 1997 in den Haushalt eingehen.
- Bei noch anhängigen Steuer-Streitverfahren sollen die italienischen Finanzämter Entgegenkommen zeigen, damit diese Steuern – wenn auch niedriger – noch im Referenzjahr 1997 eingehen.
- Manipuliert wird in Italien auch am Verbraucherpreisindex, denn eine niedrige Inflation ist ein weiteres Maastricht-Kriterium. Nachdem Rom die Zigarettensteuer erhöht hatte, wurden die Tabakwaren aus dem Warenkorb, mit dem die Inflation gemessen wird, herausgenommen. Umgekehrt wurde das Gewicht der Produktgruppe Gesundheit im Warenkorb von 2% auf 5,5% erhöht, weil diese Produktgruppe in den letzten Jahren langsamer teurer wurde als der Durchschnitt.
- In Frankreich überwies die öffentlich-rechtliche Sparkasse Caisse des Dépôts 18 Milliarden Francs an den Staat – an-

geblich dafür, daß der Staat im Insolvenzfall die Haftung übernimmt.

- In Belgien soll, so wurde gemeldet, die staatliche Lotterie für sieben Jahre im voraus ihre absehbaren Gewinne an den Staat überweisen.
- Ebenfalls in Belgien soll die staatliche Sparkassenholding einen zehnstelligen Vorschuß an den Fiskus zahlen – im Vorgriff auf eine geplante Privatisierung.
- Einen genialen Trick ließ sich der belgische Finanzminister Philippe Maystadt zum Jahreswechsel 1996/97 einfallen. Die juristisch unabhängigen Sozialfonds sowie einige Staatsunternehmen überwiesen per 31.12.1996 Milliardenbeträge an den Staat und buchten sie drei Tage später, Anfang Januar 1997, auf ihre Konten zurück. Damit ließ sich die belgische Staatsschuld zum Stichtag 31.12.1996 optisch herunterdrücken.
- Die Schulden von spanischen Staatsbetrieben sind Staatsschulden. Was tun? Die Schulden werden im entscheidenden Jahr 1997 vom staatlichen Schuldenstand abgezogen mit dem Argument, daß diese Betriebe in den kommenden vier Jahren ohnehin privatisiert werden sollen.
- Ebenfalls in Spanien müssen die Unternehmen Steuerzahlungen auf 1997 vorziehen.
- Und wäre es nicht wunderbar, wenn der Staat mehr Zero-Coupon-Bonds ausgäbe? Die haben nämlich den Vorteil, daß der Staat die Zinsen darauf nicht jetzt, sondern erst am Ende der Laufzeit zahlen muß. Das entlastet den Haushalt für eine Zeitlang enorm. Genau dieser Methode bediente sich Italien 1997 – mit dem Segen von Eurostat.
- Alles undenkbar in Deutschland? Keineswegs, seitdem Theo Waigel Ende Mai 1997 die Bundesbank zwingen wollte, ihre Goldreserven höher zu bewerten, eine Zwischenbilanz zu erstellen und einen Teil des Buchgewinns noch 1997 an die Bundesregierung auszuschütten.

Nie in der europäischen Finanzgeschichte wurde in so kurzer Zeit so viel frisiert, getrickst und gemogelt. Das seriöse Wall Street Journal sprach von »Budget-Gaunern«, von »Märchen-Spielen« und von »betrügerischen« Machenschaften. Und selbst ein traditionell zurückhaltender deutscher Zentralbankier wie Professor Reimut Jochimsen ließ sich dazu hinreißen, diese Methoden als das zu benennen, was sie sind: »Schwindeleien«.

Warum solche Spielchen überhaupt möglich sind, wie sie von der Euro-Bürokratie toleriert und abgesegnet werden, möchte ich am Beispiel der Affäre France Télécom aufzeigen. Der französische Finanzminister Jean Arthuis erhielt dafür im November 1996 den Preis für die einfallsreichste Methode, ein Defizit kleiner aussehen zu lassen, als es tatsächlich ist. Der Preis, 1996 zum ersten Mal verliehen, wurde von einer Gruppe europäischer Wissenschaftler ins Leben gerufen. Er nennt sich: Fudgie. Das Wort kommt vom englischen *fudge* (= Schwindel, Täuschung). 1997 hätte wohl Theo Waigel die Trophäe nach Hause tragen können, wenn ihn die öffentliche Meinung bei seinem Angriff auf die Unabhängigkeit der Deutschen Bundesbank nicht gestoppt hätte.

Die Sache mit der France Télécom ist schnell erklärt: Jean Arthuis läßt sich von der teilprivatisierten Firma pauschal 37,5 Milliarden Francs überweisen und übernimmt im Gegenzug die schwebenden Pensionsverpflichtungen von France Télécom. Die 37,5 Milliarden sind ohne Zweifel keine staatliche Einnahme, sondern eine bloße Finanztransaktion. Der Staat verbucht einen Zahlungseingang und nimmt dafür spätere, noch höhere, Zahlungsverpflichtungen auf sich – eben die Pensionen an die früheren Télécom-Angestellten. Hat sich damit das Nettovermögen des französischen Staates erhöht? Natürlich nicht. Aber das Defizit für 1997 kann so vielleicht um 0,5% des Sozialproduktes abgesenkt werden.

Voraussichtlich wird Frankreich die Defizitvorschrift von

3% auch so nicht erfüllen. Aber der Fehlbetrag im Haushalt ist dann immerhin »in die Nähe des Referenzwertes« gegangen. Daß die Summe später wieder den Staatshaushalt belastet, stört in Paris nicht – dann ist man ja, so Kohl will, längst in der Währungsunion. In Europa gab es noch nie einen solchen Stau von aufgeschobenen Staatsausgaben wie 1997. Da sage noch einer, es werde nicht gespart!

Wie aber konnte der Buchungstrick mit France Télécom durchgehen? Es gibt doch ein angeblich neutrales Statistisches Amt der EG, das einem sauberem Zahlenwerk verpflichtet sein sollte. Es gibt die EG-Kommission, die nicht nur das alleinige Initiativrecht bei der Rechtssetzung der Gemeinschaft hat, sondern deren Aufgabe es auch ist, über die Anwendung des Gemeinschaftsrechtes zu wachen. Und es gibt die Regeln des Europäischen Systems Volkswirtschaftlicher Gesamtrechnungen (ESVG), wonach die Überweisung von France Télécom als Vorauszahlung und Kreditgewährung anzusehen ist – sich also auf den Finanzierungssaldo des französischen Staates nicht auswirken kann. Denn die Vorauszahlung wird ja in den Folgejahren um den Betrag gemindert, der für die Pensionen der France Télécom aufzuwenden ist.

Die Sache war eigentlich klar. Nur wird in Brüssel eben nicht fair gespielt. Brüssel ist kein liberales Kaffeekränzchen, sondern ein erbarmungsloser Machtapparat, wo man für statistische Genauigkeiten und guten demokratischen Stil nur ein müdes Lächeln übrig hat. Der Zweck heiligt die Mittel. Und in diesem konkreten Fall kam Paris zugute, daß ein großer Teil des Brüsseler Apparates seit jeher von Franzosen kontrolliert wird.

Zum Beispiel ist der EG-Währungskommissar Franzose. Ohne die übliche Beratung von Eurostat, dem statistischen Amt der EG, abzuwarten, sprach sich Yves-Thibault de Silguy schon zwei Monate vorher offen für den France-Télécom-Plan aus. Als die Angelegenheit Eurostat vorgelegt wurde, traf es sich gut, daß auch dieser Behörde ein Franzose vorsteht: Yves Franchet.

Normalerweise wird bei der EG unter strikter Geheimhaltung beraten. In diesem Fall kam jedoch heraus, daß die deutschen Vertreter bei Eurostat die fraglichen Buchungsmethoden für unzulässig hielten. Auch die Briten, Österreicher und Niederländer erhoben Einwände. In Wirklichkeit aber war die Entscheidung nach einer Reihe von Meetings in Paris, Brüssel und Luxemburg bereits gefallen. Die Experten wurden nur noch pro forma hinzugezogen. Franchet verhinderte bei Eurostat eine Abstimmung gegen das Vorgehen Frankreichs.

Das Wall Street Journal, das am 4. November 1996 mit diesen Details aufwartete, sprach von »kafkaesken Methoden«. Mit Recht, wo doch dieses »Haus Europa« – eine Lieblingsfloskel Kohls – zunehmend an das von Kafka beschriebene Schloß erinnert. Die amerikanische Zeitung meinte, die EG-Kommission habe ebenso wie Eurostat ihre angeblich unabhängige Rolle der Lächerlichkeit preisgegeben.

Es ist fast unglaublich: da kontrollieren die europäischen Regierungschefs und Finanzminister über den Staatsanteil die Hälfte des Sozialproduktes der Europäischen Gemeinschaft, also die Hälfte der Ressourcen der nach den USA reichsten Region der Erde. Und sie sind nicht einmal in der Lage, auch nur in diesem einen Stichjahr 1997 ausgeglichene Budgets vorzulegen. Was sie präsentieren, sind virtuelle Haushalte – Phantasiegebilde, wie man sie dreidimensional auf jedem Computer simulieren kann.

Auch die Ausrede, daß doch die Wirtschaft derzeit schlecht läuft, kann nicht beeindrucken. Seit 1970 ist die Wirtschaft in Europa oft jahrelang sehr gut gelaufen. Die Steuereinnahmen sprudelten, es gab genug Gelegenheiten, die Schulden abzubauen. Und doch war 1970 das letzte Jahr, in dem die EU-Regierungen nur so viel ausgaben, wie sie einnahmen.

Noch einmal: seit 1971 haben die Ausgaben der staatlichen EU-Haushalte immer weit über den Einnahmen gelegen! Die Lücke hat sich zwischendurch mal etwas verengt und mal ausgeweitet, sie blieb aber immer unüberbrückbar groß – mit und ohne Maastricht-Kriterien.

Vom Sonderfall Luxemburg abgesehen, haben in den beiden Jahren 1995 und 1996 nur Dänemark und Irland ihr Defizit unter 3% drücken können. In den Niederlanden gelang dies immerhin 1996. Merkwürdig, daß ausgerechnet die Dänen so gut haushalten, obwohl sie den Euro 1999 gar nicht einführen wollen.

Irland ist ein anderer Sonderfall. Das Land konnte mit den enormen Subventionen der EG seinen Haushalt entlasten. Aber es stimmt auch, daß das früher zurückgebliebene Irland wirtschaftlich aufgeholt hat. Darüber sollte man sich freuen. Die Iren haben es verdient. Sie waren im 19. und 20. Jahrhundert ebenso Opfer europäischer Großmachtpolitik wie die Polen.

Halten wir fest: seit 1991, dem Jahr der Unterzeichnung des Maastrichter Vertrages, konnten die staatlichen Defizite in der EU insgesamt nicht zurückgeführt werden – auch wenn eine kleine Minderheit Fortschritte gemacht hat.

Das durchschnittliche Defizit lag 1991 bei 4,3% und 1996 bei 4,4%. Von einer nachhaltigen Verbesserung keine Rede. In den ersten Jahren nach der Vertragsunterzeichnung stiegen die Defizite sogar an, bis sie dann 1994 – offenbar im Vorgriff auf die nahende Euro-Entscheidung – wieder etwas zurückgeführt wurden.

Weil das so ist, sind in den neunziger Jahren die öffentlichen Schulden immer nur gestiegen. Auch relativ zum Bruttosozialprodukt erhöhte sich die durchschnittliche EU-Verschuldung seit 1991 von 56,1 auf 73,5%.

In Deutschland, Frankreich, Spanien und Italien ist diese Schuldenquote seit 1991 sogar dramatisch gewachsen. Was

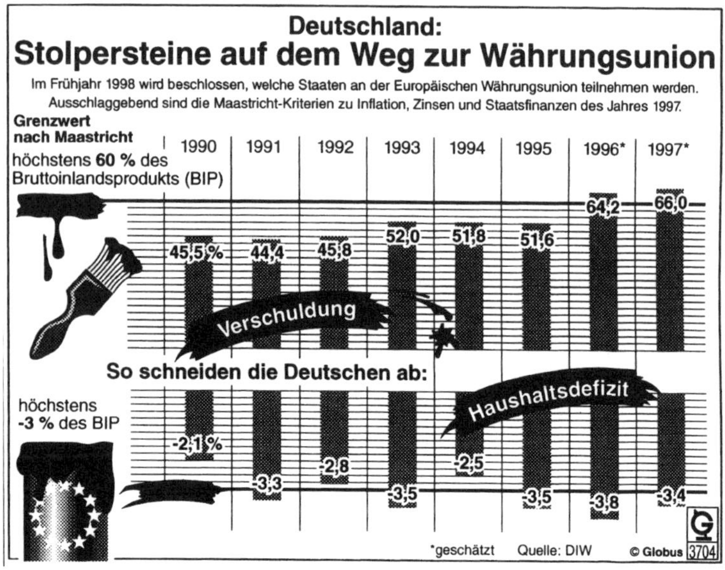

1991 als Stabilitätsclub geplant war, ist zur Schuldengemeinschaft mutiert. Nachdem die Voraussetzungen des Maastrichter Vertrages nicht mehr stimmten, hätte man ihn verschrotten und neu schreiben müssen.

Wer nun glaubt, daß mit den hier beschriebenen Buchungstricks alle denkbaren Möglichkeiten ausgeschöpft seien, irrt sich. Das Beste kommt erst noch. Schuldenquoten errechnen sich nämlich aus zwei variablen Größen: den Neu- und Altschulden und dem Sozialprodukt. Warum nur an der einen Variablen drehen? Schulden kann man auch dadurch kleiner aussehen lassen, daß man das Sozialprodukt mit einem Federstrich wachsen läßt. Es ist eben alles relativ.

Das klingt abenteuerlich, aber gehen Sie bitte nicht davon aus, unsere Finanzjongleure würden vor diesem ultimativen Entschuldungstrick zurückschrecken. Als der Maastrichter Vertrag unterzeichnet wurde, ließen die listigen Vertreter der irischen Regierung eine aufschlußreiche Bemerkung fallen:

Falls wir das Haushaltsdefizit nicht verringern können, lassen wir eben das Bruttosozialprodukt steigen.

Den Trick hat Italien bereits in den achtziger Jahren vorgemacht. Rom setzte das Sozialprodukt um 17% herauf, und schon war Italiens Wirtschaft größer als die Großbritanniens. Das war für Italiens Stolz nicht unwichtig.

Die Begründung lautete: Wir müssen, um unsere Wirtschaftsleistung richtig zu messen, auch den Umfang der illegalen Schattenwirtschaft berücksichtigen. Daß diese in Italien 17% ausmacht, ist durchaus glaubhaft. Es ist sogar untertrieben. Nur: den Schulden ist damit nicht beizukommen, weil Mafia und Schwarzarbeiter keine Steuern (außer den indirekten) zahlen.

Mit einem solchen Kniff ließe sich auch die deutsche Schuldenbilanz verschönern. Aus dem Bonner Finanzministerium ist zu hören, daß jede Erhöhung des Sozialproduktes um 1% ungefähr für eine einprozentige Reduzierung der Schuldenquote gut wäre – falls gleichzeitig keine neuen Schulden gemacht werden.

Eurostat, das statistische Amt der EG-Kommission, arbeitet bereits an entsprechenden Plänen. Man schätzt dort, daß die belgischen, griechischen und portugiesischen Volkswirtschaften dank illegaler Wirtschaftsaktivitäten um 20% größer sind als bisher ausgewiesen.

Sobald dieser erfreuliche Umstand von Eurostat in die Statistiken eingearbeitet wurde, können Belgien, Portugal und Griechenland mit besseren Schuldenquoten glänzen. Dann reicht es sogar möglicherweise für den Euro-Beitritt der Griechen.

Was den Südeuropäern recht ist, kann den Softies im deutschen Finanzministerium nur billig sein. Kalkuliert nur die Schattenwirtschaft einschließlich Umsatz des organisierten Verbrechens auf 10%, setzt das Sozialprodukt einfach herauf, und, hey presto: niemand ist reicher geworden, aber alle haben weniger Schulden. Jedenfalls prozentual. Da wäre es doch geradezu kontraproduktiv, das organisierte Verbrechen allzu energisch zu bekämpfen. If you can't beat them, include them in your figures. So sorgt am Ende die italienische Mafia auch in Deutschland für die Entlastung des Finanzministers.

Kapitel 5

Nie wieder:
Deutsche Erfahrungen 1920–1945

Stafford, Schweizerzeit

»Unser deutsches Interesse ist nicht so sehr die D-Mark als solche. Es besteht darin, mit der Stabilität der Währung nicht auch die Stabilität der Gesellschaft und des Staates aufs Spiel zu setzen. Sie haben mich gefragt, was meine erste Reaktion war, als ich den Vertragstext von Maastricht las. Meine Antwort ist: daß wir schon wieder unsere Demokratie verspielen, aber diesmal nicht wegen der Fiktion Weltmacht, sondern wegen der Fiktion Europa. Demokratie kann nur gedeihen bei nationaler Prosperität, bei nationaler Vollbeschäftigung und bei einer annähernd gerechten Verteilung des Wohlstandes. Und das Instrument dazu ist und bleibt die nationale Währungsouveränität und Politik. Wer die aus der Hand gibt, gefährdet mit der nationalen Prosperität auch die nationale Stabilität und damit die nationale Demokratie. Wie schon einmal, vor über 60 Jahren, als Hitler kam.«

Professor Wilhelm Hankel, *Wenn die D-Mark stirbt,* 1995

Am 2. Juni 1997, als die Auseinandersetzung zwischen Bundesregierung und Bundesbank um die deutschen Goldreserven auf ihren Höhepunkt zusteuerte, schrieb Rudolf Augstein im *Spiegel*: »Seit dem 7. Januar 1939, als der Vorstand der Reichsbank gegen die auf Eroberung ausgerichtete Geldpolitik protestierte und dann entlassen wurde, hat es, bei aller Unterschiedlichkeit der Systeme, einen solchen öffentlichen Konflikt nicht mehr gegeben.«

Augsteins Vergleich mag politisch nicht ganz korrekt sein. Aber er ist aufschlußreich. Als Historiker darf man Vergleiche nicht scheuen. Sie sind die Mutter der Erkenntnis. Vergleichen lassen sich sinnvollerweise nur Dinge, die nicht identisch sind.

Immerhin waren die führenden Männer der Bundesbank in der Ära Adenauer an der Konfrontation mit Hitler im Januar 1939 beteiligt. Und die Frage nach der Unabhängigkeit einer Notenbank stellt sich unter allen politischen Systemen.

Immer wieder treten dieselben Grundmuster hervor, immer wieder stellen sich dieselben Alternativen: Sollen die Wechselkurse fest oder flexibel sein? Welche Methoden der Geldschöpfung sind tolerabel, welche inflationär? An welchem Punkt muß eine Notenbank der staatlichen Schuldenmacherei entgegentreten? Wie unabhängig sollte sie sein? Worin unterscheidet sich eine rechtsstaatliche Geldverfassung von einem totalitärem oder einem politisierten Geldregime?

Zum besseren Verständnis ist hier eine Rückblende angebracht.

Der Aufstieg Hitlers vollzog sich vor dem Hintergrund des Versailler Vertrages, der Hyperinflation der frühen zwanziger Jahre und der Weltwirtschaftskrise, die vom Zusammenbruch des internationalen Kreditsystems ausgelöst wurde.

Die Inflation der frühen zwanziger Jahre enteignete den Mittelstand, die Weltwirtschaftskrise stürzte die Arbeiterschaft in tiefstes Elend. Und der Versailler Vertrag – in Wirklichkeit war er ein Diktat – verletzte das Selbstwertgefühl aller Deutschen, weil er sie moralisch herabsetzte und zu einer minderwertigen Nation abstempelte.

Ohne die Inflationszeit von 1920 bis 1924, die sich in das kollektive Gedächtnis von Generationen eingebrannt hat, wäre wahrscheinlich auch die Diskussion um den Maastrichter Vertrag in Deutschland anders verlaufen. Die Deutschen erlebten damals Inflation als Ende aller Sicherheit – als Verarmung des Bürgertums, als Vernichtung eines in zwei Generationen aufgebauten Vermögens, als Korruption und Geschäftemacherei zwielichtiger Gestalten, als nackten Hunger und als zunehmende Kindersterblichkeit, als Zusammenbruch einer zivilisierten Gesellschaft.

Daß sich in Deutschland etwas derartiges noch einmal abspielen könnte, ist kaum vorstellbar. Die aufgestaute Kriegsinflation, die völkerrechtswidrige Hungerblockade, die maßlosen Reparationen und schließlich 1923 die Besetzung des

Ruhrgebietes durch französische und belgische Truppen – dies waren die Ingredienzen einer Katastrophe, die gleichwohl ganz konkrete monetäre Abläufe voraussetzte. Auch eine Hyperinflation muß gemacht und toleriert werden – in diesem Fall von den Verantwortlichen der Reichsbank und der Reichsregierung.

Weimar: Hyperinflation, Geldvernichtung und Währungsreform von 1923

Schauen wir uns den Mechanismus etwas genauer an: Nachdem die Regierung der jungen Republik am 28. Juni 1919 gezwungen worden war, den Vertrag von Versailles zu unterzeichnen, und nachdem eine Kommission der Siegermächte die Reparationen im einzelnen festgelegt hatte, wurde Deutschland regelrecht ausgeplündert. Die Auslandsvermögen wurden enteignet. Alle größeren Handelsschiffe, ein Teil der Fischereiflotte, Kohle und landwirtschaftliche Maschinen, ja sogar eine große Menge an Kühen, Schafen und Schweinen mußten abgeliefert werden.

Im Verlauf von 37 Jahren sollten 132 Milliarden Goldmark gezahlt und zusätzlich 26% der Exporterlöse in Form von Ausfuhrabgaben an das Ausland überstellt werden. Gleichzeitig wurde der Weimarer Republik die Möglichkeit genommen, diese Reparationen mit Hilfe von Ausfuhren erst einmal zu verdienen. In den Jahren 1922 und 1923 überstiegen die von Deutschland geleisteten Reparationen die gesamten Steuereinnahmen des Staates!

Es versteht sich von selbst, daß die Siegermächte deutsches Papiergeld nicht akzeptierten. Um zahlen zu können, wurden zuerst die Gold- und Devisenreserven aufgelöst. Dann wurde Papiergeld gedruckt, mit dem Devisen angekauft wurden – wodurch der Kurs der Mark immer tiefer fiel. Mit dem neuen

Papiergeld bezahlte die Regierung aber auch deutschen Firmen die Sachlieferungen, die ins Ausland gingen.

Dann mußte, mit dem Beginn der Ruhrbesetzung, der passive Widerstand finanziert werden. Auch dafür wurde die Notenpresse eingesetzt. Die Reichsdruckerei war bald überlastet. Überall in Deutschland waren private Druckereien mit der Herstellung von Geldscheinen beschäftigt, die in immer größeren Beträgen unter das Volk gebracht wurden. Der nominale Geldumlauf stieg ins Astronomische, der reale fiel. So ergab sich die paradoxe Situation, daß Geld mitten in der Hyperinflation als knapp empfunden wurde.

Referenzwährung und Gradmesser der Geldentwertung wurde der amerikanische Dollar. Am 20. November 1923 wurde in Berlin der offizielle Kurs des Dollars auf 4,2 Billionen Mark gestellt. Ende November waren Banknoten im Nennwert von 400 Trillionen Mark im Umlauf.

Bis zum bitteren Ende unternahmen Reichsregierung und Reichsbank keinen ernsthaften Versuch, die Währung zu stabilisieren. Sie waren offenbar der Meinung, daß dies angesichts der enormen Reparationen ein nutzloses Unterfangen sei. Freilich steckte hinter der Inflationspolitik auch eine List: der Versailler Vertrag mit seinen untragbaren Belastungen sollte ad absurdum geführt und sozusagen in einer Flut von Papiergeld ertränkt werden.

Die Siegermächte vermuteten denn auch bald, die Berliner Regierung wolle sich ihren Verpflichtungen entziehen. Immerhin wurden die Reparationen 1924 mit dem Dawes-Abkommen auf eine neue Grundlage gestellt. Sie wurden berechenbarer und (scheinbar) bezahlbar.

Am 15. November 1923 bekam Deutschland eine neue Währung, die sogenannte Rentenmark. Sie war nicht durch Gold gedeckt, stieß monatelang auf großes Mißtrauen, überlebte aber, weil der Notenumlauf knapp gehalten wurde und weil die Reichsbank unter ihrem neuen Präsidenten Schacht entschlossen und geschickt auf die Attacken der Devisenspekulanten reagierte.

1924 wurde die Rentenmark in Reichsmark umbenannt. Sie war nun durch Gold und Devisen gedeckt. Das Währungschaos war beendet, die Weimarer Republik erlebte für den Rest der zwanziger Jahre einen wirtschaftlichen Aufschwung. Daß dieser von Krediten abhing, die im Ausland aufgenommen wurden, sollte sich später als fatal erweisen.

Nachzutragen ist, daß in Deutschland Ende 1923 drei Währungen nebeneinander existierten: die entwertete Papiermark, die neue Rentenmark und die Goldmark, die de jure nicht abgeschafft war und in der bekanntlich die Reparationen abgerechnet wurden.

Daß die Rentenmark von der Bevölkerung akzeptiert wurde, hing auch mit einem klugen Einfall zusammen, den ein Mitglied des Reichsbankdirektoriums, der Geheimrat Kaufmann, hatte. Man beschloß, den offiziellen Dollarkurs einzufrieren, als dieser am 20. November 1923 einen Stand von 4,2 Billionen Mark erreicht hatte. (Am schwarzen Markt wurden freilich Ende November bis zu 12 Billionen Mark für einen Dollar gezahlt.)

Damit konnte 1 zu 1 Billion umgestellt werden. Dies machte den Übergang zur neuen Währung leichter. Man brauchte nur das Komma zu versetzen. Psychologisch noch wichtiger war, daß nun 1 Dollar wieder 4,20 Mark kostete – wie zu Friedenszeiten. Es sah fast so aus, als sei die gute alte Goldmark zurückgekehrt.

1924: Schacht übernimmt die Leitung der Reichsmark

Anfang Januar 1924 übernahm Hjalmar Schacht die Leitung der Reichsbank – nicht, bevor er zum Jahreswechsel nach London gefahren war und sich ausführlich mit dem

Gouverneur der Bank von England, Montagu Norman, besprochen hatte. Zwischen beiden entwickelte sich ein sehr freundschaftliches Verhältnis. Der Brite übernahm die Patenschaft für einen Enkel Schachts. Und die bemerkenswerten Erfolge Schachts an der Spitze der Reichsbank hatten durchaus auch mit der Rückendeckung zu tun, die er in London genoß.

Schacht leitete die Reichsbank von 1924 bis 1930 und dann wieder von 1933 bis Anfang 1939. Bereits am 12. November 1923 hatte ihn Stresemann zum Reichswährungskommissar berufen und mit der Durchführung der Währungsreform beauftragt.

Wie Schacht – eine stockkonservative Erscheinung mit Stehkragen und Zwicker – damals die Mark nach innen und außen stabilisierte, zählt zu den beachtlicheren Leistungen der deutschen Währungsgeschichte. In den zwanziger und dreißiger Jahren genoß – vielleicht neben Montagu Norman – kein anderer Notenbankpräsident in Europa so viel Prestige wie Schacht. Er galt als Magier des Geldes, nach dem Krieg aber auch als dämonische Figur. Schließlich hatte er in den dreißiger Jahren die monetäre Flanke des damaligen Wirtschaftswunders abgesichert, Hitlers Aufrüstung finanziell überhaupt erst möglich gemacht und durchaus dazu beigetragen, die Macht des Diktators zu festigen.

Schacht stand aber auch – wie wir sehen werden – in der liberalen Tradition der Reichsbank, an die die Bundesbank anknüpfen konnte. Sonst wäre es schließlich nicht zum Bruch mit Hitler noch vor Beginn des Krieges gekommen.

Der weltgewandte, kosmopolitische Schacht war kein Nationalsozialist und nie Mitglied der Partei. Aber er diente Hitler in den ersten Jahren loyal und wurde von diesem mit großem Respekt behandelt, mußte aber schließlich daran scheitern, daß er seinen Handlungsspielraum unter den Bedingungen einer Diktatur bei weitem überschätzte.

Die Reichsbank hielt er, so gut es ging, von Parteieinflüssen frei. Nachdem in der sogenannten Reichskristallnacht vom November 1938 über 250 Synagogen niedergebrannt wurden, zeigte Schacht auf der Weihnachtsfeier für die Mitarbeiter der Reichsbank Flagge. Er nannte die Ausschreitungen eine »Kulturschande« und redete den anwesenden Lehrlingen der Reichsbank drohend ins Gewissen: »Ich hoffe nur, daß keines von euch Bürobürschchen dabei gewesen ist, denn für einen solchen wäre kein Platz in der Reichsbank.«

Und schon im Sommer 1938 hatte Schacht bei einem privaten Essen die Bemerkung fallen lassen: »Wir sind Verbrechern in die Hände gefallen.«

Zum ersten Mal hatte der Reichsbankpräsident im Jahre 1935 in einer öffentlichen Rede in Königsberg Kritik an der nationalsozialistischen Regierung geäußert. Als die Rede von den Zeitungen und vom Rundfunk totgeschwiegen wurde, ließ er einen Sonderdruck anfertigen, der in den Filialen der Reichsbank ausgelegt wurde und reißenden Absatz fand.

Schacht stieß nicht nur mit Göring zusammen, er zog sich auch die Feindschaft des SS-Führers Himmler zu, dem er als Freimaurer ohnehin verdächtig war. Himmler nahm während des Krieges Rache: er steckte Schacht in ein KZ.

Dieser Mann mit seinen engen Verbindungen nach England und den USA hatte zweifelsohne Zivilcourage. Er hätte sich schließlich auch rechtzeitig ins Ausland absetzen können, anstatt zu opponieren. Seine Furchtlosigkeit hing allerdings auch mit Selbstüberschätzung und mangelndem Realitätssinn zusammen. Schacht begriff erst spät, daß er von Hitler nur benutzt wurde. Er ließ sich – wie so viele Staatsmänner Europas – von den Verstellungskünsten Hitlers täuschen.

In einem voluminösen Werk der Deutschen Bundesbank (»*Währung und Wirtschaft in Deutschland 1876 – 1975*«) kamen die Autoren zu dem Schluß, daß Schachts Leistungen auf finanztechnischem Gebiet außer Zweifel stünden, daß er aber als Politiker im Grunde versagt habe. Es sei eben unrealistisch gewesen, eine selbständige Notenbank mit der Verfassungswirklichkeit eines totalitären Staates in Einklang bringen zu wollen: »Eine unabhängig handelnde Notenbank braucht ein ganz bestimmtes politisches Milieu.« Da kann man den Autoren nur voll und ganz beipflichten.

Daß Schachts Methoden Erfolg hatten, läßt sich leicht an den wirtschaftlichen Statistiken ablesen. Von 1932 bis 1939 verdoppelte sich das Sozialprodukt, die Arbeitslosigkeit ging im Jahresdurchschnitt von 5,6 auf 0,1 Millionen zurück, die Löhne und Gehälter je Kopf stiegen um 22%.

Die Arbeitsbeschaffungsmaßnahmen und die Wiederaufrüstung mußten auf dem Kreditwege finanziert werden. Hinter dem Aufschwung stand zusätzliche staatliche Nachfrage durch Kreditschöpfung. Schacht folgt im Prinzip den Rezepten von John Maynard Keynes, obwohl er im Grunde seines Herzens immer ein Anhänger des Goldstandards blieb (den die Nationalsozialisten scharf ablehnten). Sein Hang zur Theorie hielt sich in Grenzen. Er war ein äußerst erfindungsreicher Pragmatiker. Die Autoren der Bundesbank glauben, daß Schacht die Zusammenhänge zwischen Geldschöpfung und Konjunkturaufschwung nur allmählich begriffen hat und daß er sich an die richtige Größenordnung der Geldschöpfung erst mit der Zeit herantastete.

Die Mefo-Wechsel: Raffinierte Geldschöpfung im Dritten Reich

Wer weiß, zu welchen Geldvermehrungsmethoden die westlichen Industriestaaten in Zukunft noch greifen werden? Wer gewarnt sein will, sollte sich die Innovationen der dreißiger Jahre etwas genauer ansehen: nicht nur die berühmt-berüchtigten Mefo-Wechsel, auch die spätere »geräuschlose« Kriegsfinanzierung mit Hilfe des Bankensystems. Techniken, von denen man nicht behaupten kann, daß sie sich nicht wiederholen werden. Wer die Geschichte nicht kennt, läuft Gefahr, alte Fehler unter neuen Vorwänden zu wiederholen.

1934 gab das Reich 4,2 Milliarden Mark für die Wiederaufrüstung aus – davon wurden 50% durch Mefo-Wechsel finanziert. 1935 flossen 5,5 Milliarden in die Rüstung – die Mefo-Wechsel machten 49% davon aus. 1936 stiegen die Rüstungsausgaben auf 10,3 Milliarden, wovon 44% auf Mefo-Wechsel entfielen. 1937 kostete die Rüstung 11 Milliarden, jetzt sank der Mefo-Anteil auf 25%. 1938, als die Aufrüstung 15,7% des Bruttosozialproduktes verschlang, wurden keine Mefo-Wechsel mehr ausgegeben.

Dies waren Belastungen, deren Größenordnung sich mit dem amerikanischen Verteidigungshaushalts zu Hochzeiten des Kalten Krieges vergleichen läßt. Sie waren im damaligen Haushalt nicht unterzubringen. Die Mefo-Wechsel waren wie die Arbeitsbeschaffungs-Wechsel, die auf die Regierung Brüning zurückgingen, nichts anderes als eine Vorfinanzierung von Reichsausgaben, die den Vorteil hatte, daß sie den Haushalt optisch zunächst nicht belastete.

Das Instrument des dreimonatigen Wechsels diente schon im Kaiserreich der Geldschöpfung und ist so entstanden: Ein Zwischenhändler übernimmt eine Ware, kann sie aber üblicherweise erst nach drei Monaten wieder verkaufen. Bis er sein Geld hereinbekommt, stellt er einen Wechsel aus, der nach drei Monaten zahlbar ist. Der Wechsel wird bei Hereinnahme diskontiert, das heißt der Zinsbetrag für drei Monate wird abgezogen. (So werden übrigens auch die Treasury Bills der USA diskontiert.) Der Wechsel ist damit ein traditionelles, bewährtes Mittel der Finanzierung im Warenverkehr, kann aber auch für eine weniger solide Schuldenmacherei mißbraucht werden. Dann handelt es sich um Finanzwechsel, die nichts mit der realen Güterproduktion zu tun haben.

Mefo ist eine Abkürzung von Metall-Forschungs AG. Diese Gesellschaft wurde mit einem Kapital von einer Million Mark von den Konzernen Siemens, Gutehoffnungshütte, Krupp und Rheinstahl gegründet. Die Mefo war eine Scheingesellschaft. Sie war wirtschaftlich nicht aktiv.

Das System der Mefo-Wechsel wurde im Dritten Reich geheimgehalten. Sie traten am Geldmarkt nicht offen in Erscheinung. Sie wurden hinter anderen Positionen versteckt. Das Ausland sollte nichts über die Rüstungsfinanzierung erfahren. Und die deutsche Öffentlichkeit, der die große Inflation noch in frischer Erinnerung war, sollte das Vertrauen in die Währung behalten.

Das System funktionierte so: Die Reichsregierung bezahlte ihre Rüstungsaufträge, die sie der Wirtschaft erteilte, nicht aus dem Staatshaushalt, sondern mit eben diesen Mefo-Wechseln. Die Wechsel waren praktisch so gut wie Geld, weil das Reich die Bürgschaft für die Metall-Forschungs AG übernommen hatte und weil die Lieferanten die Wechsel bis zu drei Monaten nach Ausstellung bei der Reichsbank einreichen und zu Geld machen konnten. Die Mefo-Wechsel hatten eine Laufzeit von drei Monaten, konnten aber auf insgesamt fünf Jahre prolongiert werden. Dann hätten sie getilgt werden müssen, hätten also den Haushalt doch belastet.

Entscheidend dafür, daß sich die Mefo-Wechsel zunächst nicht inflationär auswirkten, war folgendes: Von dem Gesamtbetrag in Höhe von 12 Milliarden Mark gelangte nur die Hälfte zur Reichsbank. Der Rest wurde vom Markt dauerhaft aufgenommen und trug sogar dazu bei, den ohnehin unterentwickelten Geldmarkt liquider zu machen.

1937 wurde ein geringer Teil der Mefo-Wechsel ordnungsgemäß getilgt, und zwar durch den Absatz von Pfandbriefen und aus dem Haushalt der Wehrmacht. Der große Rest wurde nie zurückgezahlt, tauchte also auch später nicht im Reichshaushalt auf.

Fassen wir zusammen: In den Jahren 1933 bis 1938 gelang es, mit Arbeitsbeschaffungs- und Mefo-Wechseln die Konjunktur anzukurbeln und die Rüstung voranzutreiben, ohne den Haushalt in Anspruch zu nehmen. Und der damit ausgelöste Wirtschaftsaufschwung verbesserte die Steuereinnahmen in einem Maße, daß es theoretisch möglich gewesen wäre, die Wechsel später ordnungsgemäß zu tilgen und die ganze Operation mehr oder weniger inflationsfrei abzuschließen – wenn Hitler nicht spätestens 1939 auf Kriegskurs gegangen wäre.

Daß all dies letzten Endes einem schlechten Zweck diente, ist wiederum ein anderes Thema. Ich wollte hier vor allem zeigen, welch raffinierte Möglichkeiten der moderne Papiergeldstandard im Gegensatz zum grundseriösen Goldstandard bietet. Und auf Finanzierungskunststückchen der verschiedensten Art muß man auch unter den heutigen Verhältnissen gefaßt sein. 1997 – das Jahr, in dem die Maastricht-Kriterien im Mittelpunkt standen – gab darauf einen Vorgeschmack.

Als Schacht und das Direktorium der Reichsbank schließlich begriffen, wohin die Reise ging, kam es zum typischen Konflikt zwischen einer Notenbank, die sich als Hüterin der Währung versteht und einer Regierung, die – aus welchen Gründen auch immer – Schulden machen zu müssen glaubt.

Monetäre Grundsätze sollten politischen Zielen untergeordnet werden. Als die Reichsbank die Mark in Gefahr sah, versuchte sie, den Prozeß zu stoppen. Sie hatte die Aufrüstung mitgetragen, denn – so dachte man – schließlich hatten zuvor die Westmächte ihre Abrüstungsversprechen gebrochen. Mit Unterstützung der Reichsbank konnte eine Rüstung finanziert werden, deren Gesamtkosten von 1933 bis zum Kriegsausbruch realistisch auf rund 65 Milliarden Mark geschätzt werden können. Außerdem waren für die eigentliche Arbeitsbeschaffung noch einmal 5,5 Milliarden Mark ausgegeben worden.

Die Bundesbank konnte sich nach dem Krieg eine unabhängige Stellung aufbauen, obwohl diese gelegentlich – und zwar ganz brutal 1997 – von der Bundesregierung in Frage gestellt wurde. Die Autonomie der Reichsbank hingegen war bereits in den zwanziger Jahren eingeschränkt, bis sie schließlich 1939 vollständig der Willkürherrschaft Hitlers zum Opfer fiel.

Interessant sind dabei die wechselnden Spielräume, über die die Notenbank verfügte. Sie wurde 1922 per Gesetz autonom, konnte aber die Hyperinflation nicht verhindern. Sie druckte das Geld, das der Staat verlangte – ein hervorragendes Beispiel dafür, daß selbst eine juristisch von der Regierung unabhängigen Notenbank nicht unbedingt eine Garantie für Geldwertstabilität ist.

1924 mußte die deutsche Notenbank einen Teil ihrer Autonomie an das europäische Ausland abgeben – eine gewisse Parallele zum Maastrichter Vertrag. Wie dieser war auch das neue Reichsbankgesetz vom 30. August 1924 völkerrechtlich bindend. Es konnte vom Reichstag nicht mehr geändert werden.

Im Generalrat der Reichsbank, dem Nachfolger des früheren Direktoriums, saßen fortan sieben deutsche und sieben ausländische Vertreter. Zudem mußte der Kommissar für die Notenausgabe, der neu berufen wurde, Ausländer sein. Nicht zu unrecht argwöhnten die Westmächte, Berlin habe 1923 per Inflationierung die Reparationen unterlaufen wollen. Das sollte sich nicht wiederholen: bei der Reichsbank wurde ein Sonderkonto für den Reparationsagenten eingerichtet, auf das alle Reparationen eingezahlt werden mußten und über das nur der Agent verfügen durfte.

Schacht berichtet in seinem Memoiren, daß zwischen den deutschen und ausländischen Mitgliedern des Generalrates ein gedeihliches, kollegiales Verhältnis herrschte. 1930 verließen die ausländischen Repräsentanten den Generalrat. Die Reparationen wurden de facto (und 1932 de jure) eingestellt. Zu spät, die bürgerlichen Parteien konnten von diesem Erfolg der Kabinette Brüning und Papen nicht mehr profitieren. Bei den Reichstagswahlen vom Sommer 1932 erhielten die Verfassungsfeinde – Nationalsozialisten und Kommunisten – die absolute Mehrheit der Stimmen. Hitler kam an die Macht, als der Versailler Vertrag, dem er seinen Aufstieg verdankte, zu einem erheblichen Teil schon Makulatur war und als die Wirtschaft den Tiefpunkt der Depression bereits durchschritten hatte.

1933 wurde der Generalrat offiziell abgeschafft, aber die Reichsbank blieb bis 1937 verpflichtet, bei wichtigen Maßnahmen die ausländischen Notenbanken zu konsultieren. Auch damit war es zu Ende, als die Bank 1937 der »Hoheit des Reiches« unterstellt wurde. Schacht begrüßte den Schritt, er sah darin die Beseitigung eines Überrestes von Versailles.

1939: Der Bruch zwischen Schacht und Hitler

Im März 1937, als die erste vierjährige Amtsperiode des Reichsbankpräsidenten ablief, war bereits abzusehen, daß sich Schacht nicht noch einmal vier Jahre würde halten können. Der Konflikt entzündete sich ironischerweise an der Frage der Mefo-Wechsel. Schacht wollte damit Schluß machen, weil er Inflationsgefahren heraufziehen sah. In Verhandlungen mit der Reichskanzlei erreichte er, daß zusätzlich zu den bereits umlaufenden neun Milliarden Mark an Mefo-Wechseln nur noch zusätzliche drei Milliarden ausgegeben würden. Dann sollte damit endgültig Schluß sein. Hitler, der damals Schacht noch halten wollte, ließ sich auf den Deal ein. Die Ausgabe der Mefo-Wechsel wurde 1938 tatsächlich eingestellt. Statt dessen legte der Finanzminister 1938 zwei große Anleihen auf, die vom Publikum anstandslos gezeichnet wurden. Bei der dritten Anleihe funktionierte das nicht mehr. Das Bankenkonsortium blieb auf einer halben Milliarde Mark sitzen. Damit wurde deutlich, daß das Hitler-Regime nicht darauf hoffen konnte, die Rüstung regulär zu finanzieren. Die Kassen waren leer.

Der New Yorker Finanzexperte Günter Reiman hat in einem lesenswerten Buch die These aufgestellt, Hitler habe sich in den Krieg geflüchtet, weil er finanziell am Ende gewesen sei. Eine umstrittene Theorie, die sich vielleicht aus der marxistischen Vergangenheit von Reiman erklärt. Wie auch immer, die Finanzkrise spitzte sich dramatisch zu.

Am 2. Januar 1939 fuhr Schacht auf den Obersalzberg und mußte dort erleben, daß der Diktator von seinen früheren Stabilitätsbeteuerungen nichts mehr wissen wollte. Er verlangte jetzt praktisch von Schacht, dieser solle neues Geld drucken. »Ich sah jetzt die Inflation kommen«, erinnert sich Schacht in seinen Memoiren.

Die Reichsbank wollte diesen Weg nicht mitgehen. Sie stellte sich quer. Sie ließ am 7. Januar 1939 Hitler ein Memorandum überreichen, das – ein ungewöhnlicher Vorgang – von allen acht Mitgliedern des Reichsbankdirektoriums unterzeichnet war. Selbst die drei NSDAP-Mitglieder hatten unterschrieben.

Hitler war außer sich und sprach von »Meuterei«. Sechs der acht Unterzeichner wurden entlassen. Darunter Wilhelm Vocke, der von 1948 bis 1957 der Bank deutscher Länder, der Vorläuferin der Bundesbank, vorstand, und Karl Blessing, Präsident der Deutschen Bundesbank von 1958 bis 1969.

Was sich im Januar 1939 in Berlin abspielte, war der wohl dramatischste Zusammenstoß des Jahrhunderts zwischen einer Regierung und einer Notenbank, die – auf verlorenem Posten – um die Stabilität der Währung kämpfte. In der Traditionsgeschichte der Bundesbank spielt der 7. Januar eine ähnlich herausragende Rolle wie der 20. Juli für die Bundeswehr.

Hier einige Auszüge aus der »Vertraulichen Reichsbanksache« vom 7. Januar 1939, die an den »Führer und Reichskanzler, Berlin« gerichtet war:

- »Am Ende des Jahres 1938 ist die Währungs- und Finanzlage an einem Gefahrenpunkt angelangt, der es uns zur Pflicht macht, Entschließungen zu erbitten, die es ermöglichen, der drohenden Inflationsgefahr Herr zu werden.«
- »In entscheidendem Maße aber wird die Währung von der hemmungslosen Ausgabenwirtschaft der öffentlichen Hand bedroht. Das unbegrenzte Anschwellen der Staatsausgaben sprengt jeden Versuch eines geordneten Etats, bringt trotz ungeheurer Anspannung der Steuerschraube die Staatsfinanzen an den Rand des Zusammenbruchs und zerrüttet von hier aus die Notenbank und die Währung... Keine Notenbank ist imstande, die Währung aufrecht zu erhalten gegen eine inflationistische Ausgabenpolitik des Staates.«
- »Wir bitten deshalb um folgende Maßnahmen: 1. Das Reich wie auch alle anderen öffentlichen Stellen dürfen keine Ausgaben und auch keine Garantien und Verpflichtungen mehr übernehmen, die nicht aus Steuern oder durch diejenigen Beträge gedeckt werden, die ohne Störung des langfristigen Kapitalmarktes im Anleiheweg aufgebracht werden können. 2. Zur wirksamen Durchführung dieser Maßnahmen muß der Reichsfinanzminister wieder die volle Finanzkontrolle über alle öffentlichen Ausgaben erhalten.« (In Punkt 4 wurde zudem verlangt, die Inanspruchnahme des Geld- und Kapitalmarktes wieder allein der Reichsbank zu unterstellen.)

In dem bereits zitierten Werk der Bundesbank wird dazu kommentiert: »Zweifellos muß der Mut der Denkschrift bewundert werden. Zugleich stellt sich aber auch Verwunderung über die offenkundige Selbstüberschätzung Schachts ein, ja über die Naivität, mit der er glaubte, dem Nationalsozialismus finanziell Zügel anlegen zu können.«

Der Protest vom 7. Januar blieb, wie wir wissen, erfolglos. Fünf Monate später, am 15. Juni 1939, unterzeichnete Adolf Hitler in Berchtesgaden das neue Reichsbankgesetz. Damit waren die Weichen auf Krieg gestellt: Alle Einschränkungen der Geldschöpfung wurden aufgehoben. Für die vom Reich bei der Notenbank begebenen Wechsel gab es fortan keine Obergrenze mehr, ebensowenig für die Gewährung von Betriebskrediten an das Reich. Die Bindung an das Gold wurde aufgehoben – sie hatte schon seit 1931 kaum noch Bedeutung.

Das Gesetz atmete den Geist der abstrusen Wirtschaftstheorie der Nationalsozialisten, wonach eine Währung keine Deckung benötige. Sie beruhe vielmehr, so der neue Reichsbankpräsident Funk, »auf den festen und sicheren Grundlagen unseres Staates, unseres Bodens und unserer Arbeit«.

Wenn dem so wäre: wieso haben dann Länder, die über genug Boden verfügen und in denen fleißig gearbeitet wird, manchmal ausgesprochen schwache Währungen? Erhard sagte dazu 1948, als er noch die Wirtschaftsverwaltung der Bizone leitete: »Wir haben zwar schon in der Nazi-Zeit gehört, daß die Stabilität des Geldes auf der Arbeit der Nation beruhe, aber das war eben nur eine halbe Wahrheit und daher eine Lüge.«

Wie der Zweite Weltkrieg finanziert wurde

Hitlers Reichsbankgesetz vom 15. Juni 1939, das die Kriegsfinanzierung überhaupt erst ermöglichte, ist so grotesk, daß dem Leser einige Auszüge nicht vorenthalten werden sollen:

- »Die Deutsche Reichsbank ist dem Führer und Reichskanzler unmittelbar unterstellt.«

- »Der Führer und Reichskanzler ernennt den Präsidenten der Deutschen Reichsbank und die übrigen Mitglieder des Reichsbankdirektoriums. Er bestimmt die Dauer ihres Amtes.«
- »Die Deutsche Reichsbank darf dem Reich Betriebskredite gewähren, deren Höhe der Führer und Reichskanzler bestimmt.«

Finanziert wurde der Krieg zwar auch durch Steuererhöhungen und durch Beiträge der eroberten Länder zu den Besatzungskosten, im Vordergrund stand jedoch die sogenannte »geräuschlose« Kriegsfinanzierung – ein Verfahren, das im Zweiten Weltkrieg auch von den anderen kriegsführenden Partien praktiziert wurde.

Anders als während des Ersten Weltkrieges wurden kaum Staatsanleihen in großem Stil ausgegeben. Hitler wollte verhindern, daß die Finanzlage des Reichs öffentlich diskutiert wurde. Er befürchtete eine »finanzielle Volksabstimmung«.

In Berlin hatte man erkannt, daß es in der Praxis keinen großen Unterschied macht, ob Kriegsanleihen direkt vom Publikum gezeichnet werden, oder ob das Publikum sein Geld notgedrungen zur Bank trägt.

Den Banken blieb nämlich gar nichts anderes übrig, als das Geld dem Staat zur Verfügung zu stellen. Sie übernahmen die Schuldtitel – ein sehr aktueller Finanzierungsmechanismus, der in den hochverschuldeten Ländern Europas wohl in Zukunft eine zunehmend wichtige Rolle spielen wird. Wenn die Notenbanken keine Kredite an den Staat geben dürfen und die Privatanleger streiken sollten, bleiben immer noch die Geldinstitute und die Versicherungsgesellschaften als Abnehmer der Papiere.

Als der Krieg zu Ende ging, war die von der Reichsschuldenverwaltung beurkundete Reichsschuld auf 379,8 Milliarden Mark aufgelaufen. Sie hatte sich seit 1938 mehr als verzehnfacht. Daß die Verschuldung nicht auf den Geldwert durchschlug, lag an den Preis- und Lohnkontrollen. Man spricht in diesem Fall von zurückgestauter Inflation.

Die Schulden machten bei Kriegsende 95% des deutschen Geldvermögens aus. In die Gegenwart übertragen, wäre die Bundesrepublik Deutschland heute mit knapp 5000 Milliarden Mark im Minus. Das ist mehr als das Doppelte der gegenwärtigen Staatsschuld.

5000 Milliarden Mark wiederum ergeben – bezogen auf das derzeitige deutsche Sozialprodukt – eine Schuldenquote von 142%.

Das Resultat unserer Berechnung ist verblüffend: Die derzeitige Verschuldung Belgiens (130%) und Italiens (123%) ist vergleichbar mit der des Deutschen Reiches 1945.

Damals, in der Nachkriegszeit, hielt man eine Währungsreform für unumgänglich. Heute greift man lieber zum Rettungsanker einer Europäischen Währungsunion.

Die Schulden werden nicht liquidiert. Sie werden einfach europäisiert.

Kapitel 6

Der Aufstieg der D-Mark (1948–1990)

Nach »Newsweek«

»Eine Witwe von dreiundachtzig Jahren ›verkaufte 1920 ihr Besitztum und legte das Geld bei uns an. Durch die erste Inflation ging 3/4 verloren. Bei unserer Sparkasse verblieben rd. RM 15 000, die vor der Geldneuordnung lange gereicht hätten. Es sind rd. DM 1000 verblieben ... Nach dem 20. Juni mußte sie zur Wohlfahrt gehen.‹«

Aus einem Bericht der Rheinprovinz-Sparkasse über die Währungsreform 1948.

»Der Zustand des Geldwesens eines Volkes ist ein Symptom aller seiner Zustände.«

Joseph A. Schumpeter

»Preisstabilität ist das oberste Gebot. Ich habe darum immer und immer wieder darauf aufmerksam gemacht, daß auf lange Sicht kein wirtschaftlicher Fortschritt groß genug sein kann, um eine zunächst auch noch so harmlos erscheinende Aufweichung der Währung rechtfertigen zu können.«

Ludwig Erhard, *Wohlstand für Alle*, Neuausgabe 1997

Die Geschichte schreibt immer wieder die spannendsten Romane.

Als die verarmte, desillusionierte Bevölkerung Westdeutschlands am Sonntag, dem 20. Juni 1948 die Lebensmittelkarten-Stellen aufsuchte, um dort die erste Rate ihres Kopfgeldes in Empfang zu nehmen, da konnte niemand ahnen, daß dieser Tag zur Initialzündung einer außergewöhnlichen Erfolgsgeschichte werden sollte.

Das Kopfgeld in Höhe von 40 Mark – seltsame, in den USA und England gedruckte Banknoten in amerikanischem

Design – und die damit verbundene Währungsreform waren nur der eine Aspekt dieses Neuanfangs.

Für den anderen Teil zeichnete Ludwig Erhard, damals so etwas wie der Wirtschaftsminister der britisch-amerikanischen Zone, verantwortlich. Er lockerte an diesem 20. Juni die Bewirtschaftungs- und Preisvorschriften und leitete damit die Liberalisierung der westdeutschen Wirtschaft ein.

Als ihn der oberste amerikanische Besatzungsoffizier, General Lucius Clay, daraufhin vorwarf, die Vorschriften ohne seine Genehmigung abgeändert zu haben, gab Erhard die klassische Antwort: »Ich habe sie nicht abgeändert, ich habe sie abgeschafft.«

Zwar bestand das Gesetz gegen Preistreiberei zunächst weiter, zwar wurde der Preisstop für bebaute Grundstücke und Trümmergrundstücke erst Ende 1952 aufgehoben, zwar blieb der Außenhandel vorerst reglementiert, zwar mußten die Bundesbürger bis 1958 warten, bis sie Fremdwährungskonten bei ausländischen Banken unterhalten durften – aber die neue Richtung der Politik wurde von Ludwig Erhard bereits an diesem 20. Juni 1948 klar vorgegeben. Die Währungsreform war zugleich die Geburtsstunde der Marktwirtschaft in Deutschland.

Anfang 1946 hatte das amerikanische Außenministerium eine Kommission berufen, die die Währungsreform vorbereiten sollte. Ihr gehörten zwei in Deutschland geborene Wissenschaftler an: Gerhard Colm und Raymond Goldsmith. Die Kommission begann ihre Arbeit im März 1946 und legte schon zwei Monate später ihren Schlußbericht vor, nachdem sie 30 verschiedene deutsche Pläne für eine Währungsreform begutachtet hatte. Man empfahl eine Umstellung 10 zu 1 sowie einen Lastenausgleich in Deutschland.

Bald verkehrten sich die politischen Fronten in Europa. Die USA gingen auf Konfrontation zur Sowjetunion, mit der zusammen sie eben noch Deutschland besiegt hatten, und diese

Umkehr der Allianzen ersparte den Deutschen eine unabsehbar lange, miserable Besatzungsexistenz. Es zeichnete sich bereits 1946 ab, daß sie wieder gebraucht würden.

Nachdem die USA entschieden hatten, die Währungsreform auf Westdeutschland zu begrenzen, wurde in einer Kaserne in Rothwesten bei Kassel eine Gruppe deutscher Experten zusammengezogen. Innerhalb von 49 Tagen arbeiteten sie alle notwendigen Gesetze, Proklamationen und Anweisungen für die Umstellung aus – unter strenger Geheimhaltung, vollständig isoliert von der Außenwelt. Eine Schlüsselrolle spielte dabei der amerikanische Offizier Edward Tenenbaum, eine respektable Leistung für einen 25jährigen Volkswirt. Als sich die Gerüchte über eine bevorstehende Währungsreform verdichteten, bekamen all diejenigen mit der Angst zu tun, die auf großen Mengen von Schwarzgeld saßen – durchaus eine Parallele zur endgültigen Umstellung auf den Euro, falls es dazu im Jahr 2002 kommen sollte.

Die Nachfrage nach Geldmünzen war groß, weil man – zu Recht – annahm, diese würden bis auf weiteres im Umlauf bleiben. Als am 20. Juni der erste Teil des 60-Mark-Kopfgeldes – nämlich 40 Mark – im Tausch gegen die gleiche Menge Altgeld ausgegeben wurde, erhielt jeder ein Formular. Darauf mußte er seinen gesamten Besitz an Reichsmark-Noten und seine Bankguthaben anmelden. Viele Schwarzhändler zogen es vor, ihre Bestände an Reichsmark lieber zu vernichten.

Im Prinzip wurde 1948 10 zu 1 umgestellt, die teilweise blockierten Bank- und Sparguthaben am Ende jedoch noch schlechter, nämlich 10 zu 0,65. Denn ein Teil der Einlagen bei den Geldinstituten wurde gestrichen.

Abgewertet wurden auch die Renten- und Lebensversicherungsverträge, nicht jedoch die Leistungen aus der Sozialversicherung, den Pensionen und Leibrenten. Sie wurden zu 100% umgestellt. Ebenso Gehälter, Mieten und andere wiederkehrende Leistungen. Es war also ein Mißverständnis, wenn man in der DDR 1990 glaubte, die Umstellung der Löhne sei durch das Verhältnis der Währungsumstellung bereits präjudiziert. Es wäre 1990 vernünftiger gewesen, wie 1948 10 zu 1 umzustellen, die neuen Bundesländer auf einen Schlag zu entschulden, gleichzeitig aber die Kaufkraft der Löhne zu erhalten.

Die Währungsreform von 1948 machte weitaus mehr Gesetze notwendig und war viel komplizierter, als hier dargestellt werden kann. Das Gesetz zum Abschluß der Währungsumstellung ließ bis zum 17. Dezember 1975 auf sich warten. Das hätte eine Warnung für später sein müssen. Die Bundestagsabgeordneten, die dem Vertrag von Maastricht leichtfertig zustimmten, hatten keine Ahnung davon, wie viele praktische Probleme eine europaweite Währungsumstellung schaffen würde und wie teuer sie zu stehen käme.

Nachdem Konrad Adenauer 1949 mit einer Stimme Mehrheit zum ersten Bundeskanzler der Bundesrepublik Deutschland gewählt worden war, sagte er einmal, der hauptsächliche Zweck des neuen Staates sei die Kapitalbildung. Das war eine sehr kluge Bemerkung. Dieses neue Gebilde im Herzen Europas zeigte nie territoriale Ambitionen, betrieb nie klassische Machtpolitik, strebte nie den Oberbefehl über seine eigenen Streitkräfte an.

Wirtschaftswunder: Schon 1958 hatte die Bundesrepublik Großbritannien überholt

Stattdessen entwickelte Deutschland das, was der Publizist Walter Wannenmacher das »venezianische Potential« nannte. Die Bundesrepublik Deutschland wurde zum wirtschaftlichen Kraftzentrum Europas, stieg zum zweitgrößten Exporteur der Welt auf, erzielte riesige Handelsbilanzüberschüsse, baute das durch den Krieg verlorene Auslandsvermögen nach und nach wieder auf, legte sich neue Goldreserven zu und avancierte mit der Zeit (hinter Japan) zum zweitgrößten Gläubiger der Welt, während die Siegermacht USA in die Position des weltgrößten Schuldners abrutschte. Deutschland stieg auf zu einer führenden Handels- und Finanzmacht. Nicht mehr und nicht weniger.

Ludwig Erhard selbst bestritt gerne, daß das Wirtschaftswunder überhaupt ein solches gewesen sei. Und doch: Die Geschwindigkeit des Aufstiegs mutet auch im Rückblick atemberaubend an.

Im Jahr ihrer Gründung ließ sich die Bundesrepublik vielleicht am besten mit Großbritannien vergleichen, der damals führenden Industrienation Westeuropas: dieselbe Staatsfläche, dieselbe Einwohnerzahl, praktisch dieselbe Fläche an Ackerland.

Aber sonst: Welch ein Unterschied. 1949 machte die westdeutsche Industrieproduktion 10,4 Milliarden Dollar aus, die britische 17,3 Milliarden. Ebenfalls 1949 lag die westdeutsche Ausfuhr bei 1,1 Milliarden Dollar, die britische bei 6,6 Milliarden.

Schon 1958 hatte die westdeutsche Industrieproduktion die britische weit überholt. Und im Export lagen beide Länder damals bereits gleich auf.

Dabei hätten die Ausgangsbedingungen nicht unterschiedlicher sein können. Während der Krieg in England nur begrenzte Zerstörungen hinterlassen hatte, glichen die westdeutschen Großstädte Trümmerwüsten. Bei einer Arbeitslosenquote, die noch 1950 bei 11% lag, strömten gewaltige Flüchtlingsmassen in das ruinierte Land – 11,5 Millionen Menschen bis 1958.

Und Deutschland mußte für den verlorenen Krieg teuer zahlen. Bei einer ohnehin ärmlichen Kapitalausstattung wurde demontiert, wurden die wertvollen Patente enteignet, wurden hohe Besatzungskosten auferlegt, die selbst zur Zeit des ersten Kabinetts Adenauer bis zu einem Drittel des jährlichen

Haushaltes beanspruchten. Die 1,4 Milliarden Dollar aus dem Marshall-Plan (von über 13 Milliarden für ganz Westeuropa) waren gewiß eine wichtige Starthilfe. Aber sie machte nur einen kleinen Teil dessen aus, was von den Siegern in verschiedenster Form vorher und nachher herausgeholt wurde.

Zum Beispiel mußte Westdeutschland Kohle und andere Güter zu den niedrigen inländischen Festpreisen exportieren, während für die Einfuhren in der Regel die amerikanischen Preise gezahlt werden mußten, die oft weit über den Weltmarktpreisen lagen.

Und doch gelang der große Sprung nach vorn innerhalb von zehn Jahren. In den fünfziger Jahren kam es nie zu einem Stillstand des Sozialproduktes, die Arbeitslosigkeit ging nur zurück, ab 1951 war die Leistungsbilanz im Plus, ab 1953 wurden jährlich 500 000 Wohnungen oder mehr fertiggestellt.

In dieser Zeit setzte die neue Währung Muskeln an. Bis Ende 1958 konnte die Zentralbank Auslandsaktiva in Höhe von 27 Milliarden Mark anhäufen, darunter Goldreserven im Wert von 11 Milliarden Mark. Bereits 1958 hatte Deutschland 9,2% der Weltexporte erobert. Ende 1958 wurde die Deutsche Mark voll konvertibel – die freie Währung eines freien Landes in einer freien Marktwirtschaft.

Dieses Wunder hatte 1948, ja selbst noch 1950, niemand kommen sehen. Verglichen mit damals, nehmen sich die Herausforderungen, vor denen die deutsche Wirtschaft 1997 stand, geradezu harmlos aus. Aber damals stimmten eben die Vorgaben der Politik. Bürokratie wurde in großem Maßstab abgebaut, es wurde dereguliert, die Steuern wurden gesenkt, es wurde investiert statt umverteilt.

Ludwig Erhard war der erste Euro-Skeptiker

In Bonn regierten Politiker, die ihr Geld wert waren: ein Kanzler, der bei internationalen Verhandlungen zäh und listig deutsche Interessen vertrat und das Maximum für sein Land herausholte; ein Wirtschaftsminister, der eine große Idee verkörperte und sie in praktische Politik umsetzte; ein Finanzminister (übrigens auch von der CSU), der Haus zu halten wußte und mit seinem Juliusturm sogar Rücklagen aufbaute, anstatt seine Energie auf die Abschaffung der eigenen Währung zu verschwenden.

Ignoranten waren in diesen Aufbaujahren jedenfalls nicht am Ruder. Und niemand hätte die dank Erhard auf Marktwirtschaft und Wettbewerb ausgerichtete CDU mit der sozialistischen Opposition verwechseln können. Heute gleichen sich beide großen Parteien wie ein Ei dem anderen. Bundestagswahlen werden zwar noch veranstaltet, man weiß kaum noch, wozu.

Wenn Erhard noch lebte, wäre er Euroskeptiker und ein leidenschaftlicher Gegner des Maastrichter Vertrages. Er hätte nichts als Verachtung für Politiker gehabt, die vor den Problemen zu Hause kapitulieren und sich mit der billigen Ausrede Europa aus der Verantwortung flüchten. Ludwig Erhard ahnte, welche Auswüchse die Bürokratie in Brüssel annehmen würde. Er hat oft genug laut und deutlich vor dieser Entwicklung gewarnt.

Als die Bundesrepublik am 4. Februar 1997 des 100. Geburtstages von Ludwig Erhard gedachte, wollte Helmut Kohl den Eindruck erwecken, er sei nicht nur Adenauers, sondern auch Erhards politischer Enkel. Der Kanzler erschien auf einer Erhard-Gedenkfeier, verzichtete dann aber – aus nicht ganz geklärten Gründen – darauf, das mitgebrachte Redemanuskript vorzulesen.

Dies zu Recht, denn zwischen Kohl und Erhard liegen Welten. Es lohnt sich, in der Neuauflage von Erhards Klassiker

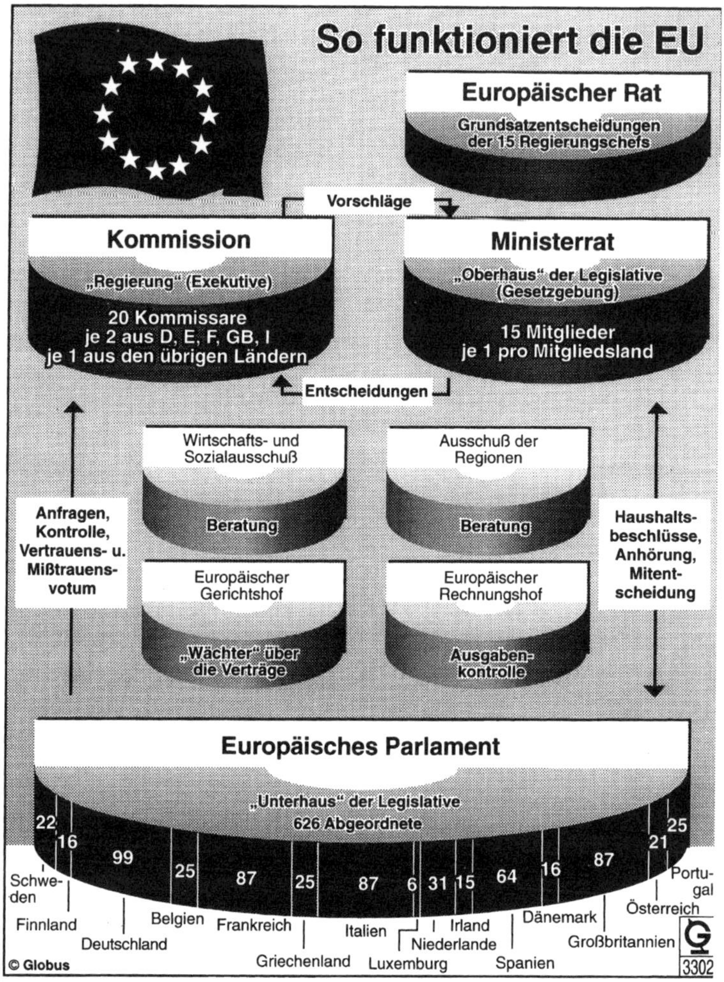

»Wohlstand für Alle« nachzulesen, was er zu den Themen zu sagen hatte, die uns heute noch bewegen:

■ »Die beste Integration Europas, die ich mir vorstellen kann, beruht nicht auf der Schaffung neuer Ämter und Verwaltungsformen oder wachsenden Bürokratien, sondern sie beruht in erster Linie auf der Wiederherstellung einer freizügigen internationalen Ordnung, wie sie am besten und vollkommensten in der freien Konvertierbarkeit der Währungen zum Ausdruck kommt.«

- »Von Sizilien bis zum Ruhrgebiet kann es keine gleiche Produktivität und mithin auch keine gleichen Arbeitskosten geben.«
- »Ein bürokratisch manipuliertes Europa, das mehr gegenseitiges Mißtrauen als Gemeinsamkeit atmet und in seiner ganzen Anlage materialistisch anmutet, bringt für Europa mehr Gefahren als Nutzen mit sich.«
- »Die Vorstellung, daß fortschreitend einzelne Sachbereiche der nationalen Souveränität entzogen und supranationaler Verwaltung übergeben werden sollten, und daß dann von einem bestimmten Augenblick an das Gewicht des supranationalen Einflusses automatisch zu einer totalen Überwindung nationaler Zuständigkeiten führen würde, erscheint mir wenig realistisch und hält einer wirtschaftstheoretischen Durchleuchtung nicht stand.«
- »Die große Gefahr bestand und besteht auch heute noch, daß wir zwar alle ein freies Europa wollen, daß aber daraus ein Zentralismus erwachsen könnte, ein Zentralismus, der alles, was an Buntheit, an Vielfältigkeit aus diesem alten Kulturboden Europas erwachsen ist, ersticken müßte.«

Und ganz so, als sei ihm der Euro im Alptraum erschienen, mahnte Erhard: »Es ist Frankreichs Absicht, auch auf währungspolitischem Gebiet die starke deutsche Stellung zu schwächen.«

Der Visionär war den parteipolitischen Intrigen nicht gewachsen, er trat – nach einem Bruch mit der FDP wegen Haushaltsfragen – am 1. Dezember 1966 als Bundeskanzler zurück. In seiner Abschiedsansprache sagte er: »Meine Liebe und meine ganze Kraft werden immer dem deutschen Volk gehören. Gott schütze unser Vaterland.«

Nur zwei Jahre später, in einem Interview mit der *Welt am Sonntag* vom 15. September 1968, erklärte Erhard, daß »Währungen höchster Ausdruck nationaler Souveränität sind.« Und er setzte hinzu: »Das sollten auch jene bedenken, die so gerne verschwommene Begriffe wie ›Währungsunion‹ im Munde führen.«

In einem brillanten Aufsatz in der *FAZ* vom 1. Februar 1997 brachte der Historiker Hans-Peter Schwarz Erhards Konzept auf den Punkt:

»Bekanntlich hat Erhard von den kleineuropäischen Integrationskonzepten nicht viel gehalten, wenngleich er sich dann als Bundeskanzler mit den ungeliebten Realitäten der EWG wohl oder übel abzufinden hatte. Er mißtraute zutiefst dem Wunsch Frankreichs, der wirtschaftlich sehr viel potenteren Bundesrepublik seinen Willen aufzuzwingen. Die Brüsseler Großbürokraten mit ihren planifikatorischen Ansprüchen und mit ihrer bürokratischen Regelungswut erschienen ihm dabei als Wurmfortsatz des französischen Etatismus.«

Standort Deutschland? Um diesen zu sichern, mußte die Bundesrepublik sich international – nicht kleineuropäisch – orientieren. Dazu Professor Schwarz:

»Erhards europapolitischen Auffassungen lagen indessen durchaus diskutable ökonomische Überzeugungen zugrunde. Er dachte prinzipiell global, hielt aber die Bundesrepublik auch für stark genug, ihre Interessen auf dem Weltmarkt im Rahmen globaler Vereinbarungen und ohne Zwischenschaltung europäischer Institutionen geltend zu machen. Zudem war ihm das damalige Sechser-Europa zu eng. Unschwer erkennt man in ihm den deutschen Nationalökonomen alter Schule, wenngleich modernen Zuschnitts. Er begriff die nationale Wirtschaftsgesellschaft als integrierte, gewissermaßen verschworene Gemeinschaft im Wettkampf der Volkswirtschaften.«

Noch einmal Professor Schwarz zur Frage, ob Deutschland mit einem Übermaß an europäischer Bürokratie und Integration gut fahren würde:

»Man könnte Erhard also ohne weiteres mit dem heute geläufigen Schimpfwort ›Euroskeptiker‹ belegen. Temperamentsmäßig war er ein Optimist, doch in Fragen der Wirtschaft ein Realist. Fast durchgehend hat er die europäischen Konstruktionen Jean Monnets oder Hallsteins für wirtschaftlich unzweckmäßig erachtet, aber auf längere Sicht auch für politisch nicht tragfähig. Solche Überlegungen waren übrigens auch Adenauer nicht ganz fremd. Dieser war je länger desto weniger ein Anhänger supranationaler Integration.«

Vier Jahrzehnte später das Rezept gegen die aktuelle deutsche Wirtschaftskrise in noch mehr westeuropäischer Integration, in noch mehr Dirigismus und Bürokratie oder gar im Euro zu suchen – das konnte nur denen in den Sinn kommen, die Erhard vergessen und verraten haben.

Wenn das politische System in Bonn dies zuließe, bräuchte man heute das Reformprogramm Erhards – in zeitgemäßer Anwendung – nur noch einmal aufzurollen. Ganz Europa, nicht nur Deutschland, würde davon profitieren. Ein prosperierendes Deutschland kommt eben auch den Nachbarn zugute, so wie die feste D-Mark ein Plus für die gesamte EG war. Wer die Starken schwächt, hat noch nie die Schwachen gestärkt.

Razeen Sally, Dozent an der Londoner *School of Economics*, kommt das Verdienst zu, auf diese Zusammenhänge hingewiesen zu haben. Er befaßte sich am 9. Juni 1997 in der *Financial Times* mit dem oft gehörten Argument, dem Marshall-Plan und den verschiedenen multilateralen Organisationen sei der Wiederaufbau in Westeuropa nach 1945 hauptsächlich zu verdanken.

»Diese Erklärung«, so Sally, »übersieht jedoch einen anderen entscheidenden Faktor: die Rolle der unilateralen Wirtschaftsreformen in Westdeutschland.« Unilateral heißt einseitig, und damit ist gemeint, daß die Bundesrepublik damals nicht auf andere wartete, sondern selbst voranging.

»Es sollte nicht vergessen werden«, schrieb Sally, »daß Ludwig Erhards weitreichendes Programm zur Wirtschaftsliberalisierung, das er im Juni 1948 in Gang setzte, der Schrittmacher für die Reform in ganz Europa war, und daß darauf in schneller Abfolge innere Reformen in Deutschland und eine gesunde Dosis von unilateraler Handelsliberalisierung in der ersten Hälfte der fünfziger Jahre folgten. Diese Maßnahmen setzten ein Beispiel, dem andere, anfangs noch zögernde Länder, besonders Frankreich und das Vereinigte Königreich, nach und nach folgten.«

Sally geht noch weiter: »Man kann in der Tat sagen, daß das deutsche Vorbild für die Liberalisierung des innereuropäischen Handels und der Übergang zur Konvertibilität der europäischen Währungen im Jahr 1958 mindestens so wichtig waren wie die Rolle der USA und der regionalen Organisationen.«

Im Gegensatz zur Ära Erhard – so die Stimme aus London –, neigten heute die meisten Kommentatoren dazu, die Liberalisierung der internationalen Wirtschaft immer nur unter dem Gesichtspunkt internationaler Organisationen und zwischenstaatlicher Verhandlungen zu sehen. Ironischerweise stünden inzwischen nicht mehr die USA oder die EU, sondern Schwellenländer wie Chile und Bolivien an der Spitze der Reformen.

Die feste Mark dieser Nachkriegszeit war Gütesiegel und Vorbedingung des wirtschaftlichen Aufschwungs. Sie behinderte die Exportoffensive nicht, sie sorgte ganz im Gegenteil für Kosten- und Preisvorteile. Die Rohstoffe konnten billig importiert werden, und die niedrige Inflation zu Hause ermöglichte es den Firmen, ihre Produkte im Ausland günstig anzubieten.

Mit einer D-Mark soft wäre dieser Erfolg nicht möglich gewesen. Deutsche Konzerne, die jetzt auf einen weichen Euro und auf Abwertungsvorteile schielen, sollten sich ins Stammbuch schreiben, daß eine schwache Währung vielleicht vorübergehende Erleichterungen bringt, eine feste Währung aber dauerhafte Vorteile. Wenn es anders wäre, wäre Brasilien längst Exportweltmeister.

»Die Stabilität der Währung steht über der Konjunktur«, sagte Erhard, »denn die Stabilität ist das Wohl des Volkes.« Erhard wußte auch, daß diese Stabilität nur mit einer unabhängigen Bundesbank zu haben war – nicht mit einer Geldverfassung, die der Begierde und dem Dilettantismus von Parteipolitikern ausgeliefert ist.

Daß sich die Bundesbank als unabhängige Institution etablieren konnte, war Anfang der fünfziger Jahre keineswegs eine ausgemachte Sache. Selbst der grundsolide Finanzminister Fritz Schäffer hielt zunächst nicht viel von einer autonomen Notenbank, änderte jedoch später seine Meinung. Ernst zu nehmende Pläne, die Zentralbank einem Bonner Ausschuß oder direkt der Regierung zu unterstellen, verschwanden bald in der Schublade. Ludwig Erhard konnte sich auch in dieser Frage durchsetzen.

Immerhin sind D-Mark und Notenbank älter als die Bundesrepublik. Schon ab Januar 1947 wurden die Landeszentralbanken nach und nach gegründet. Sie waren damals noch rechtlich selbständig, zugleich aber den Alliierten unterstellt. Als ihr Vorbild diente der konförderative Aufbau der amerikanischen Federal Reserve.

Als am 1. März 1948 die Bank deutscher Länder, die Vorläuferin der Bundesbank, in Frankfurt am Mai gegründet wurde, lag ihr Grundkapital noch bei den Landeszentralbanken. Die spätere Bundesbank hingegen gehörte von Anfang an dem Bund.

Die Bundesbank mußte ihre Unabhängigkeit von Anfang an verteidigen

Die Bundesbank wurde 1957 gegründet. Paragraph 3 des Bundesbankgesetzes vom 1. August 1957 bezeichnet es als ihre Aufgabe, »die Währung zu sichern«. In Paragraph 12 heißt es: »Die Deutsche Bundesbank ist verpflichtet, unter Wahrung ihrer Aufgabe die allgemeine Wirtschaftspolitik der Bundesregierung zu unterstützen.«

Das sieht auf den ersten Blick wie eine Einschränkung ihrer Unabhängigkeit aus, man beachte aber die vier entscheidenden Worte: »unter Wahrung ihrer Aufgabe«. Damit ist gemeint, daß die Sicherung der Währung Vorrang hat. Paragraph 12 fährt fort: »Sie ist bei der Ausübung der Befugnisse, die ihr nach diesem Gesetz zustehen, von Weisungen der Bundesregierung unabhängig.«

Sie braucht sich also vom Finanzminister gewiß nicht vorschreiben zu lassen, wann und wie sie ihre Bilanzen zu erstellen hat (was Waigel bekanntlich 1997 unverblümt versuchte).

Mitglieder der Bundesregierungen dürfen zwar an den Sitzungen des Zentralbankrats teilnehmen. Sie haben aber kein Stimmrecht, sondern können nur Anträge stellen. Wenn sie dies wünschen, ist die Beschlußfassung bis zu zwei Wochen auszusetzen.

Der Zentralbankrat tagt in der Regel alle zwei Wochen. Er beschließt mit einfacher Mehrheit. Ihm gehören an: die Präsidenten der Landeszentralbanken und das – kleinere – Direktorium, in dem auch der Bundesbankpräsident und sein Vize sitzen.

Der Zentralbankrat beschließt über die Währungs- und Kreditpolitik der Bundesbank sowie über andere Richtlinien, das Direktorium führt als Exekutivorgan die Beschlüsse aus. Es leitet und verwaltet die Bank.

Helmut Kohl scheint das Bundesbankgesetz nicht besonders gut zu kennen. Sonst hätte er nicht die Währungsunion mit der DDR in einer Nacht- und Nebelaktion beschlossen, ohne sich mit dem damaligen Bundesbankpräsidenten Pöhl auch nur zu beraten. Daß der Bundesbankpräsident von der Regierung bei »Angelegenheiten von währungspolitischer Bedeutung« hinzuzuziehen ist, steht schwarz auf weiß in Paragraph 13 des Bundesbankgesetzes.

Der Interessengegensatz zwischen Bonn und Frankfurt könnte in der Tat kaum größer sein: Die Politiker pflegen das Wohlwollen des Auslandes und ihrer Wähler (besonders alle vier Jahre) mit Geldgeschenken zu kaufen – und dazu brauchen sie möglichst viel und möglichst billiges Geld. Der Gedanke daran, was dieses Geld eine halbe oder eine ganze Generation später noch wert ist, bringt sie nicht unbedingt um den Schlaf. Denn bis dahin genießen sie längst ihre inflationsangepaßte Pension. Für eine seriöse Zentralbank hingegen steht die Stabilität im Mittelpunkt, und sonst nichts. Es ist ein Naturgesetz, daß sie den Geldwert gegen die Politik verteidigen muß.

Die deutsche Notenbank erkämpfte sich diesen Freiraum, lange bevor ihre Autonomie gesetzlich garantiert wurde. Das entscheidende Datum war der 26. Oktober 1950, als eine Zinserhöhung zur Debatte stand. Es kam zum Zusammenstoß mit Konrad Adenauer, der Zentralbankrat setzte sich durch, und damit war ein für alle mal geklärt, wer für die Zinspolitik zuständig war. Ein gutes Beispiel dafür, daß in der Politik eine Kraftprobe nicht früh genug gesucht werden kann, wenn es um Grundsätzliches geht.

1950 sah es um die noch junge D-Mark schlecht aus. Die Preise stiegen, die Zahlungsbilanz verschlechterte sich dramatisch, die deutsche Kreditquote bei der neugegründeten Europäischen Zentralunion war fast völlig ausgeschöpft.

Auf Bitten der Regierung hatte der Zentralbankrat seine Sitzung an jenem 26. Oktober nach Bonn in das Museum König verlegt, in dem damals vorübergehend das Kanzleramt untergebracht war. Adenauer und die übrigen Regierungsmitglieder waren im Protokoll ausdrücklich als »Gäste« aufgeführt.

Adenauer plädierte gegen die geplante Zinserhöhung. Dazu hatte er sich offenbar mit dem ihm befreundeten Bankier Pferdmenges beraten, der in Bonn als graue Eminenz galt. Adenauer beschloß seinen Vortrag mit dem Argument: »Im übrigen ist Herr Pferdmenges als Sachkenner absolut gleicher Meinung.«

Nur Bundeswirtschaftsminister Erhard sprach sich für eine Zinserhöhung aus. Nur so könne man hoffen, die Zahlungsbilanz wieder zu verbessern. Darauf Adenauer unwirsch: »Ach, hören Sie nicht auf den.«

Die Währungshüter waren nicht beeindruckt. Nachdem der Kanzler und seine Minister abgezogen waren, beschloß der Zentralbankrat, den Diskontsatz von 4 auf 6% zu erhöhen.

Im Februar 1956 kam es noch einmal zum Krach. Adenauer polemisierte in einer Rede in Köln gegen zwei Diskonterhöhungen. Er warf dem Zentralbankrat vor: »Das Fallbeil trifft die kleinen Leute.« Aber nachdem schon die erste Runde 1950 an die Notenbank gegangen war, konnte sich der Regierungschef auch diesmal nicht durchsetzen – zumal Erhard wieder auf Seiten der Notenbank stand.

So vollzog sich – nicht etwa per Zufall, sondern dank richtiger Weichenstellungen – der Aufstieg dieses unscheinbaren Besatzungsgeldes zum Weltstar und zum mächtigen Konkurrenten des Dollars. Abgesehen von dem Sonderfall 1949, als das britische Pfund abwertete und mit ihm die D-Mark, kam es nie wieder zu einer D-Mark-Abwertung – nur zu Aufwertungen.

1949 war die Mark, die zuvor bei 3,33 zum Dollar fixiert war, zur Vorkriegsparität von DM 4,20 zurückgekehrt. Dabei blieb es bis zur Aufwertung von 1961, mit der inflationären Tendenzen und übergroßen Zahlungsbilanzüberschüssen entgegengewirkt werden sollte, die damals im Ausland Mißfallen zu erregen begannen.

Auch bei freien Wechselkursen (wie derzeit zwischen Dollar und D-Mark) spricht man manchmal davon, daß eine Währung ab- oder aufwertet. Der Begriff Abwertung bezieht sich jedoch ursprünglich auf ein System fester Wechselkurse und auf die Bindung der Währungen an das Gold: Wenn die alte Parität nicht mehr zu halten ist, wird – meist an einem Wochenende – eine Abwertung beschlossen.

Seit dem Währungsabkommen, das die Siegermächte 1944 in dem kleinen Ort Bretton Woods nördlich von New York schlossen, war der Goldpreis bei 35 Dollar fixiert und die Wechselkurse der Industriestaaten standen in einem festen Verhältnis zum Dollar. Wenn die USA Defizite in der Außenbilanz machten, mußten sie damit rechnen, daß ausländische Zentralbanken die überschüssigen Dollars in New York präsentierten und ihre Einlösung in Gold verlangten. Frankreich machte von dieser Möglichkeit Gebrauch, die Bundesrepublik Deutschland nicht.

Währungschaos: Als Nixon den Dollar vom Gold löste

Im August 1971 schloß der amerikanische Präsident Nixon das »Goldfenster«. Er kündigte die Goldkonvertibilität des Dollars einseitig auf. Gewaltige Spekulationswellen rollten über die Devisenmärkte, mühsam wurden noch einmal neue Währungsparitäten errichtet und verteidigt, bis schließlich 1973 das ganze System von Bretton Woods wie ein Kartenhaus zusammenbrach.

Die internationalen Devisenmärkte waren nun frei und ungeregelt. Sie sind bis heute Objekt gigantischer Kapitalbewegungen, die nur noch zu einem Bruchteil mit dem Welthandel, mit Export und Import, zu tun haben. An jedem einzelnen Handelstag werden heute in den Finanzzentren der Welt schätzungsweise 1000 Milliarden Dollar gekauft und verkauft.

Die Währungsordnung der Nachkriegszeit hatte auf dem ehernen Grundsatz beruht, daß der Dollar an das Gold gebunden war, daß er in Gold konvertibel war (allerdings nur im Verkehr zwischen den Zentralbanken) und daß die USA nie abwerten würden.

In den Jahren 1971 bis 1973 verspielten die USA dieses Vertrauenskapital. Die D-Mark rückte an den Devisenmärkten zur begehrten Alternative auf. Sie löste den Dollar als eigentliches Wertaufbewahrungsmittel ab. Wer in den siebziger Jahren, und dann wieder ab Februar 1985 auf D-Mark statt Dollar setzte, ist damit nicht schlecht gefahren.

Noch im Oktober 1969, nach der damals in Bonn heftig umstrittenen DM-Aufwertung, kostete der Dollar DM 3,66. Im Dezember 1971 waren es nur noch DM 3,22, im März 1973 DM 2,81. Bereits 1978 wurde die Marke von DM 2 unterschritten, bis dann 1980 eine gewaltige Hausse startete, deren Spitze im ersten Quartal 1985 bei über 3 Mark lag.

Ende 1986 wurde die 2-Mark-Grenze wieder unterschritten, und seitdem blieb der Dollar – abgesehen von einer ganz kurzen Phase 1989 – immer unter diesem Niveau. Das bisherige Tief lag 1995 bei DM 1,36.

Im Währungschaos Anfang der siebziger Jahre, als die Devisenmärkte mehrmals geschlossen werden mußten, reifte eine Idee heran, die in ihrer letzten, aber falschen Konsequenz bis zum Vertrag von Maastricht führte: die Idee nämlich, wenigstens im Gebiet der EWG eine währungsberuhigte Zone zu schaffen. Die europäischen Währungen sollten, wenn sie schon gegen den Dollar frei schwankten, dies wenigstens gemeinsam tun. Europa sollte ein Währungsblock werden.

De facto wurde daraus ein DM-Block, und daran hat sich bis heute im Prinzip nichts geändert.

1973 bildeten die Europäer die sogenannte »Währungsschlange« mit Bandbreiten von 2,25%, 1979 folgte das Europäische Währungssystem, das noch heute existiert – allerdings inzwischen mit sehr weiten Bandbreiten von 15% nach oben und unten.

(Die Bandbreiten geben an, um wieviel Prozent der Mittelkurs entweder über- oder unterschritten werden kann. Bei 15% nach beiden Seiten kann selbstverständlich von einem »Währungssystem« nicht mehr gesprochen werden. 1997 galt nur noch für D-Mark und Gulden das alte 2,25%-Band. Das 1979 von Helmut Schmidt und Giscard d'Estaing ins Leben gerufene Währungssystem, das direkt zum Euro führen sollte, war eindeutig gescheitert, und zwar schon 1992/93.)

Jetzt, zum Ende des Jahrhunderts, blicken wir zurück auf über 20 Jahre währungspolitischer Zusammenarbeit in Europa, in der längere Phasen der Stabilität immer wieder in Abwertungen und Währungskrisen mündeten, in der Länder aus dem Block ausscherten und später wieder hinzukamen (selbst Frankreich verließ in den siebziger Jahren zweimal die »Schlange«), in der Bundesbank und D-Mark zum ruhenden Pol wurden.

Länder wie Italien, Frankreich, Großbritannien oder auch Schweden tendierten manchmal zur Härte und liebäugelten ein andermal mit weichem Geld. Sie entwickelten keine langfristige, verläßliche Kontinuität. Ihre Stabilitätskultur hat sich nie über einen ganzen Inflationszyklus hinweg bewährt.

Die anderen europäischen Notenbanken konnten nie mit dem Prestige der Bundesbank gleichziehen. Und immer, wenn die Gespenster der Vergangenheit gebannt schienen, wie zuletzt Anfang der neunziger Jahre, brach dann doch wieder die große Vertrauenskrise aus – und es kam zu neuen Abwertungen.

Die Dollar-Hegemonie wurde – jedenfalls in Europa – von einer D-Mark-Hegemonie abgelöst. Der deutsche Zinssatz bildete den europäischen Leitzins. Die Bundesbank gab den Ton an. Es gab dazu auch keine praktikablen Alternativen. Und es war für die anderen EG-Mitglieder alles in allem keine schlechte Lösung.

Vor Jahren schon sagte der Präsident des französischen Unternehmerverbandes: »Die Bundesrepublik Deutschland hat Europa einen großen Dienst erwiesen, indem sie Frankreich ihre Anti-Inflationsordnung aufdrängte.« Oder die britische *Financial Times* kommentierte: »Ohne die monetäre und fiskalische Disziplin in Westdeutschland wäre das europäische Währungssystem chaotisch.«

Diese Ära einer über jeden Zweifel erhabenen D-Mark endete 1990 mit der innerdeutschen Währungsunion und der Wiedervereinigung des Landes. Die deutsche Staatsschuld verdoppelte sich innerhalb weniger Jahre, die Bonner Finanzen gerieten außer Kontrolle, Frankreich verlangte als Kompensation für die Wiedervereinigung die Entmachtung der Bundesbank und die Aufgabe der souveränen D-Mark.

In Europa wurden die Karten neu gemischt. Mit der deutschen Einheit und dem Vertrag von Maastricht geriet die bis dahin überaus erfolgreiche deutsche Währung ins Zwielicht. Sie schien sich, wie der ZDF-Journalist Balkhausen einmal sagte, mit einem dunklen Rätsel ihrem Ende zu nähern.

Kapitel 7

Der Zahlmeister: Was die Party kostet

Europa mischt sich immer mehr in alle Aspekte Ihres täglichen Lebens ein.
Quelle: The Referendum Party

»Diese Währungsunion wird natürlich nur mit Verzögerung kommen. Auch wird sie nicht billig. Wenn die Währungen von wirtschaftlich unterschiedlich entwickelten Gebieten nicht mehr untereinander schwanken können, sind Ausgleichszahlungen fällig.«

Richard von Weizsäcker, *Focus*, 28.11.1994

»Deutschland ist zum Aschenputtel geworden... Wir müssen zwar zahlen, haben aber nichts zu sagen, und wenn wir doch etwas sagen wollen, dann auf französisch. Das ist keine kluge Politik. Wir sollten, wie alle anderen, unsere Interessen vertreten. Das ist das Normale, und wer sich nicht normal benimmt, der erweckt entweder den Argwohn, er verberge seine Absichten, oder er wird als dummer August behandelt.«

Professor Wolfram Engels, *Wirtschaftswoche*, 29.4.1994

»Bundeskanzler Helmut Kohl mahnt seit Jahr und Tag, die Währungsunion sei letztlich eine Frage von Krieg und Frieden. Nichts liegt weiter von der Realität entfernt. Es geht vielmehr um das, was die Pfälzer den Bimbes nennen, um Geld in Form von Kredit, Subventionen oder gesicherten Arbeitsplätzen.«

Winfried Münster, *Süddeutsche Zeitung*, 13.4.1996

Nie war Europa den Deutschen teurer als in den neunziger Jahren. Während das Land unter der schwersten Schuldenlast der Nachkriegszeit stöhnte, während die Bürger ständig mit noch einer Steuer, mit noch einer Abgabe belastet wurden, während in Bonn neue Haushaltslöcher schneller entstanden, als sie gestopft werden konnten, während das deutsche Auslandsvermögen schrumpfte und die Außenbilanz aus den roten Zahlen nicht mehr herauskam, leisteten sich die in Bonn verantwortlichen Politiker den Luxus, für zwei Drittel des Etats der EG im Alleingang aufzukommen. Einer für 15 – die EG als teuerstes deutsches Hobby aller Zeiten.

Wie groß der Aderlaß ist, der angeblich höheren europäischen Idealen dient, weiß niemand genau. Selbst die regelmäßig veröffentlichen Zahlen der Deutschen Bundesbank, die als besonders zuverlässig gelten, sind nicht vollständig. Fest steht aber, daß die Bundesrepublik Deutschland den bürokratischen Umverteilungsapparat der EG – er reicht bis in die entferntesten Winkel Afrikas und der Karibik – mit gut und gerne 30 Milliarden Mark pro Jahr finanziert. Keineswegs alles davon erscheint im ordentlichen Haushalt der EG. Die 30 Milliarden sind eine Nettozahl. Davon ist bereits alles abgezogen, was jährlich in Form von Subventionen der verschiedensten Art an Deutschland zurückfließt.

Man könnte ohne viel Übertreibung sagen, daß die Bonner Haushaltsmisere europabedingt ist. Denn, müßten diese Summen nicht abgeführt werden, dann hätte Theo Waigel kein Problem, einen halbwegs geordneten Haushalt vorzulegen. 30 Milliarden, das ist immerhin mehr, als Jahr für Jahr aus der KFZ-Steuer, der Vermögensteuer und der Erbschaftssteuer zusammengenommen hereinkommt. Das ist soviel wie das gesamte Aufkommen aus der Körperschaftssteuer. Das ist fast ein Prozent des deutschen Bruttosozialproduktes und damit vergleichbar mit der Belastung, die die USA in den vier Jahren des Marshall-Planes auf sich nahmen, um die Wirtschaft Westeuropas nach dem Zweiten Weltkrieg anzukurbeln.

13 Milliarden Dollar, teilweise in Form von Krediten, genügten von 1948 bis 1952 als Katalysator des europäischen Aufschwungs. Sehr großzügig umgerechnet in heutige Kaufkraft, wären das maximal 130 Milliarden Dollar. Die EG aber hat nach dem letzten Stand einen jährlichen Haushalt von 160 Milliarden Mark, wovon fast 90% als Subventionen von den

Brüsseler Bürokraten nach einem geheimnisvollen Ritual zwischen Lappland und Sizilien verteilt werden.

Eine Grundregel der PR lautet: Tu Gutes und rede darüber. Ganz anders halten es deutsche Politiker. Auf Europakonferenzen haben sie zwar gerne die Spendierhosen an, zu Hause aber ist ihnen ihre Großzügigkeit irgendwie peinlich. Der deutsche Steuerzahler soll nach Möglichkeit nicht erfahren, was mit seinem Geld geschieht. Er soll sich mit der stereotypen Behauptung zufriedengeben, alles diene einem guten Zweck. Und wenn ab und zu Kritik an der eigenartigen Lastenverteilung in der EG, an der epidemischen Korruption und an dem unappetitlichen Treiben der Lobbyisten in Brüssel aufkommt, so darf doch die europaweite Einkommensumverteilung als solche nie in Frage gestellt werden.

Netto-Zahlungen: Waigel hat alles selbst mitbeschlossen

Das System ist sakrosankt. Wer dagegen aufbegehrt, wird als Europafeind abgestempelt – ganz so, als sei Europa mit Geldströmen und bürokratischen Gebilden identisch.

Ein beliebter Trick unserer Politiker besteht darin, notfalls in Opposition zu sich selbst zu gehen, um damit Popularitätspunkte gutzumachen. So ist seit einiger Zeit ausgerechnet aus dem Bundesfinanzministerium Kritik am Brüsseler Finanzgebaren zu hören. In einem Gespräch mit dem Magazin *Focus* (Nr. 30/1996) äußerte sich Theo Waigel geradezu barsch: »Es geht aber auf Dauer nicht an, wenn ein Land rund zwei Drittel der Nettolasten trägt.« *Focus* überschrieb die Story mit dem Titel »Ende der Spendierlaune« und übermittelte dem Leser die frohe Botschaft: »Die Zeit üppiger Überweisungen an Brüssel ist vorbei.«

Wenn es nur so wäre. Und wenn Waigels Erkenntnis nur etwas früher gekommen wäre. Er bringt jetzt das Kunststück fer-

tig, gegen sich selbst zu protestieren. Denn alle Ausgabenbeschlüsse, die zu einer in der Tat unvertretbaren Belastung Deutschlands geführt haben, wurden mit den Stimmen des Bonner Finanzministers und seiner deutschen Kollegen getroffen. Bonn hätte alles, was heute manchmal beklagt wird, verhindern können. Denn, wenn es ums Geld geht, gilt in Brüssel die Einstimmigkeitsregel. Da kann keiner, auch nicht die Bundesregierung, überstimmt werden.

Daß in Westeuropa ein derart gigantisches Bereicherungs- und Geldvernichtungssystem aufgebaut werden konnte, ist eine Konsequenz der falschen Weichenstellung, die in den fünfziger Jahren gegen den Willen Ludwig Erhards getroffen wurde. Paris und Bonn entschieden sich damals für die institutionelle Integration – anstatt Erhards Idee zu folgen und Europa zu einer weltoffenen, liberalen Freihandelszone auszubauen.

Sobald die Entscheidung für eine neue Großbürokratie, für europäische Wirtschaftsplanung und Zentralisierung erst einmal gefallen war, lief alles unerbittlich nach den von Parkinson entdeckten Regeln ab. Der Apparat konnte, auch wenn es lange dauerte, im Prinzip nur wachsen. Die Bürokraten konnten nur immer neue Richtlinien und Verordnungen produzieren. Und der EG-Haushalt mußte expandieren, denn ein Apparat wird um so mächtiger, je mehr Geld er bewegen und verteilen kann. Und nur darauf kommt es schließlich an. Die Frage, ob das alles volkswirtschaftlich sinnvoll ist, stellt sich dabei überhaupt nicht.

Es würde den Europalyrikern auch nie in den Sinn kommen, eine Kosten/Nutzen-Analyse anzustellen. Zum Beispiel, um zu untersuchen, warum gerade diejenigen Weltwirtschaftsräume bisher so gut abgeschnitten haben, die ohne Großbürokratie, ohne Finanztransfers und ohne zentrale Planung auskommen – nämlich Nordamerika und Ostasien. Während dort die Wirtschaft rapide wuchs und Millionen von neuen Arbeitsplätzen entstanden, litt Europa zunehmend an Investitions- und Wachstumsschwäche und setzte mit 20 Millionen Arbeitslosen einen neuen, traurigen Rekord.

Freier Kapitalverkehr, Konvertibilität der Währungen und ein Binnenmarkt ohne Zollschranken sind große Errungenschaften. Aber sie müssen kein Geld kosten, sie sparen im Gegenteil Geld. Und sie setzen keineswegs eine Zentralverwaltung wie die in Brüssel voraus. Es könnte ja sein, daß diese Bürokratie – weit entfernt davon, die Lösung zu sein – in Wirklichkeit das Problem darstellt.

Wie wir später sehen werden, waren die Ausschaltung des Wettbewerbs (in Teilbereichen der europäischen Wirtschaft) und die strikte Institutionalisierung Europas bereits in der Montanunion angelegt. Daß diese bis heute als Sternstunde der europäischen Integration gilt, läßt interessante Rückschlüsse auf die offizielle Doktrin zu.

Dennoch: Bis in die siebziger Jahre hielt sich alles im Rahmen, wenngleich schon der frühere Bundeskanzler Helmut

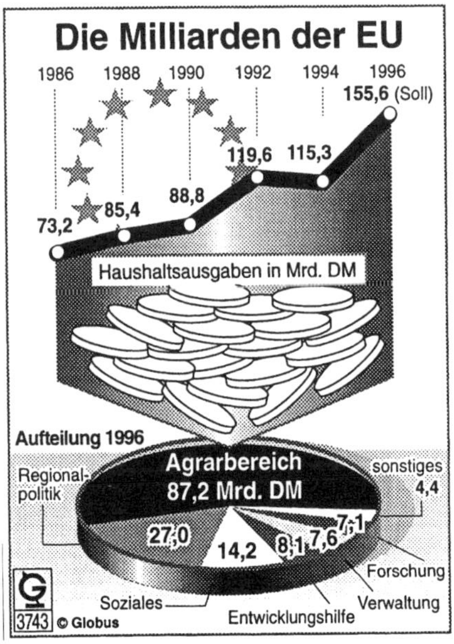

Schmidt gelegentlich darüber Klage führte, Deutschland müsse den »Zahlmeister« Europas spielen.

1968 gab die EG insgesamt 4,2 Milliarden Mark aus, 1970 9,5 Milliarden, 1975 schon 23,5 Milliarden und 1980 41,1 Milliarden Mark. Seitdem hat sich das Budget noch einmal vervierfacht. Es wächst seit Jahren weitaus schneller als der Bundeshaushalt und als die Haushalte aller EG-Mitgliedsländer.

Das ergab sich nicht einfach so, es wurde beschlossen – mit den Stimmen des Hauptfinanziers, nämlich Deutschlands. Daß die EG finanziell Fett ansetzte, ist vor allem dem Machthunger und der Unbeirrbarkeit eines französischen Sozialisten zu verdanken: des langjährigen Präsidenten der Kommission, Jacques Delors.

Am 13. Februar 1988 einigten sich die Regierungschefs in Brüssel auf das Delors-I-Paket. Es erhöhte die sogenannten strukturpolitischen Ausgaben bis 1992 um gut zwei Drittel. Und am 12. Dezember 1992 wurde im schottischen Edinburgh das sogenannte Delors-II-Paket angenommen: die Ausgaben wurden nun bis 1999 noch einmal um ein Viertel aufgestockt.

Der Verdacht drängt sich auf, daß sich die südeuropäischen EG-Mitglieder in Edinburgh die Aufnahme neuer Beitrittskandidaten abkaufen ließen. Es handelte sich um Österreich,

Schweden, Finnland und Norwegen. Weil die Norweger später dankend ablehnten, zählt die EU heute nur 15 statt 16 Mitglieder.

Seit langem laufen EG-Konferenzen nach dem Muster ab, daß die einen erpressen und die anderen (vorzugsweise einer) am Ende nachgeben und zahlen. Ein übles Spiel, das sich schwer beenden läßt, sobald man sich einmal darauf eingelassen hat.

Der Meister der europäischen Kuhhändel ist Helmut Kohl. Weil er von Hause aus daran gewohnt ist, an die Stelle von rationalen Sachentscheidungen geldwerte Kompromisse zu setzen, weil das System Kohl auf der Bestechung von Interessengruppen und dem Kauf von Wählerstimmen beruht, lag die Vorstellung wohl jenseits seines Horizontes, in Europa könne das anders ablaufen. Die angebliche Führungsrolle Deutschlands in der EG wurde schlicht und einfach mit Geld erkauft.

Jetzt droht der Ernstfall – mit der bevorstehenden Aufnahme der Staaten Mittel- und Osteuropas. Die EU-Erweiterung

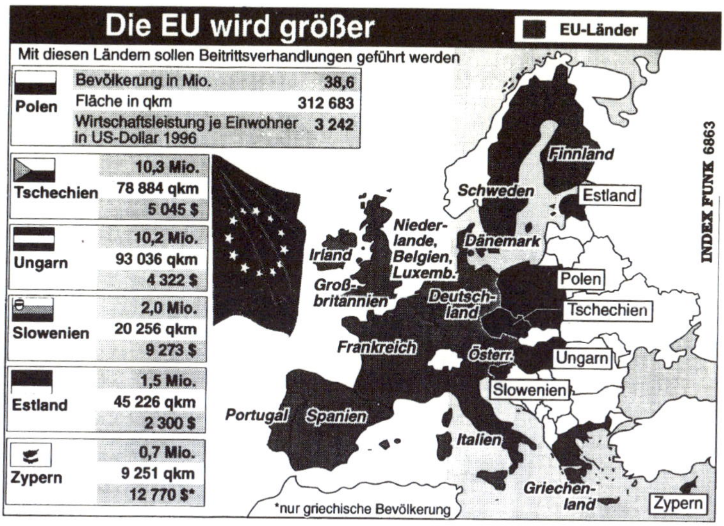

liegt im deutschen Interesse, weil ein machtpolitisches Vakuum und eine wirtschaftliche Verelendung jenseits der deutschen Ostgrenzen gefährlich und inakzeptabel sind. Die heillose Agrarordnung der EG läßt sich aber auf Osteuropa nicht ausdehnen. Erhielten Polen, Ungarn und die Nachfolgestaaten der Tschechoslowakei dieselben Subventionen wie beispielsweise Spanien, dann würde der EG-Haushalt explodieren.

Die einfachste Lösung bestünde darin, die zentralistische Agrarpolitik zu beenden und die Zuständigkeit für den Erhalt der Landwirtschaft an die nationalen Regierungen zurückzugeben. Polen und Ungarn wären damit wohl einverstanden, weil sie nicht in erster Linie des Geldes wegen in die EU drängen.

Gleichzeitig aber halten die Südeuropäer stur an ihren Privilegien fest. Subventionen sind wie eine Droge, die nach mehr verlangt. Und jeder weiß, daß die Südeuropäer im Stande sind, die Aufnahme neuer Mitglieder mit ihrem Veto zu blockieren. Sie haben sich daran gewöhnt, am Dauertropf zu hängen. Wenn man in Madrid oder Lissabon sitzt, verbringt man keine schlaflosen Nächte im Gedanken an das Schicksal der Polen oder Ungarn.

Im Sommer 1997 sprach der spanische Ministerpräsident José Maria Aznar Klartext: »Die Erweiterung nach Osten darf nicht auf Kosten des Südens gehen.« Die *Frankfurter Allgemeine Zeitung* erkannte sofort: »Das Ziel ist klar: Aznar will die bislang einmaligen Zahlungen zur Dauereinnahmequelle machen.«

Dabei geht es um viel Geld. In jeder Minute erhält Spanien 21 000 Mark aus Brüssel, und zwar nach Abzug aller spanischen Überweisungen in die EG-Kasse. 1996 waren das über 11 Milliarden Mark, 1997 sogar noch mehr.

Allein im Vorstadium zur Währungsunion (in den Jahren 1994 bis 1999) fließen nach EG-Angaben 140 Milliarden Mark an Strukturhilfen und zusätzlich 30 Milliarden Mark aus den

Kohäsionsfonds an nur vier EG-Mitglieder: Spanien, Portugal, Irland und Griechenland. Und dies ohne die noch umfangreicheren Agrarsubventionen.

Diese Beträge sind, wie gesagt, vergleichbar mit der Summe, die der Marshall-Plan in einem ähnlich großen Zeitraum für ganz Westeuropa aufbrachte. Zusammen mit den anderen Empfängern in der EG summiert sich diese »Strukturhilfe« auf 280 Milliarden Mark innerhalb von fünf Jahren. Zumindest also hätte von Anfang an klar sein müssen, daß eine derart massive Wirtschaftshilfe unwiderruflich nur einmal gegeben werden kann. Dies unterlassen zu haben, ist ein schweres Versäumnis der Bonner Diplomatie.

Ohne Zweifel haben die Milliarden aus Brüssel den Staatshaushalt Südeuropas maßgeblich entlastet und dazu beigetragen, daß diese Staaten wenigstens ein Konvergenzkriterium des Maastrichter Vertrages (fast) erfüllen können. An der Währungsunion soll aber nur teilnehmen dürfen, wer eine dauerhafte Konvergenz, das heißt eine nachhaltige Angleichung der finanziellen Verhältnisse, vorweisen kann. Spanien nimmt schon jetzt für 1998 die Konvergenz für sich in Anspruch und begründet damit die Forderung, beim Euro 1999 dabei zu sein. Wunderbar: wenn dem so ist, und wenn die Konvergenz wirklich erreicht wurde, wozu dann weitere Zuschüsse nach 1999?

Man kann es auch so sehen: weil Bonn in den vergangenen Jahren bis zu 30 Milliarden per annum netto an Brüssel und damit nach Südeuropa überwiesen hat, kann es nun selbst das Defizitkriterium nicht mehr erfüllen – dafür wurde der Staatshaushalt in Spanien, Portugal, Irland und anderswo entlastet.

Die volkswirtschaftlichen Gesamtkosten des deutschen Altruismus dürften freilich noch höher liegen. Denn mit diesen Milliarden wurden überall in Europa Fabriken hochgezogen, die nun dem Standort Deutschland Konkurrenz machen und deutsche Arbeitsplätze kosten. Wenn die Bundesregierung der Vorstand einer AG wäre, müßte man sich fragen, wie sie dazu kommt, die Konkurrenz zu subventionieren.

Konkretes Beispiel: das Werk für Freizeitautos, das die Konzerne Volkswagen und Ford auf der Halbinsel Setubal bei Lissabon errichtet haben. Die Zuschüsse in Höhe von 1,7 Milliarden Mark kamen zum größten Teil aus EG-Mitteln. Für 1,7 Milliarden schuf die EG in einer Region, in der Vollbeschäftigung herrscht, 5000 neue Arbeitsplätze. Es war eines der größten EG-Projekte in Portugal seit vielen Jahren.

Dort werden nun mit Subventionen aus Deutschland Fahrzeuge produziert, die zwar nicht VW Konkurrenz machen (das ist ja gerade der Trick bei solchen Subventionen!), die aber direkt oder indirekt den innereuropäischen Wettbewerb auf deutsche Kosten verzerren.

Der Denkfehler der Europaideologen fällt sofort auf: Sie behaupten, Portugal oder ein x-beliebiges anderes Land sei arm und benachteiligt und müsse deswegen von den »Reichen« subventioniert werden. Ganz so, als erleide Portugal mit seiner EG-Mitgliedschaft einen Nachteil.

Mit einer ähnlichen Logik ließe sich auch behaupten, Deutschland sei benachteiligt, weil portugiesische Arbeiter nur einen Bruchteil der deutschen Löhne kosten, obwohl sie mit denselben Maschinen genauso produktiv wie ihre deutschen Kollegen sein können. Also müsse sich die deutsche Industrie gegen die unfaire Konkurrenz aus Portugal schützen.

Das eine Argument ist so falsch und destruktiv wie das andere. Wettbewerb ist immer positiv, er darf aber nicht durch Subventionen verfälscht werden. Alle profitieren von einem einheitlichen, zollfreien Wirtschaftsraum – auch Portugal, Spanien und Irland. Warum sie dafür extra bezuschußt werden sollen, bleibt unerfindlich und unbegründbar.

Die Autofabrik auf der portugiesischen Halbinsel Setubal ist kein Einzelfall. Um noch einmal die *Frankfurter Allgemeine* zu zitieren: »Eine staatliche Regionalförderung mit milliarden-

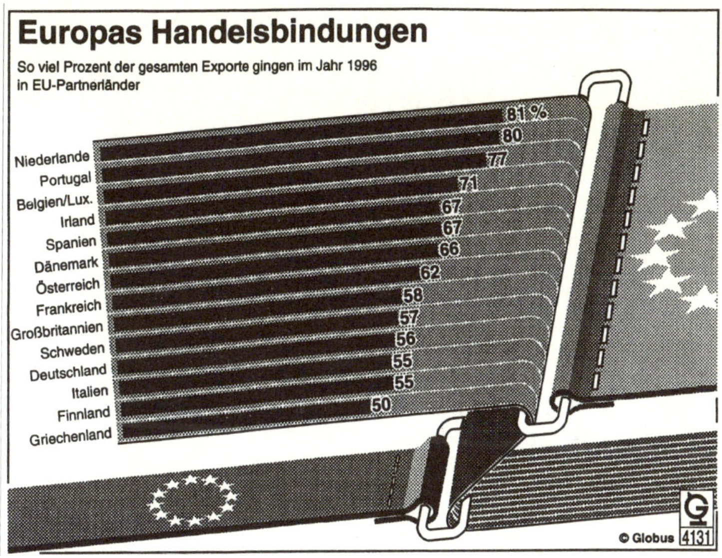

schweren Hilfsgaben ist in vielen Fällen nicht nur überflüssig, sondern auch politisch unvertretbar geworden. So wird mit deutschen Steuergeldern im hochentwickelten Ballungsraum Barcelona Infrastruktur aufgebaut, um unter anderen deutsche Unternehmen dort anzusiedeln.«

Mit anderen Worten: Bonn finanziert und fördert selbst die Deindustrialisierung Deutschlands. Aber dies ist nur die letzte Konsequenz eines europäischen Harmonisierungswahns, dem alle bisherigen Bundesregierungen Tribut gezollt haben. Eines Harmonisierungswahns, von dem Ludwig Erhard schon 1957 schrieb, daß er zur Gründung sogenannter »Töpfchen« führen müsse, das heißt von Fonds, »aus denen alle diejenigen, die im Nachteil sind, oder es zu sein glauben, entweder entschädigt oder hochgepäppelt werden«.

Erhard damals: »Das aber sind Prinzipien, die mit einer Marktwirtschaft nicht im Einklang stehen. Hier wird nicht die Leistung prämiert, sondern das Gegenteil getan, es wird der

Leistungsschwächere – aus welchen Gründen auch immer – subventioniert.«

Ein anderer Satz Erhards ist aktueller denn je: »Die Geister scheiden sich nicht in der Fragestellung, ob ein gemeinsamer Markt sobald als möglich entstehen soll oder nicht; es geht ausschließlich um die Ordnungsprinzipien und die geistige Ausrichtung.«

Seit Ludwig Erhard ist in Europa vieles falsch gelaufen, aber nie – das ist das Erschreckende – erhob sich in Bonn ernst gemeinte Fundamentalkritik. Es gibt keine etablierte Partei und keine herausragende Persönlichkeit, die eine marktwirtschaftliche, freiheitliche Alternative entwickelt und vertreten hätte. Auch die FDP als einstmals liberale Partei hat völlig versagt.

Jede Kritik, jedes Andersdenken wird im Keim erstickt. Wer nicht konform geht, riskiert seine politische Existenz. Und davor schrecken Berufspolitiker, die auf ihr regelmäßiges Einkommen angewiesen sind, erfahrungsgemäß zurück. Noch in den achtziger Jahren habe ich in den Büros des Bundestages Einzelgänger entdecken können, die die Dinge klar sahen und zumindest intern den Mund aufmachten. Sie haben alle resigniert und sich aus der Politik zurückgezogen.

Es ist jetzt schon vier Jahre her, daß die Bundesbank in einer umfassenden Untersuchung zu den »Finanzbeziehungen« zwischen Deutschland und den Europäischen Gemeinschaften Stellung nahm. Was die Bundesbank sagt, wird immer beachtet, weil sie sehr zurückhaltend urteilt und weil ihr Zahlenmaterial zu Recht als besonders zuverlässig gilt.

Dennoch reagierten Politiker aller Bonner Parteien auf die Bundesbank-Studie vom November 1993 mit polemischen Anwürfen und böswilligen Unterstellungen. Allein die Tatsache, daß sich die Zentralbank des Themas annahm, wurde als unerhört empfunden. Über deutsche Auslandstransfers schweigt man besser, oder man versucht, sie zu rechtfertigen.

Weil die Studie vom November 1993 eine Debatte eröffnet

hat, die seitdem nie mehr ganz unterdrückt werden konnte, lohnt es sich immer noch, sie nachzulesen. Denn am Tatbestand hat sich seitdem nichts geändert, es ist alles nur noch schlimmer geworden.

Nach der Wiedervereinigung verdreifachten sich die Auslandstransfers

Die Bundesbank stellte zunächst einmal fest, daß sich die deutschen Abführungen an die EG bereits mit der Finanzreform von 1988 auf 12,3 Milliarden Mark erhöht hatten und bis 1992 auf 22,3 Milliarden (stets netto) gestiegen waren. 1987 hatte die Nettoüberweisung noch bei 9,9 Milliarden gelegen. (Und schon 1994 wurde erstmals die 30-Milliarden-Marke überschritten – eine Verdreifachung innerhalb weniger Jahre, und das ausgerechnet nach der Wiedervereinigung.)

»Die EG bildet mit ihren Einnahmen aus der Bundesrepublik und ihren hier geleisteten Ausgaben ein supranationales Element innerhalb des deutschen Staatssektors und ist insofern eine vierte Haushaltsebene neben Bund, Ländern und Gemeinden«, schrieb die Bundesbank.

Das war freilich noch nicht alles. Hinzu kamen schon 1992 europäische Kredite im Umfang von knapp 19 Milliarden Mark, vor allem von der Europäischen Investitionsbank. Die Bundesbank sprach von einer »starken Zunahme der Darlehenstätigkeit«. Und sie verschwieg auch nicht, daß außerdem die übrigen deutschen Transfers an das Ausland gestiegen waren und daß einschließlich EG 1992 sage und schreibe netto 38 Milliarden Mark aus dem Land abflossen. Dazu gehörten z.B. Entwicklungshilfe, Wiedergutmachungsleistungen, Rentenzahlungen und Leistungen an Rußland und die anderen Staaten in Ost- und Mitteleuropa.

Es war offenkundig: Deutschland hatte nicht nur einen wegen der Wiedervereinigung wachsenden Staatsanteil zu verkraften, sondern auch einen ganz beachtlichen »Auslandsanteil«, der Jahr für Jahr vom deutschen Volkseinkommen abging. Dieser Auslandsanteil, das heißt die unentgeltlichen staatlichen Überweisungen auf ausländische Konten, erreichte in der Spitze 1994 62,8 Milliarden Mark und lag 1996 bei 54,8 Milliarden. Keine schlechte Leistung für ein hochverschuldetes Land, das sich weder im Kriegs- noch im Nachkriegszustand befindet und auch keine Reparationen mehr abtragen muß.

Die Bundesbank konnte sich den Hinweis nicht verkneifen, daß diese Transfers in der außenwirtschaftlichen Leistungsbilanz der Bundesrepublik »mit zu Buche« schlagen, das heißt mit dafür verantwortlich waren, daß die Leistungsbilanz ins Defizit geriet.

Und dann folgender skeptischer Kommentar: »Auch wenn der Nettobeitrag kein alleiniger Maßstab für die Kosten oder den Nutzen der EG-Mitgliedschaft sein kann, wirft seine Entwicklung aus verschiedenen Gründen die Frage nach der angemessenen Lastenverteilung bei der Bewältigung internationaler Aufgaben auf. Einmal ist Deutschland dem absoluten Betrag nach und auch je Einwohner gerechnet der mit Abstand größte Nettozahler der EG, gefolgt von Frankreich und Großbritannien. Diese Position ließ sich bis zur deutschen Vereinigung damit rechtfertigen, daß das alte Bundesgebiet im Wohlstandsgefüge der EG hinter Luxemburg auf dem zweiten Rang lag. Seitdem ist Gesamtdeutschland allerdings – gemessen in Kaufkraftstandards – auf den sechsten Platz zurückgefallen, wenn auch im Mittelfeld der Wohlstandsskala mehrere EG-Länder sehr eng nebeneinander liegen. Zum anderen beteiligt sich Deutschland nicht nur massiv am Ressourcentransfer innerhalb der EG, sondern durch humanitäre Maßnahmen, technische und verschiedenartige finanzielle Hilfen auch an der Unterstützung der Reformstaaten (mittel- und osteuropäische Länder sowie Nachfolgestaaten der Sowjetunion). Unter den westlichen Ländern trägt hier Deutschland bei den offiziellen Hilfen bisher die Hauptlast. Die verstärkten internationalen Anforderungen an die Bundesrepublik fallen in eine Zeit, in der die deutschen öffentlichen Haushalte durch die Vereinigung in besonderem Maße in die Pflicht genommen werden, mit der Folge eines kräftigen Anstiegs der Staatsausgabenquote, der Abgabenlast und der Verschuldung.«

Das war das Maximum an Kritik, zu dem sich die Bundesbank durchringen konnte. Aber sie löste damit mitnichten eine offene Diskussion in Bonn über Sinn und Unsinn der EG-Finanzierung aus. Die Bundesbank sah sich zwar nicht von den Medien, wohl aber von den Politikern attackiert. Und das mag dazu beigetragen haben, daß sie sich seitdem zu dem heiklen Thema ausschweigt.

Ernsthaft aufgegriffen wurde es erst wieder im Sommer 1997 von den Länderfinanzministern. Sie rechneten Bonn vor, daß jedes Jahr 14 Milliarden Mark zuviel an Brüssel überwiesen werden. Der bayerische Finanzminister Erwin Huber verlangte sogar, die Ausgaben für Agrar- und Strukturpolitik zu verringern, Zuständigkeiten auf die nationalen Regierungen zurückzuverlagern und ab dem Jahr 2000 eben diese 14 Milliarden Mark weniger in die EG-Kasse abzuführen. Notfalls müsse Deutschland ein Veto einlegen, um sich durchzusetzen.

Den Südeuropäern kann man freilich kaum ankreiden, daß die EG zu einem Selbstbedienungsladen verkommen ist. Sie nehmen sich eben, was sie kriegen können. Der Hauptfinanzier, nämlich Deutschland, hätte für ein seriöses Finanzgebaren und einen verantwortungsbewußten Umgang mit Steuergeldern sorgen müssen.

Nachdem es die Regierung Kohl in Brüssel 1988 verpaßt hatte, ein Veto gegen das üppige Delors-I-Paket einzulegen, bot sich in Dublin 1990 noch einmal die Chance, den Exzessen einen Riegel vorzuschieben. Daß Bonn auch diesmal (und dann wieder in Edinburgh 1992) keinen Finger für die eigenen Interessen rührte, rief sogar in Brüssel größtes Erstaunen hervor – so eine EG-Insiderin gegenüber dem Bundestagsassistenten Thomas Lake.

Der Befund wird von Manfred Brunner bestätigt, der als EG-Kabinettschef für den Binnenmarkt in Dublin 1990 dabei war. Brunner erzählte mir: »Ich habe in Dublin selbst erlebt, wie ein Verteilungsschlüssel vorgeschlagen wurde, der für Deutschland so ungünstig war, daß alle damit rechneten, daß Bonn den Schlüssel ablehnen würde. Delors sah in seinem Vorstoß eigentlich nur einen Versuchsballon. Aber die deutsche Delegation akzeptierte, und in der Verhandlungspause spazierten die anderen Delegierten durch den Innenhof der Dubliner Festung und wunderten sich über soviel Großzügigkeit. Ich habe nur eine Erklärung: die Bundesregierung war damals der Meinung, das alles müsse als Abschlußreparation für die Wiedervereinigung bezahlt werden. Auch wenn Bonner Minister jetzt plötzlich über die exorbitanten Zahlungen an die EG klagen: sie haben alles von Anfang an mitgetragen, und sie wußten genau, worauf sie sich einließen.«

Bittere Kritik übte auch der bayerische Ministerpräsident Edmund Stoiber im November 1996, als er die oft allzu EG-fromme Landesgruppe der CSU im Deutschen Bundestag anläßlich eines Besuches über einige Brüsseler Interna aufklärte. Die Europapolitik werde besonders in der Schwesterpartei CDU nicht kritisch hinterfragt, klagte Stoiber. Milliardenbeträge verschwänden spurlos aus der EG-Kasse. Was in Brüssel laufe, sei zum Teil heller Wahnsinn.

Betrug und Verschwendung: Wo die EU-Milliarden bleiben

Ja, was läuft eigentlich in Brüssel? Versuchen wir doch einmal, die Anatomie des Skandals nachzuzeichnen:

- Von den rund 160 Milliarden Mark des EG-Haushaltes fließt über die Hälfte in den Agrarbereich, der große Rest in die Strukturhilfen (das heißt in die Wirtschaftsförderung im weitesten Sinne), und ein paar Milliarden dienen dem Unterhalt der EG-Verwaltung oder werden für außenpolitische Aufgaben zum Beispiel in Mittel- und Osteuropa bereitgehalten. Die Finanzhilfen für die französischen Kolonien bzw. Exkolonien sind außerhalb des EG-Haushaltes untergebracht, aber auch hier darf Bonn mitzahlen.
- Der Agrarhaushalt ist ein einziges Kompendium von Absurditäten. Beispiele: Während die EG pro Jahr 20 Millionen Mark für Antiraucherkampagnen ausgibt, wird der Tabakanbau der Gemeinschaft mit rund zwei Milliarden Mark jährlich unterstützt. Der so subventionierte Europatabak ist auch noch fünf- bis zehnmal teurer als der auf dem Weltmarkt angebotene Tabak. Vier Fünftel der Agrarsubventionen ergießen sich über ein Fünftel der Landwirte, die wiederum mehr als die Hälfte des Ackerlandes besitzen. Profiteure sind aber nicht nur die reichen Bauern. Der am meisten unterstützte Agrarexporteur ist Nestlé in der Schweiz, fette EG-Subventionen werden auch von dem im schweizerischen Zug ansässigen Rohstoffhändler Marc Rich und von dem amerikanischen Getreidekonzern Cargill kassiert. (Rich bewegte sich in Zug jahrelang nur mit Bodyguards, weil er eine Entführung durch die US-Justiz befürchtete.)

  Absurd ist es auch, daß 1997 3,3 Milliarden Mark in die Herstellung von Olivenöl rund ums Mittelmeer versenkt wurden. Müßte es nicht ausschließlich Sache der Griechen,

Italiener und Spanier sein, zu entscheiden, wie viele Olivenbäume sie pflanzen und ob sie diese aus Steuergeldern bezuschussen wollen? Das System als solches ist falsch. Selbst wenn es nicht ständig zu Betrügereien käme, wie soll eine zentrale Behörde in Brüssel in der Lage sein, die Landwirtschaft so grundverschiedener Regionen, mit denen Europa nun einmal gesegnet ist, vernünftig zu subventionieren und zu steuern?

- Jahr für Jahr verschwinden Milliarden in den Taschen der Mafia und zahlloser kleinerer und größerer Betrüger in ganz Europa. Dabei spielen nicht selten die nationalen Behörden mit. Auf Korsika brennen die Hirten ihre Weideflächen ab und kassieren für jeden eingeäscherten Hektar bares Geld aus Brüssel. Dänische Käsehersteller sahnten für ihre Feta-Exporte in den Iran 30 Millionen Mark zuviel ab. In weiten Teilen der EU werden für stillgelegte Ackerflächen, die heimlich weiter bearbeitet werden, Prämien vereinnahmt. Die gemeldeten Viehbestände sind nicht identisch mit den tatsächlichen Zahlen. Durch Andorra, einen Zwergstaat in den Pyrenäen, werden auf dem Papier riesige Butterberge geschleust, damit Subventionen abgeschöpft werden können. Der Staat Italien, nicht etwa die Mafia, hat acht Jahre lang bei den Milchquoten gemogelt. Und in Griechenland haben sich staatliche Stellen nachweislich am Subventionsbetrug beteiligt. Größere Maislieferungen wurden vom Landwirtschaftsministerium und vom Zoll als griechisch deklariert, obwohl eine staatliche Handelsgesellschaft den Mais billig in Jugoslawien eingekauft hatte.
- Wie nicht anders zu erwarten, läßt das verschwenderische Subventionssystem keine Dankbarkeit gegenüber dem Zahlmeister aufkommen. Mit Geld lassen sich keine Freundschaften kaufen, es schürt nur Animositäten. Kürzlich tagte in Brüssel wieder einmal ein Fachausschuß, der

sich mit der EG-Marktordnung für Olivenöl befaßte. Nachdem die Produzenten für 1997 3,3 Milliarden Mark kassiert hatten, verlangten sie für 1998 eine Erhöhung auf 5,13 Milliarden. Um die Stimmung zu heben, hatten sie jedem Ausschußmitglied ein Fläschchen spanisches Olivenöl, hübsch verpackt, auf den Platz gestellt. Der bayerische Landwirtschaftsminister Reinhold Bocklet war zwar nicht bevollmächtigt, die ganze Olivenölsubvention für unsinnig zu erklären. Er sprach aber immerhin davon, daß 20 bis 30% der Olivengelder in falsche Taschen flössen, und schlug vor, künftig nur noch Baumprämien zu zahlen. Dann könne man wenigstens die Olivenbäume mit Hilfe von Satelliten zählen und so den Mißbrauch eindämmen. Damit löste Bocklet bei den südeuropäischen Repräsentanten einen Sturm der Entrüstung aus. »Wir verzichten auf euer dreckiges Geld«, rief der spanische Vertreter Rodriguez Ibarra den Nordländern zu. Man darf vermuten, daß der Verzicht nicht ganz ernst gemeint war.

- Für die Betrugsbekämpfung gibt die EG weitaus weniger Geld aus als für Information und Propaganda. Allerdings ist dem Betrug mit noch so vielen Kontrollen nicht beizukommen. Er ist systemimmanent. Man kann ihn nur verhindern, indem man die Subventionen abschafft. Für die EU arbeiten insgesamt 28 000 Funktionäre (mit Gehältern, die oft fast doppelt so hoch sind wie die in Deutschland), und auf diese sind 10 000 Lobbyisten angesetzt, von denen wiederum viele früher bei der EU beschäftigt waren. Diesem geballten Insider-Wissen ist nicht beizukommen. Selbst EG-Behörden arbeiten offenbar in Gebäuden, bei denen vom Bau bis zur Wartung die neapolitanische Camorra mitkassiert (vgl. *Focus* Nr. 5/1995).
- Dann gibt es von der EG aber auch noch diese vielen kleinen Zuschüsse, die überhaupt keinem erkennbaren ökonomischen Zweck dienen, sondern ausschließlich der Propa-

ganda und der Erweiterung der EG-Kompetenzen. Bei Beträgen von ein paar 100 000 Mark oder selbst in einstelliger Millionenhöhe übersteigt oft der bürokratische Aufwand den ökonomischen Nutzen. Jeder Mittelständler, der sich einmal für Brüsseler Subventionen interessiert hat, kann ein Lied davon singen. Wird dann irgendwo irgend etwas mit einem noch so kleinen EG-Zuschuß gebaut, muß ein Schild mit den zwölf Sternen gut sichtbar angebracht werden. Die Beamten machen das zur Vorbedingung. Die EU will eben überall Flagge zeigen. In Bulgarien finanzierte Brüssel 260 Studien, die allein für den dortigen Agrarsektor 25 Millionen Mark kosteten. Nutzwert gleich null. Die Studien wurden teilweise nicht einmal ins Bulgarische übersetzt. Entscheidend ist eben immer die Kompetenzausweitung und die Schaffung neuer Zuständigkeiten für die europäische Bürokratie.

Soweit unsere Übersicht. Die Arbeitsgemeinschaft Selbständiger Unternehmer (ASU) hat die irrealen Zustände und das ganz und gar überflüssige Subventionsunwesen einmal in folgenden Stichworten zusammengefaßt: Auch wohlhabende Länder, die sich selbst helfen könnten, werden mit EG-Mitteln unterstützt. / Eine Vielzahl unkoordinierter Programme, Töpfchen-Wirtschaft, bürokratischer Aufwand, Praxisferne. / Fehlende Erfolgskontrolle, vage Zielsetzungen, Sicker- und Streuverluste. / Behinderung von wirtschaftlichen Anpassungen und Umstrukturierungen. / Tendenz zum Dauertropf: ganze Regionen werden von Geschenken abhängig. / Permanente Ausweitungstendenz. / Zentralisierung, Korruption und Förderung des politischen Unternehmertums, das mit EG-Geschenken Politiker besticht und Wahlen beeinflußt.

Selbst ohne die Landwirtschaft, auf die über die Hälfte des Etats entfällt, dürfen die Europäer aus mindestens 130 verschiedenen Fördertöpfen auswählen – sofern sie sie überhaupt kennen. Es ist alles sehr traurig und komisch zugleich. »In aller Regel stehen mehr Gelder zur Verfügung, als die Empfängerländer Projekte erfinden können«, schrieb Wolfram Weimer am 11. Juni 1997 in der *FAZ*. Andreas Oldag erkannte am 16. November 1996 in der *Süddeutschen Zeitung*: »Die beste vorbeugende Maßnahme gegen Subventionsbetrügereien ist der radikale Abbau von staatlichen Zuschüssen«, und er fügte sogleich resigniert hinzu: »Dazu fehlt allerdings in der EU der politische Wille.«

Man darf nun gespannt sein, wie lange noch die Bonner Ausrede verfängt, die Zahlungen an Brüssel seien gut angelegtes Geld, weil die EU schließlich dem deutschen Export zugute komme.

Dies ist ein Scheinargument, das tiefe Einblicke in die Kenntnis marktwirtschaftlicher Zusammenhänge unter deutschen Politikern erlaubt. Es war von Anfang an »ökonomisch irrsinnig«, wie der verstorbene Professor Wolfram Engels einmal schrieb.

Denn: Vom Abbau der Zollschranken und vom gemeinsamen Markt profitieren schließlich alle. Warum soll dafür von deutscher Seite auch noch extra gezahlt werden? Außerdem ist der Anteil der Exporte, der in die EU geht, bei fast allen Mitgliedsstaaten deutlich höher als bei Deutschland. Und ärmere Mitglieder wie Portugal profitieren bereits dadurch, daß sie mit einem Fünftel der deutschen Lohnkosten produzieren und ihre Produkte ohne Handelshemmnisse in einem großen Markt anbieten können.

Richtig ist, daß der europäische Binnenmarkt im Interesse aller liegt, daß er zügig ausgebaut und vollendet werden sollte. Nur: Ein richtig verstandener Binnenmarkt kostet kein Geld, er hilft Geld sparen.

Unrichtig ist die Behauptung, die EG habe der deutschen Wirtschaft völlig neue Exportchancen eröffnet und zu einer neuen Struktur des deutschen Außenhandels geführt. Im Vergleich stellen sich die Anteile der großen Wirtschaftsregionen an der deutschen Ausfuhr folgendermaßen dar:

1995 gingen 56% der deutschen Exporte in die EU, 13,6% nach Mittel- und Osteuropa, 5% in die Schweiz. Das machte für ganz Europa rund 75%. Der Anteil der USA am deutschen Export belief sich auf 7,3%.

Nun der Stand von 1913: Europa 75%, Nordamerika 8%.

Sie sehen: Nach mehr als 80 Jahren hat sich an der Zusammensetzung des deutschen Außenhandels, trotz EG, absolut nichts geändert. Schon das Kaiserreich exportierte zu 75% nach Europa, allerdings mit einem wichtigen Unterschied: Deutsche Subventionen an das Ausland gab es damals keine.

Seit Gründung der deutschen Republik im Jahre 1919 war der Zugriff des Auslandes auf das deutsche Sozialprodukt eher die Regel als die Ausnahme. Im 20. Jahrhundert hat keine andere Nation so kontinuierlich so viel Geld an das Ausland abgeführt wie Deutschland: in Form von Reparationen, reparationsähnlichen Leistungen, Besatzungskosten, Wiedergutmachung, innereuropäischen Finanztransfers oder auch – seit 1990 – als eine Art von Kompensation für die Wiedervereinigung.

Die Ableistung von erzwungenen oder freiwilligen Tributen erschien der politischen Klasse mit der Zeit als eine Selbstverständlichkeit. Sie hat es ja nie anders gekannt. Dahinter steckt nicht zuletzt auch die Mentalität des Musterschülers, der nationale Interessen negiert und sie am liebsten hinter multinationalen Organisationen verschwinden läßt.

Verantwortlich ist aber auch der Glaube an den hohen Staatsanteil, der Hang zum Dirigismus und zu institutionellen Lösungen – also ein Mangel an liberalen Grundüberzeugungen. Darin traf sich die politische Kaste Deutschlands mit der französischen Elite, bei der solche Vorstellungen allerdings ungleich stärker ausgeprägt sind.

Das Resultat ist das Europa, so wie wir es kennen. Während die liberalen Angelsachsen das Ideal in einer möglichst niedrigen Staatsquote sehen, sind die Bürokraten in Bonn, Brüssel und Paris keineswegs der Meinung, daß die Früchte der Arbeit in erster Linie denen zustehen, die sie erbracht haben. Erst bedient sich die Obrigkeit, dann wird dem Bürger der Rest des Sozialproduktes zur eigenen Verwendung überlassen.

Wieviel aus Deutschland nach dem Krieg herausgeholt wurde

Die deutsche Öffentlichkeit weiß überhaupt nicht, was im Verlauf der letzten 50 Jahre so alles ans Ausland abfloß. Sie ahnt natürlich, daß es in der großen Politik primär nicht um Moral, sondern um Geld und nackte Interessen geht. Die deutschen Medien ziehen es aber vor, die Wirklichkeit in das Schema gut/böse zu pressen. Darin liegt ein auffallender Unterschied zu französischen Zeitungen: Deren Lektüre ist stets erfrischend, da die Franzosen ein enges und oft zynisches Verhältnis zur Realität haben. Wie gut sich die Europäer doch gegenseitig ergänzen könnten, wenn sie zu einer echten Kooperation fänden.

Nach Kriegsende beanspruchten die Besatzungsmächte in den Westzonen zwischen 42% (1946) und 26% (1949) der Steuereinnahmen. Am drückendsten war die Belastung in der französischen Zone. Dort mußten 1949 86% der Steuereinnahmen abgeführt werden. Die französischen Besatzer quetschten das Land erbarmungslos aus. Sie waren am wirtschaftlichen Wiederaufbau nicht im geringsten interessiert. Selbst nach Gründung der Bundesrepublik Deutschland, nämlich im Jahre 1950, mußten noch 38% des Bundeshaushaltes an die Siegermächte abgeführt werden.

Am 5. Juni 1947 hielt der amerikanische Außenminister George C. Marshall seine berühmte Rede vor der Harvard Universität, mit der er eine Initiative zum Wiederaufbau Europas in die Welt setzte. In den Jahren 1948 bis 1952 stellten die USA den 17 westeuropäischen Staaten insgesamt 13 Milliarden Dollar an Sachleistungen und Krediten zur Verfügung. Westdeutschland erhielt davon drei Milliarden, die rückzahlbar waren. Zwei Drittel davon wurden später erlassen.

Um den Marshall-Plan, genauer: um das European Recovery Program, ranken sich bis heute Legenden. Es ist typisch für das mangelnde marktwirtschaftliche Verständnis in Deutschland, daß man hier bis heute den wirtschaftlichen Aufschwung weniger den Wirtschaftsreformen Erhards, sondern eher den drei Milliarden aus Übersee zuschreibt.

Die amerikanischen Kredite und Lieferungen sorgten zwar für die Initialzündung, die wirkliche Bedeutung des Marshall-Planes lag freilich woanders. Die USA rückten von ihrer Absicht ab, Deutschland auf Dauer schwach zu halten. Vor dem Hintergrund des heraufziehenden Ost-West-Konfliktes kam Washington zu der Überzeugung, daß sich der Wiederaufbau Europas und Deutschlands gegenseitig bedingten.

Mit dem Marshall-Plan wollte Washington vor allem Frankreich und Großbritannien einen Ersatz für entgangene deutsche Reparationslieferungen bieten, die jetzt – zumindest in ihrer ruinösesten Form – nicht mehr opportun waren. Frankreich opponierte zunächst gegen Marshall-Plan-Leistungen an die deutschen Westzonen. Übrigens wurden die Demontagen in geringerem Umfang bis 1951 fortgesetzt und endeten offiziell erst mit dem Deutschland-Vertrag vom 26. Mai 1952.

Wieviel aus Deutschland in der Zeit vom Kriegsende bis zum Vorabend der Wiedervereinigung herausgeholt wurde, konnte nie auch nur annähernd genau berechnet werden. Mit ziemlicher Sicherheit war es mehr als die aufgrund des Versailler Vertrages geleisteten Reparationen! Das Wirtschaftswunder

der fünfziger und sechziger Jahre sorgte allerdings dafür, daß die Belastungen relativ leicht zu verkraften waren.

Jörg Fisch, Professor für Neuere Geschichte in Zürich, hat in seinem 1992 erschienenen Buch »Reparationen nach dem Zweiten Weltkrieg« die bisher umfassendste Untersuchung angestellt. Für die Periode 1945 bis 1988 ermittelte er für Gesamtdeutschland reparationsähnliche Leistungen in Höhe von 50,5 Milliarden Dollar auf der Basis der Kaufkraft von 1938. Nach heutiger Kaufkraft wäre dies bis zu zehnmal soviel.

Fisch nennt das Resultat seiner Berechnungen, obgleich sie mit größter Akribie vorgenommen wurden, »hochgradig unsicher und hypothetisch«. Er schließt die sowjetisch besetzte Zone mit ein, erfaßt die Besatzungskosten aber nur bis 1955 (danach nannten sie sich Stationierungskosten), berücksichtigt aber weder Arbeitsleistungen noch die beträchtlichen Verluste an geistigem Eigentum.

Wie so oft, sind auch hier absolute Zahlen nicht sehr anschaulich. Die Größenordnung läßt sich am ehesten durch Vergleiche deutlich machen: Die 50,5 Milliarden Dollar auf der Basis von 1938 machten das Zweieinhalbfache dessen aus, was die Sowjets in Jalta Deutschland an Reparationen auferlegen wollten.

Wie enorm die Belastung in den ersten Nachkriegsjahren war, zeigt auch ein Vergleich der Steuerquote: 1937 hatten die Steuern in Deutschland einen Anteil am Volkseinkommen von 25%, in den Kriegsjahren 1942 bis 1944 von etwa 35%, in den Nachkriegsjahren 1946/1947 jedoch von 60%. In dieser ersten Periode, aber auch in der gesamten Zeit bis 1988, hat – so Fisch – »kein anderer Staat auch nur entfernt vergleichbare Leistungen erbracht«.

Zum Beispiel beliefen sich die individuellen Wiedergutmachungsleistungen der Bundesrepublik von 1953 bis 1988 auf 55,6 Milliarden Mark, wobei der Höhepunkt der Zahlungen auf die Jahre 1961 bis 1963 fiel. Addiert man zu den individuellen Leistungen die Verträge mit Israel und westeuropäischen Staaten, dann wurde in den Jahren 1960 bis 1962 jährlich rund 1% des Volkseinkommens abgeführt. Dies entsprach einem Anteil von 4 bis 5% an den westdeutschen Exporten. Deutschland war damals der Hauptfinanzier des Staates Israel, bis später die USA diese Rolle übernahmen.

Hinzuzufügen ist, daß es sich nie um offizielle Reparationen handelte, denn die sollten einem Friedensvertrag mit Gesamtdeutschland vorbehalten bleiben – einem Friedensvertrag, auf den auch 1990 verzichtet wurde. Bonn konnte kein Interesse daran haben, die Büchse der Pandora so lange nach dem Krieg zu öffnen.

Ein anderes Thema sind die schwer faßbaren finanziellen Aspekte der europäischen Integration, für die nie eine Kosten/Nutzen-Analyse erstellt wurde. Man kann nur vermuten, daß eine europäische Freihandelszone, wie sie Erhard in den fünfziger Jahren anstrebte, später weniger Arbeitsplatz- und Wachstumsverluste gebracht hätte. Mit Sicherheit wäre sie für Deutschland kostengünstiger gewesen, weil eine Freihandelszone keine Finanztransfers benötigt. Sie hätte nahtlos an die liberale Wirtschafts- und Außenhandelspolitik des Deutschlands der Kaiserzeit bis 1914 angeknüpft.

Bereits mit der Montanunion wurde Europa auf ein Gleis geschoben, das in eine ganz andere Richtung führte. Auch die Montanunion ist bis heute Gegenstand einer europäischen Legendenbildung. In praktisch allen Schulbüchern und Nachschlagewerken wird sie als altruistisches Angebot Frankreichs an Deutschland dargestellt.

Der Plan, den der französische Außenminister Robert Schuman am Mittag des 8. Mai 1950 Bundeskanzler Adenauer überreichen ließ, enthielt wie in einer Nußschale alle Elemente der späteren europäischen Integration: Die Kohle- und Stahlindustrie beider Länder sollte einer supranationalen Hohen Behörde unterstellt werden, dazu sollten eine Art von parlamentarischer Versammlung und eine europäische Gerichtsbarkeit eingerichtet werden. Die Behörde sollte das Recht erhalten, Vorschriften zu erlassen, denen sich die nationalen Regierungen und die betroffenen Unternehmen unterwerfen müßten.

Wie Jean Monnet auf die Idee der Montanunion kam

Frankreich lud auch die anderen westeuropäischen Regierungen ein, sich an der Gründung dieser »Europäischen Gemeinschaft für Kohle und Stahl« zu beteiligen. Der Vertrag wurde am 18. April 1951 von den Außenministern der sechs Staaten unterzeichnet, die den Kern der späteren EWG bildeten. Großbritannien machte nicht mit. Den Briten widerstrebte es, daß die von Luxemburg aus operierende Hohe Behörde supranationale Kontrollrechte ausübte.

Aus ökonomischer Sicht war die Montanunion eine fragwürdige, im Grunde überflüssige Konstruktion. Wo lag eigentlich das Problem, das Frankreich lösen wollte? Europa litt nicht etwa unter Kohle- und Stahlüberschüssen, es herrschte vielmehr Mangel. Je mehr Deutschland (oder Frankreich) produzierte, um so besser. Das einfachste wäre es gewesen, alle Wettbewerbshindernisse zu beseitigen und dem freien Markt seinen Lauf zu lassen. Die Versorgung Europas mit Kohle und Stahl hätte sich dann von alleine geregelt. Dazu bedurfte es keiner neuen Bürokratie, die doch nur regulieren und planen würde.

Im Bonner Wirtschaftsministerium erkannte man denn auch bald, daß der Plan eher französischen als deutschen Wirtschaftsinteressen diente und daß man verhindern müsse, daß daraus eine europäische Planwirtschaft entstehe. Adenauer hingegen akzeptierte den französischen Vorschlag umgehend, und zwar aus rein politischen Gründen. Er erkannte darin einen grundsätzlichen Wandel der französischen Diplomatie – eine Abkehr von einer rein destruktiven Deutschlandpolitik. Ludwig Erhard beschränkte sich darauf, im Vertragstext die schlimmsten Auswüchse behördlicher Produktions- und Absatzlenkung zu verhindern.

Neu war, daß Frankreich den Nachbarn nicht mehr nur schwächen, sondern vor allem kontrollieren wollte. Die Motive lassen sich unschwer aus einem Memorandum herauslesen, das Jean Monnet – der Erfinder der Montanunion – am 3. Mai 1950 der Regierung Bidault vorlegte.

Monnet stellte darin ganz realistisch fest, daß die USA dabei seien, Deutschland in den Kreis der Nationen wieder aufzunehmen, die Produktionsbeschränkungen nach und nach aufzuheben und daß dann mit einer Erhöhung der deutschen Stahlproduktion zu rechnen sei. Er äußerte die Befürchtung, daß die deutsche Stahlproduktion die französische bald überholen würde. Solange Deutschland noch geschwächt sei, könnten französische Interessen leichter durchgesetzt werden – daher der Schuman-Plan, der in Wirklichkeit auf Monnet zurückging.

Aus dieser engen damaligen Sicht jedenfalls hat der Schuman-Plan seinen Zweck erreicht. Die deutsche Stahlindustrie ist heute nur noch ein Schatten ihrer selbst, obwohl an Rhein und Ruhr die leistungsfähigsten Betriebe Europas standen. Sie mußten schließen, weil die Montanunion exorbitante Subventionen an französische und italienische Stahlkocher zuließ. Die deutschen Unternehmen unterlagen nicht im offenen Wettbewerb, sondern im Kampf gegen Steuergelder, die ihren westeuropäischen Konkurrenten zuflossen.

Jean Monnet war keineswegs der europäische Idealist, als der er immer dargestellt wird, sondern ein in der Wolle gefärbter Dirigist, der einmal zugab: »Ich habe, bis auf eine Ausnahme, immer sozialistisch gewählt.«

Jean Monnet wurde in Cognac als Sohn eines Branntweinhändlers geboren, ging 1910 für die Familienfirma nach Montreal, machte sich dort bei der Hudson Bay Company und den Bankiers Lazard Brothers bekannt und sicherte sich während des Ersten Weltkrieges ein lukratives Monopol auf den Transport von Rüstungsmaterial von Kanada in französische Häfen. Er war an der Vorbereitung des Vertrages von Versailles beteiligt, lernte den mysteriösen Colonel House, einen Berater von Präsident Wilson, kennen – und war später ein enger Vertrauter von Harry Hopkins, der als rechte Hand von Roosevelt stets ein gutes Wort für den Diktator Stalin einzulegen wußte. Monnet machte ein zweites Mal glänzende Geschäfte mit Kriegslieferungen von Nordamerika nach Europa.

Dank seiner hervorragenden Verbindungen auf höchster Ebene muß Monnet genau über Stalins Säuberungen informiert gewesen sein, denen bis zu 50 Millionen Menschen zum Opfer fielen. Aber er hat in seiner langen Karriere die Sowjetunion nie auch nur ein einziges Mal kritisiert, wie der Londoner Publizist Christopher Story herausfand. Zusammen mit dem undurchsichtigen polnischen Sozialisten Joseph Retinger organisierte Monnet im Mai 1948 einen Europakongreß in Den Haag, der eine Reihe von Resolutionen verabschiedete. In Punkt 7 hieß es: »Die Schaffung eines Vereinten Europa muß als entscheidender Schritt zur Schaffung einer Vereinten Welt betrachtet werden.«

Diese One World kann aber logischerweise nur als Welt-Diktatur realisiert werden. Von nichts anderem haben die Marxisten-Leninisten immer geträumt.

Damit soll nicht unterstellt werden, daß Monnet ein überzeugter Marxist war. Er war Internationalist mit sozialistischen Neigungen. Und er stand in mancher Hinsicht in der geistigen Tradition des Jean Baptiste Colbert (1619 – 1683), der als Finanzminister Ludwig XIV. diente. Colbert war der große Praktiker und Theoretiker des französischen Merkantilismus. Sein geistiges Erbe lastet bis heute auf Frankreich und macht viele französische Denkschemata und Schwächen überhaupt erst verständlich.

Vor diesem ideengeschichtlichen Hintergrund müssen auch die seit 1997 wieder zunehmenden deutsch-französischen Differenzen gesehen werden. Martin Wolf schrieb dazu am 10. Juni 1997 in der *Financial Times*: »Das moderne Deutschland ist immer noch ein Kind Ludwig Erhards. Frankreich bleibt ein Kind Colberts. Die meisten Deutschen haben wenig Zweifel am Wert der Märkte. Der französische Ministerpräsident nennt sie sogar eine Gefahr für die Zivilisation. Deutschland glaubt an eine stabilitätsorientierte Politik, die Franzosen gelüstet es nach neuer Inflation.«

Frankreich ist immer noch ein Kind Colberts

Sobald er im Amt war, ergriff Colbert energische Maßnahmen, um die französischen Exporte anzukurbeln und die Importe zu verringern. Er stellte die Außenhandelspolitik gezielt in den Dienst französischer Machtpolitik. Die Gesetzgebung wurde vereinheitlicht, das Steuersystem gestrafft, die Wirtschaft mit einem dichten Netz von Vorschriften überzogen. Der Staat erließ 150 neue Gesetze und 38 Verordnungen innerhalb von 20 Jahren – wenig für heutige Verhältnisse, viel für damals.

Den Textilfabriken wurde Art und Qualität der Produktion vorgeschrieben, aber auch die übrige Gewerbepolitik war extrem dirigistisch. Die Beachtung der Reglements wurde von der Obrigkeit kontrolliert, Verstöße wurden bestraft. Der ganze Denkansatz war planwirtschaftlich, wobei die Anhebung des Steueraufkommens als Hauptzweck der Maßnahmen betrachtet wurde. »Es ist ein feststehender und in allen Staaten der Welt anerkannter Grundsatz, daß die Finanzen der wichtigste und wesentliche Teil des Staates sind«, schrieb Colbert.

Colbert schuf die Grundlage für den Aufstieg Frankreichs zur europäischen Hegemonialmacht, er war ein modern denkender Politiker, dessen Einfluß weit über Frankreich hinaus reichte. Nicht überraschend, daß Friedrich der Große zu seinen Bewunderern zählte.

Noch interessanter aus heutiger Sicht sind Colberts Vorstellungen vom Handelskrieg der Nationen. Die liberale Vorstellung, alle könnten gemeinsam prosperieren, war ihm völlig fremd. Für die Zentralisierungswut Brüssels, für die französische Scheu vor dem freien Welthandel, ja selbst für die französische Lieblingsidee, Europa müsse mit dem Euro in Konkurrenz zum Dollar treten und sich auf dessen Kosten Vorteile verschaffen – für all dies lassen sich Parallelen in Colberts Schriften finden.

Selbst die fixe Idee zeitgenössischer französischer Politiker, immer wieder den französischen Bevölkerungszuwachs mit dem Deutschlands zu vergleichen, geht auf den Bevölkerungspolitiker Colbert zurück. Die »Peuplierung« Frankreichs, die er mit einer Reihe von Maßnahmen vorantrieb, sollte dem Staat neue Arbeitskräfte und vor allem neue Steuerzahler verschaffen. Seine Aversion gegen Nonnen und Mönche beruhte ausschließlich darauf, daß sie ehelos, meist kinderlos und insofern nutzlos wären.

Colbert glaubte fest daran, daß ein Land seine Geldmenge (= Edelmetalle) und seine Exporte nur auf Kosten anderer Nationen erhöhen könne. »Man kann die Geldmenge nicht um 20, 30 und 50 Millionen vermehren, ohne gleichzeitig dieselbe Menge den Nachbarstaaten wegzunehmen«, notierte er 1670 in einer Finanzdenkschrift.

Der jeweilige wirtschaftliche Rivale Frankreichs – das waren damals die Niederlande – mußte mit allen Mitteln bekämpft und geschwächt werden. Der Merkantilist Colbert verglich die von ihm geschaffenen wirtschafts- und handelspolitischen Institutionen gerne mit militärischen Formationen. In der von ihm entworfenen Außenhandelspolitik sah er »une guerre d'argent contre tous les Estats de L'Europe« (Originalschreibweise) – einen Geldkrieg gegen alle Staaten Europas.

Der Colbertismus, das war eine potente Mischung aus Industriepolitik, Planwirtschaft und Außenhandelslenkung, die offenbar bis zum heutigen Tag in Kreisen des französischen Establishments nachwirkt – ein echtes Kontrastprogramm zum Wirtschaftsliberalismus Erhards. Aber auch eine ständige Versuchung für linke Politiker in Deutschland (gleichwohl ob roter, schwarzer oder grüner Couleur), bei denen sich sozialistische Illusionen und etatistisches Denken auf halbem Weg entgegenkommen.

Selbst in der Pariser Idee, dem Nachbarn die Mark wegzunehmen, damit es Frankreich bessergehe, lassen sich Denkreflexe à la Colbert ausmachen. Denn Frankreich kann sich ja, wie der große Finanzminister glaubte, immer nur auf Kosten der anderen Vorteile verschaffen.

Die Alternative zu diesem Denken liegt im Wettbewerb: im Wettbewerb zwischen Währungen, Volkswirtschaften und Unternehmen zu gleichen, fairen Bedingungen. Den Wettbewerb der Währungen in Europa hatten wir bisher. Die D-Mark hat ihn gewonnen. Um Deutschland herum bildete sich eine Währungszone mit stabilen Wechselkursen und einem praktisch identischen Zinsniveau – eine Zone, zu der der holländische Gulden und der österreichische Schilling seit Jahren gehören.

Der Französische Franc schloß sich halbherzig dieser Zone an. An den Devisenmärkten blieben bis zuletzt Zweifel bestehen, ob Frankreich imstande sein werde, den Stabilitätskurs auf Dauer durchzuhalten, oder nicht doch wieder Zuflucht zur Abwertung und zum weichen Geld nehmen werde. Solche Zweifel verdichten sich zur Gewißheit, wenn man die Geldkultur der südeuropäischen Problemzone von Griechenland bis Portugal einer näheren Untersuchung unterzieht.

Ein gesamteuropäischer Euro würde den deutschen Steuerzahler und Sparer mit einer gewaltigen Zangenbewegung bis zum Letzten ausquetschen. Das Geldvermögen des Sparers würde durch die mit dem Euro früher oder später einsetzende Inflation wie in einer schleichenden Währungsreform unerbittlich entwertet. Und gleichzeitig müßte der Steuerzahler in Deutschland in nie gekanntem Ausmaß für die dann massiv anwachsenden Transferzahlungen bluten.

Für den Mechanismus von Währungsunionen gibt es zwei aktuelle Vorbilder: die neuen Bundesländer, die früher zur sogenannten »DDR« gehörten, und Argentinien.

Auch Argentinien ließ sich auf eine Währungsunion ein, und zwar mit dem amerikanischen Dollar. Einen entsprechenden Vertrag, ähnlich wie das Maastrichter Papier, schlossen die USA selbstverständlich nicht ab. Es würde ihnen nie einfallen, ihre Währungssouveränität aufzugeben. Sie würden den Dollar nicht einmal mit der kanadischen Währung zusammenlegen, obwohl Kanada und die USA einen einheitlichen großen Wirtschaftsraum bilden.

Argentinien handelte im Alleingang. Die Regierung Menem koppelte den Peso im April 1991 fest und angeblich unwiderruflich im Verhältnis 1 zu 1 an den Dollar. Sie deckte den argentinischen Geldumlauf zu 100% durch Dollars, die als Reserven bei der Zentralbank liegen. Abwertungen wurden ausgeschlossen.

Das Ergebnis: Ende der Inflation in Argentinien, ein drastischer Einbruch des Bruttosozialproduktes, eine fürchterliche Verarmung großer Teile des Mittelstandes, eine horrende Arbeitslosigkeit. Argentinien, das hauptsächlich von italienischen Einwanderern besiedelt wurde und früher einmal reicher war als die meisten westeuropäischen Nationen, ist jetzt extrem abhängig von Dollarkrediten, die verzinst und zurückgezahlt werden müssen. Auf kostenlose Transfers aus den USA kann das Land nicht zurückgreifen. Erfolglos freilich war die

Roßkur nicht: Wirtschaft und Investitionen wachsen jetzt wieder kräftig.

Das argentinische Beispiel zeigt: Eine Währungsunion zwischen einer traditionellen Schwachwährung und einer Weltreservewährung ist machbar, aber zu hohen sozialen Kosten für das Schwachwährungsland. Wie lange sie durchgehalten werden kann, ist eine andere Frage.

Eine ganz andere Variante war die deutsche Währungsunion von 1990. Die Resultate waren zum Teil vergleichbar: Firmenzusammenbrüche, Arbeitslosigkeit und eine sich abzeichnende Verarmung der Bevölkerung. Bekanntlich aber gab es zwischen den neuen Bundesländern und Argentinien einen gravierenden Unterschied: Der westdeutsche Steuerzahler stand bereit, um mit gigantischen Transfers aus Steuermitteln und aus den Sozialhaushalten einzuspringen. Nach Angaben von Bundeskanzler Kohl haben sich diese Transfers bis 1997 auf 1000 Milliarden Mark summiert.

Wenn die EG nicht von vorneherein als Umverteilungsgemeinschaft angelegt worden wäre, wenn selbst unter dem Regime einer Europäischen Währungsunion Finanztransfers kategorisch ausgeschlossen wären, dann könnte der deutsche Steuerzahler dem Abschied von der Mark relativ gelassen entgegensehen. Denn nicht er müßte die Zeche zahlen, sondern die Arbeitnehmerschaft in Südeuropa. Sie hätte den Gürtel enger zu schnallen.

So wird aber nicht gespielt. Wenn die südeuropäischen Länder nie mehr abwerten können, wenn ihnen dieses Ventil genommen wird, dann fällt die Last der »Anpassung«, wie man so schön sagt, auf die reale Wirtschaft und auf die Arbeitsmärkte. Sobald die Euro-Wirtschaftskrise ausbricht, wird Finanzhilfe von denen erwartet, die produktiver, moderner und leistungsfähiger sind.

Es ist ein unverzeihliches Versäumnis deutscher Politiker, daß sie diese fast unabsehbar großen Kosten des Euro ihren

Wählern wider besseres Wissen verschwiegen haben. Der frühere Bundespräsident von Weizsäcker hat immerhin, von der Öffentlichkeit fast unbemerkt, auf diese Sachlage hingewiesen, zugleich aber behauptet, eine gemeinsame europäische Außenpolitik sei »nur auf dem Weg über die Währungsunion« zu bekommen. Deswegen müßten die Deutschen eben diese neuen Opfer auf sich nehmen.

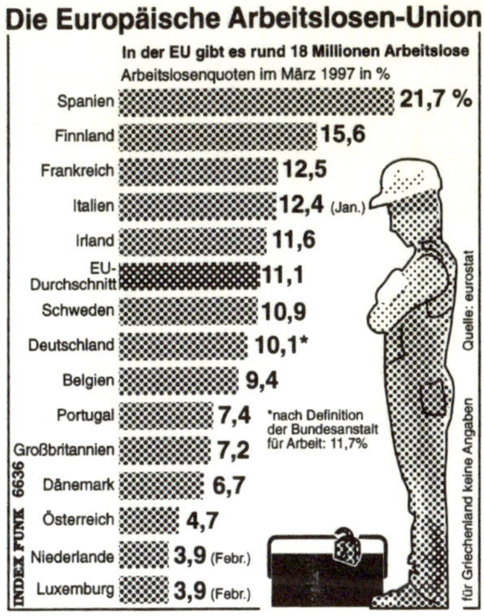

Klarer noch hat der Volkswirt der Bundesbank, Professor Otmar Issing, vor der Gefahr gewarnt. In einer Rede am 3. Juli 1995 in Frankfurt am Main erinnerte er zunächst daran, daß mit der Fixierung der Wechselkurse 1999 die »Option der Wechselkursänderung« aus dem Instrumentenkasten der Wirtschaftspolitik verschwindet und daß die »Adaption« – insbesondere an exogene Schocks der Weltwirtschaft – dann alleine von anderen Bereichen getragen werden muß.

Issing sprach von einem »unvermeidlichen Druck in Richtung Ausgleich durch finanzielle Transfers« – nur so könne dieser keineswegs optimale Währungsraum zusammengehalten werden. Dann aber bestehe die Gefahr wachsender Mißhelligkeiten zwischen Zahlern und Empfängern, »die schließlich sogar den Bestand der Gemeinschaft bedrohen können«.

Wenn es soweit kommt, dann wird sich herausstellen, daß die Eurogegner die besseren Europäer sind – und daß die Eurofanatiker der guten Idee der europäischen Zusammenarbeit unermeßlichen Schaden zugefügt haben.

Man darf sich keine Illusionen über die finanziellen Größenordnungen machen, um die es hier geht. Die Europa-Transfers der neunziger Jahre sind dagegen ein Kinderspiel. In einem aufsehenerregenden Interview mit der *Süddeutschen Zeitung* vom 1. März 1997 sagte der Münsteraner Volkswirtschaftschaftsprofessor Manfred Borchert: »Ich halte es für durchaus wahrscheinlich, daß die Finanzhilfen der Bundesrepublik für andere Mitglieder der Währungsunion ein Ausmaß erreichen werden, das dem Transfervolumen von West- nach Ostdeutschland entspricht.« Ohne Finanzausgleich, so Borchert, werde die Währungsunion scheitern.

Im Klartext: Das Abenteuer Euro kostet noch einmal soviel wie die finanziell überhaupt noch nicht verkraftete deutsche Wiedervereinigung. Das wären noch einmal 1000 Milliarden Mark. Daß Helmut Kohl die Deutschen vorher nicht gefragt hat, ob sie zu einer zweiten derartigen Kraftanstrengung bereit sind, ist eine Dummheit mit unabsehbaren Konsequenzen.

Ein Europa auf deutsche Kosten ist jetzt nicht mehr durchsetzbar. Eher wird der Euro zum Grab der europäischen Idee – eine erschreckende Aussicht für jeden, der es gut meint mit unserem alten Kontinent.

Kapitel 8

Operation Rheingold und der Krieg der Währungen

"Okay, Waigel! Du oder wir!"

»Es wird nichts verschenkt oder verkauft.«

Theo Waigel über die Goldreserven der Bundesbank, *Der Spiegel*, Nr. 22, 26.5.1997

»Der Euro wird zu einem Rivalen des Dollars.«

Michael Mussa, Chefvolkswirt des Internationalen Währungsfonds, *Handelsblatt*, 21.3.1997

»Der Euro wird kommen, aber er wird keinen Bestand haben.«

Alan Greenspan, *DeutschlandBrief*, Mai 1997

»Der Euro wird am Beginn nicht die Rolle einer Reservewährung wie die D-Mark einnehmen. Gewaltige Umschichtungen sind insbesondere in der Einführungsphase, in der der Euro seine Reputation aufbauen muß, zu erwarten. Als Nutznießer gelten US-Dollar, Yen und Britisches Pfund. Der Euro wird sich schwer tun, als solide Reservewährung den Platz der D-Mark einzunehmen.«

Professor Otmar Issing, Chefvolkswirt der Deutschen Bundesbank, *Münchner Merkur*, 5.12.1996

Am 15. Mai 1997 bestieg Theo Waigel, wie stets auf der Suche nach neuen Milliarden, einen Hubschrauber der Bonner Flugbereitschaft, nahm Kurs auf Frankfurt am Main und ließ sich dort vor dem grauen Hochhaus in der Wilhelm-Epstein-Straße Nummer 14 absetzen.

Waigel nahm sein im Bundesbankgesetz niedergelegtes Recht wahr, an Sitzungen des Zentralbankrates teilzunehmen – des obersten Führungsorgans der Deutschen Bundesbank, das sich an diesem Tag zur üblichen zweiwöchentlichen Sitzung um den großen ovalen Tisch im 13. Stockwerk versammelt hatte.

Was Waigel mit der Rückendeckung von Kohl und Schäuble von den Landeszentralbankpräsidenten und den Mitgliedern des Direktoriums verlangte, schlug wie eine Bombe ein. Der Finanzminister forderte den Zentralbankrat brüsk auf, die deutschen Goldreserven aufzuwerten und aus dem so entstandenen Buchgewinn 20 Milliarden an die Bundeskasse zu überweisen.

Weil alles sehr schnell gehen sollte, wollte der Minister nicht einmal den Abschluß des Geschäftsjahres 1997 abwarten. Die Bundesbank sollte, so hatte er sich das gedacht, eine Zwischenbilanz erstellen, damit Bonn baldmöglichst des Geldsegens teilhaftig werden und das Maastrichter Defizitkriterium von 3% für 1997 doch noch erfüllen könnte.

Die öffentliche Meinung im In- und Ausland reagierte schockiert. Der *Spiegel* nannte Waigels Goldoperation eine »Provokation ohne Beispiel«. Die *Süddeutsche Zeitung* sprach von einem »verheerenden Diktat«. Das *Wall Street Journal* meinte: »Das Geschacher der Regierung Kohl hat Deutschland nahezu jeder moralischen Autorität beraubt.« Und Professor Rolf Caesar, Finanzwissenschaftler an der Universität Hohenheim, warf Waigel vor, er habe »von Wesen und Bedeutung der Notenbankautonomie nichts verstanden«.

Deren Kern liege nämlich in einer »dauerhaften Entpolitisierung« der Entscheidungen im Bereich Geldversorgung. »Besonders skandalös wäre es, wenn die Änderung des Bundesbankgesetzes gegen den erklärten Willen der Notenbank durchgesetzt würde. Der geldpsychologische und politische Schaden einer solchen Konfrontation wäre unabsehbar – und zwar nicht nur im Inland, sondern ebenso im Ausland«, so Professor Caesar.

Trotz des verheerenden Echos hielten Kohl, Waigel und Schäuble wochenlang an ihrer Absicht fest, das Bundesbankgesetz im Eilverfahren vom Bundestag ändern zu lassen und die Bundesbank nicht nur zur Goldaufwertung, sondern auch zur Ausschüttung der Aufwertungsgewinne noch 1997 zu zwingen – eine »Vergewaltigung der Notenbank«, wie die französische Tageszeitung *Le Figaro* schrieb.

Zwei Wochen lang blieb auch ungewiß, wie die Bundesbank auf den Überfall reagieren würde. Erst als sich der Zentralbankrat am 28. Mai wieder traf, fiel nach einer fünfstündigen erregten Debatte die Entscheidung. Das Gremium lehnte ab, es schickte eine »Kriegserklärung« an die Adresse Bonns, wie das ein enger Kohl-Berater zu formulieren beliebte.

Diese »Kriegserklärung« bestand aus einer knappen, sorgfältig formulierten Stellungnahme des Zentralbankrates, die nicht nur der Bundesregierung, sondern auch der Presse übergeben wurde. Frankfurt sagte Nein zum Goldplan Waigels. Begründung: »Eine solche Maßnahme stünde im Widerspruch sowohl zur deutschen Tradition als auch zu den Vorstellungen des Maastricht Vertrages über die Unabhängigkeit der Notenbanken.«

Erst am 19. Juni gab Waigel nach und verzichtete auf eine Änderung des Bundesbankgesetzes – nicht dank besserer Einsicht, sondern nachdem deutlich wurde, daß die Regierung bei einer Abstimmung im Deutschen Bundestag keine Mehrheit bekommen würde.

So endete Waigels »Operation Rheingold« in der ersten großen Niederlage der Regierung im Kampf um Euro und D-Mark. Die Position der Bundesbank, die den Euro noch nie um jeden Preis gewollt hatte, war eindeutig gestärkt. Die euroskeptische Regierung Stoiber war der Bundesbank im entscheidenden Augenblick zu Hilfe gekommen und hatte sich erstmals gegen Bonn durchgesetzt. Und die deutschen Eurogegner insgesamt sahen durch das rücksichtslose Vorgehen Bonns ihre schlimmsten Befürchtungen bestätigt.

Besonders wichtig: Waigel war es nicht gelungen, die Bundesbank zu spalten. Selbst die Eurobefürworter Schmidhuber, Zeitler, Welteke und Sievert enthielten sich im Zentralbankrat nicht etwa der Stimme, sondern votierten gegen das Diktat der Politiker.

Warum die Kraftprobe so ausgehen mußte, läßt sich nur tiefenpsychologisch erklären: Waigel hatte nicht nur versucht, die angesehenste deutsche Institution zu demütigen, er schien sich auch am Mythos Gold zu versündigen – an einem geheimnisvollen Metall, das in der kollektiven Erinnerung fast aller Kulturen seit Tausenden von Jahren mit dem Höchsten, Reinsten und Wertvollsten gleichgesetzt wird.

Die 3700 Tonnen Gold der Deutschen Bundesbank – ein Schatz, der zum großen Teil bereits in den fünfziger Jahren angehäuft wurde – sind der Lohn deutscher Exporterfolge, der harte Kern der D-Mark-Deckung, eine letzte Reserve für den Ernstfall, eine Verkörperung nationalen Reichtums. Auch Waigel hätte es nicht gewagt, diesen Schatz zu verkaufen und zu verramschen – so unseriös ist er nicht. Aber daß er damit eine unlautere, für den Durchschnittsbürger technisch nicht durchschaubare Manipulation vorhatte, genügte bereits, um eine ansonsten eher passive deutsche Öffentlichkeit auf die Barrikaden zu bringen.

Die deutschen Goldreserven stehen seit langem unverändert mit einem Gegenwert von 13, 687 Milliarden Mark (ohne das an die europäischen Institutionen bereits überstellte Gold) in der Bilanz der Deutschen Bundesbank. Sie sind zu Anschaffungskosten bewertet. Würde die Bundesbank dem Beispiel Italiens und Frankreichs folgen und das Gold zum Marktpreis bilanzieren, dann ergäbe sich (nach dem Stand vom Frühjahr 1997) ein Aufwertungsgewinn von rund 40 Milliarden Mark.

Eine enorme Summe, mit der sich gleichwohl nur 2% der aktuellen deutschen Staatsschulden tilgen ließen! Der Vergleich zeigt zum einen, wie niedrig die Goldpreise gemessen an den Schuldenmengen sind, und zum anderen, daß ein Abbau der Staatsverschuldung auch in Deutschland kaum noch machbar ist.

Das Argument, eine Bewertung zu Marktpreisen sei fiktiv, weil bei einem Verkauf der Reserven der Goldpreis zusammenbrechen müsse, der Marktpreis also nicht realisiert werden könne, ist eine Halbwahrheit. Denn dasselbe gilt für alle Aktien – und Devisenkurse. Auch sie stehen nur auf dem Papier. Auch sie gelten nur, solange die Marktteilnehmer auf größere Liquidationen verzichten.

Die Gewinne auch der schönsten Aktienhausse sind nur für vereinzelte Anleger realisierbar, nie für die Masse und erst recht nicht für die großen Fonds. Insofern ist der durch eine Aktienhausse entstandene neue Reichtum immer eine Fiktion. Wenn ich die Aktie von Siemens zum Höchstkurs verkaufen will, muß sich ein anderer von der entsprechenden Geldsumme trennen. Wenn er dazu nicht bereit ist, kann ich nicht abgeben.

Zu Anschaffungskosten zu bilanzieren, ist ein bewährtes Prinzip konservativer Buchführung. Dennoch wäre eine Höherbewertung des deutschen Währungsgoldes vertretbar.

Und wie ist es mit der Ausschüttung der Buchgewinne? Damit würde die Notenbank schlicht und einfach Geld drucken. Sie würde den Staat mittels Geldschöpfung finanzieren – im Prinzip nicht anders als Hjalmar Schacht in den dreißiger Jahren mit seinen Mefo-Wechseln. Im Prinzip wirkt die Ausschüttung von Aufwertungsgewinnen also inflationär. Bei einer (einmaligen) Größenordnung von 40 Milliarden sollten die Auswirkungen jedoch beherrschbar sein. (»Geld drucken« kann eine Notenbank übrigens auch, indem sie Gold ankauft und dafür Banknoten in Umlauf bringt.)

Weil die Bundesbank seit langem befürchtet, das deutsche Währungsgold könne die Begehrlichkeit der Politiker wecken, hat sie nie gerne darüber gesprochen. Journalisten, die in Frankfurt Fragen dazu stellen, erhalten immer nur knappste Auskünfte. Die Bundesbank will nicht einmal verraten, wo die goldenen Barren eigentlich liegen.

Der größte Teil des deutschen Goldes liegt im Ausland

Aus Frankfurter Bankkreisen erfuhr ich, daß sich höchstens 10% der Reserven tatsächlich in Deutschland befinden. Kleinere Mengen liegen bei der Bank von England in London, bei der Bank für Internationalen Zahlungsausgleich in Basel und wahrscheinlich auch in Paris. Der allergrößte Teil aber wird in den USA verwahrt – nicht in Fort Knox, wie eine unausrottbare Legende besagt, sondern 24 Meter unter den Straßen von Manhattan in einem drei Meter dicken und 82 Tonnen schweren Stahlzylinder der Federal Reserve Bank von New York.

Das ist eigentlich widersinnig. Denn der konkurrenzlose Vorteil von Gold – sowohl für eine Notenbank als auch für den privaten Anleger – besteht ja darin, daß es keine Forderung an einen Dritten darstellt, daß es nie pleite gehen kann, daß es international und überall akzeptiert wird. Dieser Vorteil kommt aber nur dem zugute, der jederzeit die Hand darauf legen kann.

Devisenguthaben hingegen sind immer nur so viel wert wie die Bonität und das Wohlwollen des Schuldners. Sie sind Buchgeld, sie können blockiert oder für wertlos erklärt werden. Oder man kann, was in der Vergangenheit oft geschehen ist, die Zinszahlungen darauf einstellen.

Als Saddam Hussein im Sommer 1990 in Kuwait einmarschierte, ließen die USA nicht nur die irakischen, sondern auch die kuwaitischen Auslandskonten sperren. Die Gelder waren über Nacht nutzlos. Gold hingegen ist immer mobilisierbar, sofern der Eigentümer physisch darüber verfügt. Es sollte deswegen im eigenen Land aufbewahrt werden und nicht in den Gewölben ausländischer Mächte ruhen.

In den sechziger Jahren, als die USA ihre Goldeinlösungspflicht gegenüber ausländischen Zentralbanken noch respektierten, schickte General de Gaulle französische Kriegsschiffe über den großen Teich und tauschte überschüssige Dollars gegen amerikanisches Gold ein. Die USA versuchten damals lange Zeit mit allen Mitteln, eine Abwertung des Dollars gegen das Gold zu verhindern. Sie verteidigten den viel zu niedrigen offiziellen Goldpreis von 35 Dollar je Unze, indem sie Gold abgaben.

Der Goldpreis stieg dennoch, die USA mußten schließlich abwerten und die Bindung an das Gold aufgeben. Und im Verlaufe dieses Goldkrieges schmolzen die US-Reserven von 20 000 auf fast 8000 Tonnen zusammen. Dennoch sind die USA immer noch der größte Goldbesitzer der Welt, nur zusammen haben die Europäer mehr.

Auch die Bundesbank hätte damals gerne ihre Dollarreserven abgebaut und dafür die Goldreserven aufgestockt. Als die Amerikaner davon hörten, stellten sie Deutschland unmißverständlich vor die Alternative, entweder weiterhin den abwertungsverdächtigen Dollar zu halten und zu kaufen – oder aber die amerikanische Sicherheitsgarantie aufs Spiel zu setzen.

Selbst heute würde jeder deutsche Versuch, die Goldreserven aus New York abzuziehen und heimzuholen, die amerikanische Regierung zutiefst verärgern. Ein solches Ansinnen würde als Mißtrauensvotum interpretiert.

Bei den Asiaten ist die Neigung, Uncle Sam gelegentlich zu reizen, stärker entwickelt. Taiwan begann 1988 damit, seine gigantischen Dollarreserven wenigstens zu einem kleinen Teil in Gold umzutauschen, bis die USA ein Machtwort sprachen und die taiwanesischen Goldkäufe eingestellt wurden.

China, der große Gegenspieler der USA, hält zwar dank großer Handelsbilanzüberschüsse mit den USA erhebliche

Dollarreserven, baute aber zugleich im Verlauf der letzten Jahre sicherheitshalber seine Goldreserven auf über 1000 Tonnen aus.

Eine Schlüsselrolle im Rahmen der Dollar-Hegemonie spielt seit Jahren Japan, der größte Gläubiger der Welt. Von Japan wird erwartet, daß es die amerikanischen Defizite finanziert. Ohne die massiven japanischen Kapitalexporte würden Dollar, US-Aktien und US-Bonds heute wesentlich tiefer notieren. Für die USA muß es ein Alarmzeichen gewesen sein, daß Ministerpräsident Hashimoto im Juni 1997 in Washington damit drohte, notfalls amerikanische T-Bills zu verkaufen und dafür ins Gold zu gehen – wenn Washington nicht kooperiere und den Japanern in Währungsfragen entgegenkomme.

Unter deutschen Eurogegnern grassiert seit langem die Befürchtung, Deutschland werde in einer Europäischen Währungsunion seine Gold- und Devisenreserven verlieren. Die anderen Europäer wollten sich daran bereichern. Das stimmt so nicht.

Zunächst muß man wissen, was dazu im Maastrichter Vertrag steht. Er sieht vor, daß die an der Währungsunion beteiligten Länder zunächst Währungsreserven in einer Höhe von bis zu 50 Milliarden ECU (das wäre ungefähr das Doppelte in D-Mark) auf die neue Europäische Zentralbank übertragen. Genau 50 Milliarden wären es, falls alle 15 EU-Staaten mitmachten. Offen gelassen wird jedoch, wieviel von den abzuführenden Reserven aus Devisen und wieviel aus Gold bestehen kann. Die Deutsche Bundesbank hat einmal vorgeschlagen, die Europäische Zentralbank (EZB) zu 25% mit Gold auszustatten. Jedoch steht eine endgültige Regelung noch aus.

Der Beitrag Deutschlands zur EZB wird sich, wie der jedes anderen EU-Staates, nach dem Anteil richten, der am Kapital der EZB gezeichnet wurde. Dieser Anteil wiederum orientiert sich zu 50% am Bevölkerungsanteil der EU und zu 50% am

Anteil, den das jeweilige Land am Bruttoinlandsprodukt der Europäischen Gemeinschaft hat. Demnach würden auf Deutschland 25,10% des Kapitals der EZB entfallen. Das wären 12,55 Milliarden ECU, falls alle 15 EU-Mitglieder den Euro übernähmen.

Dies bedeutet, daß die Bundesbank den größeren Teil ihrer Reserven zunächst behalten würde. Auch nach Abführung des Einstandsbetrages blieben ihr noch rund 90 Milliarden Mark an eigenen Devisen- und Goldreserven. Hinzuzufügen ist, daß die Devisenreserven ständigen Schwankungen unterliegen.

Es ist ja nicht so, daß die Bundesbank mit der Einführung des Euro verschwinden würde. Sie wird nur entmachtet. Sie verliert die Zuständigkeit für die Geldpolitik und damit für den Wert des Geldes. Aber sie behält einen durchaus großen Teil ihrer Reserven.

Nur kann sie nach 1999 nicht mehr frei darüber verfügen. Und die Gewinne aus ihren Anlagen stehen ihr, wie wir später sehen werden, nicht mehr vollständig zu.

Ab 1999 kann die Bundesbank nur noch mit kleinen Beträgen (bis zu einer noch festzulegenden Obergrenze) frei schalten und walten. Alle größeren Transaktionen müssen von der Europäischen Zentralbank genehmigt werden. Das kann auch nicht anders sein, weil zum Beispiel durch größere Dollargeschäfte der nationalen Notenbanken die Geldpolitik der EZB konterkariert werden könnte.

Nicht nur am einheimischen Geldmarkt, auch über die internationalen Devisenmärkte kann eine Notenbank inflationieren. Auch die Wechselkurspolitik gegenüber dem Dollar, die die Bundesbank in den vergangenen Jahrzehnten betrieb, hat immer wieder den inneren Wert der Mark beeinflußt. Genau hier liegt eine entscheidende Einschränkung der Unabhängigkeit der EZB: Für die Wechselkurse, das heißt für das Verhältnis zu anderen internationalen Währungen, ist nicht sie zuständig, sondern der EU-Rat in Brüssel.

Eben weil die nationalen Notenbanken ab 1999 einen Teil ihrer Handlungsfähigkeit einbüßen, haben die Niederlande und Belgien noch ganz schnell einen Teil ihrer Goldreserven verkauft. Belgien hat mit dem Erlös Schulden in Fremdwährungen abgebaut, der Effekt war jedoch bei der heillosen belgischen Überschuldung minimal.

Hinter Waigels Operation Rheingold stand ein ähnliches Motiv. Der Trick mit der Ausschüttung der Goldgewinne wäre nach 1999 so nicht mehr möglich gewesen. Waigel wollte der Einführung des Euro zuvorkommen. Das konnte er aber öffentlich nicht sagen. Statt dessen behauptete er fälschlicherweise, sein Goldmanöver sei wegen des Maastrichter Vertrages notwendig.

Daran stimmt nur, daß die Europäische Zentralbank die Goldreserven einheitlich bewerten wird, wenn sie erst einmal ihre Arbeit aufnimmt. Eine Ausschüttung von Aufwertungsgewinnen, wie sie Waigel für 1997 vorhatte, wird auch von der EZB keineswegs vorgesehen.

In der Diskussion: Ein goldgedeckter Euro

Ungeklärt ist nach wie vor, welche Rolle das Gold in einer Europäischen Währungsunion spielen würde. Bereits im Herbst 1995 gab es Überlegungen in europäischen Bankenkreisen, den Euro zu 25% durch Gold zu decken, um damit seine Akzeptanz besonders in Deutschland zu verbessern. So hätte sich der Euro in der Tat dem Publikum verkaufen lassen. Denn nicht einmal die vergleichsweise harte Mark kann sich einer offiziellen Golddeckung rühmen.

Die Schweiz ist seit langem das einzige Land, dessen Währungsverfassung dem traditionellen Goldstandard ähnelt. 40% der umlaufenden Frankennoten mußten bisher durch Währungsgold gedeckt sein. Jetzt wird diese Deckung auf 25%

reduziert. Und auch die übrigen Goldvorschriften, die den Schweizer Franken zur klassischen Hartwährung gemacht haben, sollen 1998 in einem Referendum abgeschafft werden. Ich interpretiere dies – wie übrigens auch das völlig defensive Verhalten Berns angesichts der jüngsten Kampagne aus den USA – als kollektiven Schwächeanfall der politischen Führung der Schweiz. Die Eidgenossen sind dabei, sich selbst vom Franken-Mythos zu verabschieden. Er droht eine Währung wie jede andere zu werden.

Erstaunlich bleibt, daß die Regierung Kohl nie versucht hat, den Euro überzeugend zu verkaufen. Die Golddeckung wäre eine Möglichkeit gewesen. Das leere Versprechen, der Euro werden »mindestens so stabil wie die Mark« sein, hätte einen gewissen Sinn bekommen. Denn das Euro-Geld wäre, anders als die Mark, nicht beliebig vermehrbar gewesen. Die Bilanz der Europäischen Zentralbank hätte eine grundsolide Basis bekommen. Und die USA hätten wahrscheinlich nachziehen und die Goldbindung des Dollars wiederherstellen müssen, um die Attraktivität ihrer Währung zu erhalten.

Rechnen wir nach: Die Bundesbank weist seit Jahren Goldreserven in einer unveränderten Höhe von 95 Millionen Unzen (das sind 2960 Tonnen) aus. Hinzuzurechnen sind 24 Millionen Unzen, die die Bundesbank im Rahmen von vierteljährlichen revolvierenden Swaps im Europäischen Fonds für Währungspolitische Zusammenarbeit geparkt hat. Dieser Teil des deutschen Goldes ist also bereits europäisiert.

Nachdem am 13. Mai 1979 das Europäische Währungssystem das Licht der Welt erblickt hatte, war Deutschland verpflichtet, 20% seiner Dollar- und Goldreserven in den europäischen Fonds einzubringen. Für die 20% erhielt die Bundesregierung eine Gutschrift in Form von ECU. Das heißt: In der Auslandsposition der Bundesbank wurden die 20% ausgegliedert und durch ECU-Forderungen ersetzt.

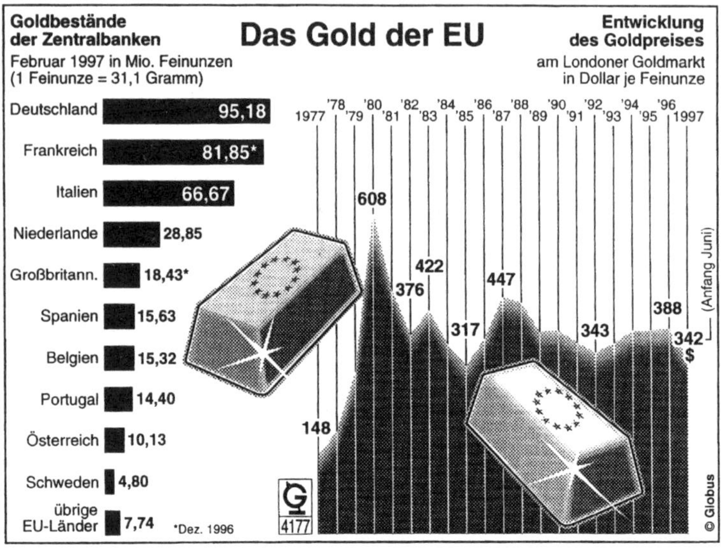

Wirtschaftlich ist das Gold jedoch weiterhin der Bundesbank zuzuordnen. Es zählt insofern immer noch zur deutschen Währungsreserve. Denn die Bundesbank hat einen Rückübertragungsanspruch. Damit belaufen sich die deutschen Goldreserven genaugenommen nicht auf 95 Millionen, sondern auf 119 Millionen Unzen, also auf 3700 Tonnen.

Dieses Gold ist bei einem (realistischen) Marktpreis von $ 400 je Unze und einem Dollarkurs von DM 1,80 gut 85 Milliarden Mark wert. Im Frühjahr 1997 waren DM-Banknoten im Wert von 252 Milliarden Mark im Umlauf. Ergo: Die deutschen Goldreserven würden mehr als ausreichen, um die deutsche Bargeldmenge zu 25% durch Gold zu decken. Wäre die Deckung irgendwann in ferner Zukunft aufgebraucht, müßte entweder der Goldpreis erhöht oder neues Gold hinzugekauft werden.

Die Initiatoren des Goldplanes hielten eine 40%-Deckung wie in der Schweiz für unnötig hoch, denn auch zu Zeiten des Goldstandards vor 1914 war die Deckung tiefer. Sie glaubten aber andererseits, eine Deckung von weniger als 25% könne die Öffentlichkeit nicht überzeugen.

Durch die Einbeziehung Frankreichs würde die Golddeckung des Euro sogar noch erleichtert. Warum? Weil Frankreichs Goldreserven pro Kopf höher als die deutschen sind, in Frankreich aber je Einwohner nicht einmal halb soviel Bargeld zirkuliert wie in Deutschland. Die Franzosen bräuchten deswegen auch entsprechend weniger Euro-Noten. Sie zahlen häufiger mit Kreditkarten, und im Gegensatz zur D-Mark kursieren relativ wenige Franc-Noten im Ausland.

Die D-Mark hingegen ist in weiten Teilen Mittel- und Osteuropas eine (manchmal sogar offizielle) Zweitwährung. Nach Schätzung der Bundesbank werden 30 bis 40% der DM-Banknoten nicht in Deutschland, sondern im Ausland gehalten – übrigens ein gutes Geschäft für die Notenbank, solange die Geldscheine nicht wieder eingereicht werden. Jedenfalls wäre die 25%-Deckung des Euro, so haben Experten ausgerechnet, auch EG-weit praktikabel.

»Mit der Golddeckung würden wir die Vertrauensbasis für den Euro schaffen«, wurde mir in Frankfurt gesagt. »Und den Amerikanern würde an diesem Plan besonders gut gefallen, daß Japan dann schlecht dasteht. Denn es gäbe dann eine goldgedeckte Eurowährung und einen Dollar, hinter dem die größten Goldreserven der Welt stehen – und als dritte Reservewährung den Yen, der ein Imageproblem hätte.«

Tatsächlich stünde Japan fast nackt da. Tokios Goldreserven machen mit kläglichen 753 Tonnen nur etwa 10% der japanischen Devisenreserven aus. Die amerikanischen Goldreserven von 8140 Tonnen aber haben einen Anteil von rund 60% an den Zentralbankreserven der USA (wobei das Gold nicht der Federal Reserve, sondern dem Schatzamt der Regierung gehört).

Weil sich die Bundesbank aus nicht ganz geklärten Gründen mit der Golddeckung nicht anfreunden konnte, verliefen diese Vorstöße 1995 und 1996 im Sande. Ein Ausschuß beim Europäischen Währungsinstitut, dem Vorläufer der Europäischen Zentralbank, beriet mehrmals über das Goldthema. Schließlich zeichnete sich ein Konsens ab, wonach das Gold – ähnlich wie bei der Bundesbank – ohne Deckungsvorschrift als Teil der europäischen Währungsreserven zu betrachten sei. Damit lägen die Europäer auf der amerikanischen Linie. Alan Greenspan hat sich noch 1995 ausdrücklich zur Rolle des Goldes als Währungsreserve bekannt.

(Nur fünf Länder besitzen Reserven von mehr als 2000 Tonnen: Deutschland, Frankreich, Italien, die Schweiz und – mit 8140 Tonnen – die USA. Die Reserven aller anderen liegen deutlich unter 1000 Tonnen. Ausgenommen China, dessen Reserven ich auf mehr als 1000 Tonnen schätze. Sie werden geheimgehalten und nicht, wie üblich, dem Internationalen Währungsfonds gemeldet.)

Die Bundesregierung hat einen anderen Fehler gemacht: Sie hätte sich nicht darauf einlassen sollen, zuerst die geplante Europawährung ECU zu nennen, sie dann in Euro umzutaufen und zum 1. Januar 1999 den alten ECU 1 zu 1 in Euro umzuwechseln. Der ECU gilt längst als gescheiterte Währung. Er konnte sich nicht durchsetzen. Er hat von Anfang an gegen die Mark fast immer nur abgewertet.

Mit einer schlechteren Hypothek kann die neue Währung nicht starten. Zunächst liegt hier ein technischer Fehler vor: Die Bestandteile der Korbwährung ECU (in der nicht alle EU-Währungen enthalten sind) sind nicht identisch mit den Währungen, die zum Euro fusioniert werden sollen. Es ist eigentlich nicht vertretbar, 1 zu 1 umzustellen. Kenner der europäischen Szene vermuten hinter diesem merkwürdigen Umtausch ohnehin schon seit längerem die heimliche Absicht, die Gläubiger (das heißt die Sparer) zu benachteiligen und die Schuldner (die Regierungen) besserzustellen.

Der zweite Fehler ist psychologischer Art. Da der Widerstand gegen den Euro in Deutschland fast unüberwindlich groß ist, hätte man ihn nur schmackhaft machen können, wenn er 1 zu 1 zur D-Mark eingeführt und außerdem durch Gold gedeckt würde. An Preisen und Löhnen in Deutschland hätte sich nichts geändert. Es hätte keinerlei Umstellungsschwierigkeiten gegeben.

Der Euro wäre nicht als Bastard, sondern als (scheinbar) legitimer Nachfolger der Deutschen Mark auf die Welt gekommen – jedenfalls in den Augen der Öffentlichkeit. Zwar hätte Deutschland auch so die Souveränität über seine Währung verloren, aber der psychologische Aspekt einer Währungsumstellung ist eben oft ausschlaggebend.

Den Vorschlag 1 DM = 1 Euro hat zuletzt Werner Obst in Anlehnung an das Kieler Weltwirtschaftsinstitut gemacht. Obst war früher Wirtschaftsexperte in der DDR und konnte aufgrund seiner intimen Kenntnisse des sozialistischen Lagers lange vorher den Zusammenbruch des Kommunismus und die Wiedervereinigung vorhersagen. Mit der Analyse der westeuropäischen Integration tut er sich allerdings schwer. Er überschätzt die Aussagekraft von westlichen Wirtschaftsstatistiken und zieht daraus manchmal anfechtbare Schlußfolgerungen. Obst ist ein scharfer Kritiker der EG-Bürokratie und ihrer Verschwendung, plädiert aber dennoch für den Euro als Einstieg in die von ihm gewünschte europäische Großmacht und auch als Türöffner für eine Allianz mit Rußland. Beides ginge unweigerlich auf Kosten des Bündnisses mit den USA – eine gefährliche Option für die deutsche Außenpolitik.

Die Thesen von Obst verdienen Beachtung, weil in Paris ähnlich gedacht wird. Dort ist es eine Lieblingsvorstellung nicht nur von Präsident Chirac, mit dem Euro dem Dollar Konkurrenz zu machen. Die französische Führung träumt seit langem von einer europäischen Großmacht – ein Projekt, das die Kräfte Frankreichs übersteigt. Paris hat freilich das Vorhaben nie logisch zu Ende gedacht. Europäisiert werden sollen nur die deutsche Kapitalkraft und die deutsche Währung, nicht aber die französischen Attribute der Souveränität, allen voran Frankreichs Atomstreitmacht.

Eine echte politische und militärische Integration Westeuropas hätte Frankreich schon 1991 in Maastricht haben können. Eben dies war ja damals das Verhandlungsziel Helmut Kohls. Er konnte sich nicht durchsetzen. Die Franzosen nahmen dankend die Mark, gaben aber nichts dafür.

Vergleicht man die nackten Wirtschaftszahlen, dann schneidet die EU gegenüber den USA nicht schlecht ab. So gesehen könnte der Euro in der Tat so stark wie der Dollar werden, vielleicht noch stärker. Im Idealfall könnte es den Europäern sogar gelingen, die Dollar-Hegemonie zu beenden und den Dollarstandard, der der Weltwirtschaft oktroyiert wurde, zu beenden.

Könnte der Euro dem Dollar Konkurrenz machen?

1996 belief sich das amerikanische Bruttosozialprodukt auf 7200 Milliarden Dollar, das der EU auf 8400 Milliarden. In den USA wurden 26,6% der Wirtschaftsleistung der Welt erbracht, in der EU 31,2%. Die EU ist mit 20,4% am Außenhandel der Welt beteiligt, die USA mit nur 18,3%.

Noch mehr ins Gewicht fällt, daß die Auslandsverschuldung der USA die Marke von 1000 Milliarden Dollar überschritten hat – wenngleich die Aussagekraft dieser oft zitierten Statistik aus Gründen, auf die ich hier nicht eingehen kann, mit Vorsicht zu genießen ist.

Es stimmt aber, daß sich die Netto-Auslandsposition der USA (das heißt die Verschuldung) jährlich um 15 bis 20% verschlechtert, daß die USA der größte Schuldner der Welt sind, Japan der größte und Deutschland (mit sinkender Tendenz) der zweitgrößte Gläubiger. Allein 1997 dürfte das amerikanische Leistungsbilanzdefizit bei 200 Milliarden Dollar oder sogar darüber liegen. Das wäre eine nochmalige Verschlechterung der bereits erwähnten negativen Auslandsposition um 200 Milliarden Dollar.

Was heißt das konkret? Es bedeutet, daß die USA mehr konsumieren als sie produzieren, daß sie Verbrauchsgüter wie Stereoanlagen und Autos, aber auch Kokain, Heroin und Marihuana aus Asien und Lateinamerika einführen und dafür mit grünen Scheinen zahlen, die sie in der jeweils benötigten Menge selbst herstellen.

Dollarstandard, das bedeutet, daß die Bank von Japan und die Bundesbank immer wieder Dollars aufkaufen mußten, um die US-Währung vor dem Sturz ins Bodenlose zu bewahren. Bis in die siebziger Jahre waren sie nach den Regeln von Bretton Woods vertraglich zur Stützung verpflichtet. Seitdem tun sie es, weil ihnen nichts anderes übrig bleibt.

Dollarstandard, das bedeutet auch, daß die Rechnungen für den wichtigsten Rohstoff, nämlich Öl, in Dollar ausgestellt werden und damit für die USA immer bezahlbar sind. Und er bedeutet, daß die amerikanischen Aktien- und Bondmärkte sehr oft die weltweite Richtung vorgeben.

Die USA machen – mehr oder weniger – den internationalen Zinstrend, obwohl der Bondmarkt in europäischen Währungen nicht viel kleiner ist als der amerikanische. Ende 1995 standen weltweit Dollar-Bonds im Nominalwert von 8800 Milliarden aus, in den EU-Währungen waren es immerhin 6900 Milliarden Dollar.

Der Greenback ist eine Doppelwährung, die national und global zirkuliert. Die amerikanische Zins- und Wechselkurspolitik richtet sich jedoch fast ausschließlich nach nationalen Interessen. Ob die übrige Welt mit dem jeweiligen Dollarkurs oder Zinsniveau gut oder schlecht fährt, interessiert die Verantwortlichen in Washington nur am Rande. Das ist das Privileg einer Großmacht.

Wie schön wäre es, so denkt man in Paris, aber auch in deutschen Bankenkreisen, wenn wir uns von diesem Dollardiktat befreien könnten. Wenn doch auch der Euro eine Weltreservewährung wäre, wenn auch wir bei Bedarf abwerten könnten, wenn wir uns, wie die Amerikaner, nach Belieben im Ausland verschulden könnten. Denn darum geht es letzten Endes: Eine Weltreservewährung ist notwendigerweise eine Schuldenwährung. Reserven in einer solchen Währung entstehen, indem Schulden gemacht werden.

Nach der Wiedervereinigung habe ich den Begriff der »Dollarisierung« der D-Mark geprägt. Die in- und ausländische Verschuldung Deutschlands begann zu wachsen, die zeitweise hohen DM-Zinsen beflügelten den Kapitalimport, das explodierende deutsche Staatsdefizit folgte früheren amerikanischen Vorgaben. Insofern ist die D-Mark der neunziger Jahre nicht mehr die solide Währung, die sie in den vier Jahrzehnten vorher war. Sie ist seit der deutschen Währungsunion angeknackst.

Daß die D-Mark in den Rang einer Weltreservewährung aufsteigen würde, hatte sich schon in den siebziger Jahren abgezeichnet, als die internationalen Anleger eine Alternative zum kranken Dollar suchten. Die Bundesbank hat sich gegen diese neue Funktion der ihr anvertrauten Währung lange Zeit gesträubt, weil sie sich über die damit verbundenen Probleme keine Illusionen machte.

Inzwischen werden D-Mark im Umfang von über 1400 Milliarden vom Ausland gehalten, und dies erschwert grundsätzlich die Kontrolle über Wechselkurs und Inflation. Die D-Mark ist abhängig geworden von den Launen ausländischer Investoren. Es kam des öfteren zu einer Flucht in die D-Mark und dann 1996/97 – wegen des Euro – zu einer Flucht aus der D-Mark. Solche Verschiebungen sind von einer Zentralbank nicht leicht zu steuern oder auch nur zu beeinflussen.

Könnte die europäische Einheitswährung im großen Devisencasino eine ähnliche Rolle wie die Mark spielen? Fred Bergsten, ein führender amerikanischer Währungsexperte, hat in der Juli/August-Ausgabe 1997 der US-Zeitschrift *Foreign Affairs* massive Kapitalabflüsse aus dem Dollar in den Euro vorhergesagt. Es könne sich dabei um internationale Portfolioverschiebungen in einer Größenordnung von 500 und 1000 Milliarden Dollar handeln.

Wenn das stimmt, wäre eine gewaltige Hausse des Euro gegen den Dollar vorprogrammiert. Ein paar Hundert Milliarden Dollar, die langfristig die Währung wechseln, haben in der Tat enorme Auswirkungen. Zum Vergleich: In den Jahren 1980 bis 1985 gingen japanische Investoren mit umgerechnet 230 Milliarden Dollar von der eigenen in die amerikanische Währung. Die Folge war, daß der Dollar damals gegen den Yen um 25% und gegen die Währungen aller G10-Industriestaaten im Schnitt um 75% anstieg.

Im vorliegenden Fall könnte das dazu führen, daß der Euro wieder auf $ 1,30 oder $ 1,40 klettert, nachdem er im Sommer 1997 in Richtung $ 1 abgesackt war. (Im Sommer 1997 nannte sich der für 1999 geplante Euro bekanntlich immer noch ECU.) Dies entspräche einer späteren Euro-Aufwertung um 30 bis 40%. Es wäre genau das Gegenteil dessen, was sich die Abwertungsfreunde in Paris wünschen.

Die Überlegung von Bergsten hat auf den ersten Blick einiges für sich. Die neue Europäische Zentralbank wird sich zunächst einmal Respekt verschaffen müssen, indem sie das Geld notfalls knapp und teuer hält – und gleichzeitig werden die europäischen Regierungen wahrscheinlich noch mehr Schulden als zuvor machen müssen. Genau diese Kombination von strikter Geldpolitik und laxer Finanzpolitik hatte schon im Fall des Dollars in der ersten Hälfte der achtziger Jahre für eine fulminante Hausse gesorgt.

So könnte es kommen. Dann hätte es auch Sinn gemacht,

die europäischen Währungen vor dem Start der Währungsunion erst einmal fallen zu lassen, damit nachher Spielraum für eine Aufwertung besteht. Dies in etwa nach dem bereits erwähnten Schema: der ECU/Euro zuerst auf $ 1,10 oder $ 1 und später wieder auf $ 1,30 bis 1,40.

Ich spiele dieses Szenario auch deswegen durch, um dem Leser klarzumachen, daß sich große Währungen zyklisch bewegen. Mal fallen sie, mal steigen sie. Nur in Mickey-Mouse-Währungen, die konstitutionell sehr schwach sind, existieren Einbahnstraßen. Der südafrikanische Rand, die indische Rupie, die griechische Drachme können im Prinzip nur sinken.

Außerdem sind Papierwährungen immer nur relative Größen. Das wird oft vergessen. Wenn ich die eine verkaufe, gehe ich automatisch in eine andere. Der Dollar und der Euro können nur fest oder schwach gegen eine andere Währung sein. Und wenn beide nicht gesund sind, wird eben einmal der Dollar, ein andermal der Euro die Nase vorne haben. Die Idee, daß der Euro grundsätzlich gegen den Dollar abwerten muß (oder umgekehrt) ist nicht realistisch.

Deswegen ist auch die französische Vorstellung, den Euro abzuwerten und sich damit langfristige Handelsvorteile zu verschaffen, ziemlich naiv.

Wer sagt denn, daß die Amerikaner dabei mitspielen? Der Münchener Investmentprofi Dr. Jens Erhardt schrieb dazu vollkommen richtig: »Die Amerikaner, die bekanntlich den Welthandel politisch fest im Griff haben, dürften kaum bei einer absichtlichen Euro-Abwertung tatenlos zusehen. Da die Amerikaner mit ca. 120 Milliarden Dollar pro Jahr an Kapitalabflüssen via passiver Handelsbilanz die besten Möglichkeiten zur Dollar-Abwertung haben, besitzen natürlich auch die Amerikaner unbeschränkte Möglichkeiten zur Währungsmanipulation. Man braucht nur die Japaner anzuweisen, weniger Dollar-Staatsanleihen zu kaufen und der Dollar dürfte sofort auf den Weltmärkten fallen.«

Fazit: Wir können aus der Sicht des Jahres 1997 nicht einfach behaupten, daß der Euro (falls er 1999 überhaupt eingeführt wird) von Anfang an schwach gegen den Dollar sein wird – vor allem nicht, wenn er vorher unterbewertet war.

Wir dürfen aber ebensowenig davon ausgehen, wie es Bergsten tut, daß Gelder im Umfang von Hunderten von Milliarden Dollar in den Euro fließen werden. Dafür ist der Euro in den Augen internationaler Investoren ein zu riskantes Experiment. Es gibt keine Garantie dafür, daß er in der Übergangsphase von 1999 bis 2002 nicht scheitert und in einem unvorstellbaren Währungschaos versinkt, das die ganze Welt in eine neue Depression stürzen könnte.

Wenn dieses abenteuerliche Experiment nicht bald abgebrochen wird, muß mit wachsender Unsicherheit und zunehmender Volatilität an den Finanzmärkten gerechnet werden. Und am gefährlichsten wird die Periode von 1999 bis 2002 sein, in der der Euro zwar bereits existiert, die EU-Staaten sich bereits in Euro verschulden, der Euro aber noch kein gesetzliches Zahlungsmittel ist. Eben dieses Manko kann sich als tödliche Gefahr für die gesamte Konstruktion herausstellen. Die braven Europapolitiker in Bonn haben keine Ahnung, auf was sie sich eingelassen haben:

Erstens wird die Europäische Zentralbank (EZB) von Anfang an im dunkeln tappen. Sie wird ihre Arbeit ohne Erfolgsausweis und ohne erworbenes Vertrauenskapital aufnehmen müssen. Sie wird allergrößte Mühe haben, die gesamteuropäischen Wirtschaftsstatistiken – sie werden notwendigerweise sehr unzuverlässig sein – zu interpretieren und zur Grundlage ihrer geldpolitischen Entscheidungen zu machen. Man weiß noch nicht einmal, ob die EZB ein Geldmengenziel (wie die Bundesbank) oder ein Inflationsziel (wie die Bank of England) ansteuern wird.

Zweitens lastet auf der Europäischen Zentralbank das Problem der deutsch-französischen Differenzen. Paris hat zur

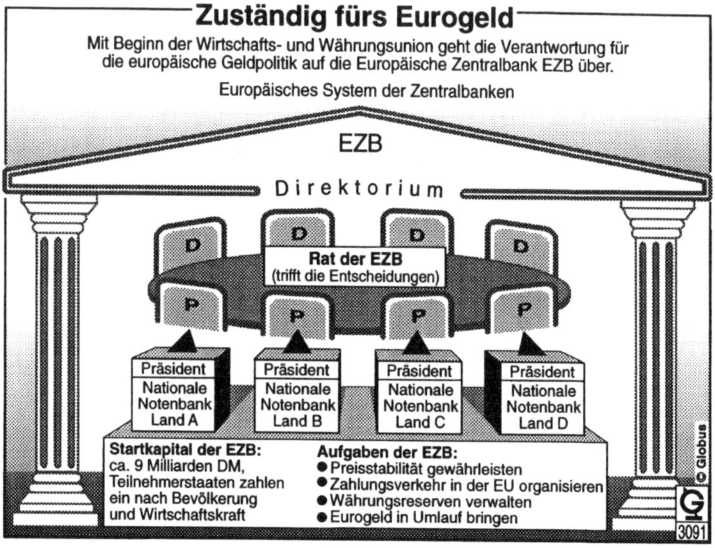

Geldwertstabilität und zur Wechselkurspolitik völlig andere Vorstellungen als Frankfurt oder Bonn. Der Dissens wurde nach bewährter EG-Manier in Maastricht und danach mit Formelkompromissen zugekleistert. Diese Methode ist zwar ärgerlich und kostspielig, aber nicht katastrophal, wenn es in Brüssel um Schweine oder Oliven geht. Eine Zentralbank aber kann auf der Grundlage von Formelkompromissen nicht funktionieren. Das in europäischen Gremien übliche Hickhack würde sie lähmen und zum Gespött der Devisenmärkte machen. Dann wäre es, auch im wohlverstandenen Interesse der Romanen, besser gewesen, die Bundesbank zur Europabank aufzuwerten und je einen Vertreter aus Frankreich, Italien, Spanien usw. in den Zentralbankrat aufzunehmen.

Drittens kann die EZB an dem Problem scheitern, eine richtige einheitliche Zinspolitik für die grundverschiedenen Volkswirtschaften in Europa zu formulieren. Was soll sie tun, wenn in Italien Rezession herrscht und in Deutschland die

Wirtschaft boomt? Ob sie mit solchen Situationen fertig werden kann, läßt sich erst beurteilen, wenn Europa einen ganzen Wirtschaftszyklus durchlaufen hat. »Ich fürchte«, schrieb Professor Wilhelm Nölling in der *FAZ*, »daß die neue Bank sich schon bald in Konfrontation mit den Ländern verschleißen wird, die ihre Mühe haben werden, den Vorgaben der EZB zu entsprechen und bald die Lust und die Kraft dazu verlieren werden«.

Viertens würde es sich rächen, daß der Maastrichter Vertrag keine Vorkehrungen für Finanztransfers im Rahmen der Währungsunion getroffen, sie aber auch nicht ausgeschlossen hat. Alle Experten sind sich darin einig, daß die jetzigen Schwachwährungsländer solche Finanztransfers verlangen werden. Was geschieht, wenn Deutschland nicht zahlen kann oder will?

Und fünftens wird auch innerhalb der deutschen Elite, die jetzt noch mehrheitlich auf den Euro fixiert ist, eine fürchterliche Ernüchterung einsetzen, sobald sich herausstellt, daß die Europäische Zentralbank zwar wie die Bundesbank aussieht, auch am selben Platz residiert, aber keine legitime Nachfolgerin der Bundesbank sein kann.

Das Modell Bundesbank läßt sich nicht auf ein internationales Gremium übertragen. Ebensowenig läßt sich das Modell der wirtschaftlichen Integration Europas, das bisher ganz gut funktioniert hat, ohne weiteres auf das monetäre Gebiet übertragen.

Bundesbankgewinne: Bonn verschenkt bis zu 90 Milliarden Mark

Bisher hielt die EU zusammen, weil jeder irgendwann und irgendwie davon profitierte. Bei der Währungsunion ist das anders. Es kann sich sehr leicht herausstellen, daß sie allen – aus unterschiedlichen Gründen – schadet. Dann aber kann sie, wie Alan Greenspan vorhergesagt hat, nicht von Dauer sein.

Der britische Währungsexperte Bernard Connolly brachte es auf den Punkt: Sobald die EU aufhört, ein Verein zur gemeinsamen Förderung nationaler Interessen zu sein und sobald sie statt dessen einem angeblichen »EU-Interesse« folgt, bricht sie in Chaos und Konflikt auseinander.

Die Liste der Ungereimtheiten und Unterlassungen ist schier endlos. Nie haben sich Regierungen auf ein so gefährliches Großprojekt so unvorbereitet und mit so wenig strategischer Planung eingelassen. Alle beteiligten Europäer spielen Vabanque. Am meisten zu verlieren aber haben die Deutschen.

Deutschland als Zahlmeister, aber bitte in Euro. Die deutschen Unterhändler haben sich – das hätte ich beinahe vergessen – sogar bei der künftigen Verteilung der Notenbankgewinne übers Ohr hauen lassen. Wie das? Nach Artikel 32 der Satzung des künftigen europäischen Zentralbanksystems werden die »monetären Einkünfte« der nationalen Notenbanken ab 1999 in einen gemeinsamen Topf eingebracht. Warum das so sein muß, ist schwer begreiflich. Muß denn alles in Europa umverteilt werden?

Es muß offenbar, obwohl das Bonner Finanzministerium seit langem die regelmäßigen Überweisungen aus Frankfurt zu schätzen weiß. Seit 1981 macht die Bundesbank jährlich in der Regel einen Gewinn von über 10 Milliarden Mark. Dieser wurde, nach einem geringfügigen Abzug für Rücklagen, immer an Bonn überwiesen. Waigel kassierte im Schnitt um die 10 Milliarden Mark. 1993 – ein besonders gutes Jahr – waren es sogar 18 Milliarden. Man sollte meinen, daß er darauf nicht freiwillig verzichten würde.

Ab 1999 aber sollen die Notenbankgewinne erst einmal europaweit eingesammelt und dann wieder ausgeteilt werden. Wir brauchen nicht erst zu raten, wer dabei draufzahlt. Überraschend ist nur die Höhe der Summe. Der Münchener Nationalökonom Professor Hans-Werner Sinn hat ausgerechnet, wieviel es Bonn kosten wird, wenn die Bundesbank ab 1999 ihre Geldschöpfungsgewinne an die Europäische Zentralbank abtreten muß: Der deutsche Vermögensverlust wird sich auf 64 bis 90 Milliarden Mark belaufen.

Soviel kostet der Euro Deutschland. Und dabei handelt es sich nur um entgangene Notenbankgewinne. Alles andere wird extra auf die Rechnung gesetzt. Gute Nacht, Deutschland.

Kapitel 9

Inflation – Ausweg aus der Schuldenfalle?

Walter Hanel, Frankfurter Allgemeine Zeitung

»Es ist historisch erwiesen, daß Staaten sich weder an die Verfassung noch an Gesetze oder Verordnungen gebunden fühlen, wenn sie das für opportun halten. Sie setzen sie außer Kraft, oder ignorieren sie einfach. Hat sich der Staat bis an seine Grenze verschuldet, so geht er mit seinen freiwilligen und seinen gezwungenen Geldgebern nicht mehr zimperlich um.«

Professor Walter Wittmann, *Das globale Desaster,* München 1995

»Wir haben uns benommen, wie jemand, der in einem fürstlichen Restaurant ein opulentes Mahl zu sich nimmt und nachher erstaunt ist, wenn er die Rechnung sieht.«

Otto Graf Lambsdorff, *Der Spiegel,* 9.6.1997

» Inflation ist kein geeigneter Ausweg aus dieser Verschuldungsfalle und verbietet sich bei einer stabilitätsbewußten Geldpolitik von selbst.«

Deutsche Bundesbank, *Monatsbericht,* März 1997

Wiesbaden, die Kurstadt an der Grenze Hessens zu Rheinland-Pfalz, ist einen Umweg wert. Dort, am Eingang zum Präsidium des Bundes der Steuerzahler in der Adolfsallee 22, ist seit 1995 eine makabre Sehenswürdigkeit installiert: die Schuldenuhr.

Während ich dies niederschreibe, am 17. Juli 1997 um 10.20 Uhr, zeigt die Uhr folgenden Stand der Staatsverschuldung in Deutschland an: 2 174 264 749 028. Das ist eine dreizehnstellige Zahl, das sind über 2174 Milliarden Mark.

2,174 Billionen, das war die Schuldenlast, die die Bundesregierung, die Landesregierungen und die Gemeinden an diesem 17. Juli 1997 künftigen Generationen aufgebürdet hatten. Pro Sekunde rückt die Uhr um 3171 Mark vor. Am Jahresende 1997 wird sie voraussichtlich bei 2,22 Billionen stehen. Niemand hält die Uhr an, nie muß sie zurückgestellt werden. Denn der Staat zahlt keine Schulden zurück, er macht immer nur neue.

Höheres Schicksal? Durchaus nicht. Das ist Politik, die so gewollt und so beschlossen ist. Jedes Jahr aufs neue müssen die Abgeordneten des Deutschen Bundestages nicht nur dem Haushalt, sondern auch der Schuldenaufnahme zustimmen. Sie und ihre Kollegen in den Ländern und Kommunen sind verantwortlich, niemand sonst. Die Uhr in Wiesbaden wird von einem Computer gesteuert, sie läuft automatisch. Die Abgeordneten sind, so sollte man meinen, Herren ihrer Entscheidungen.

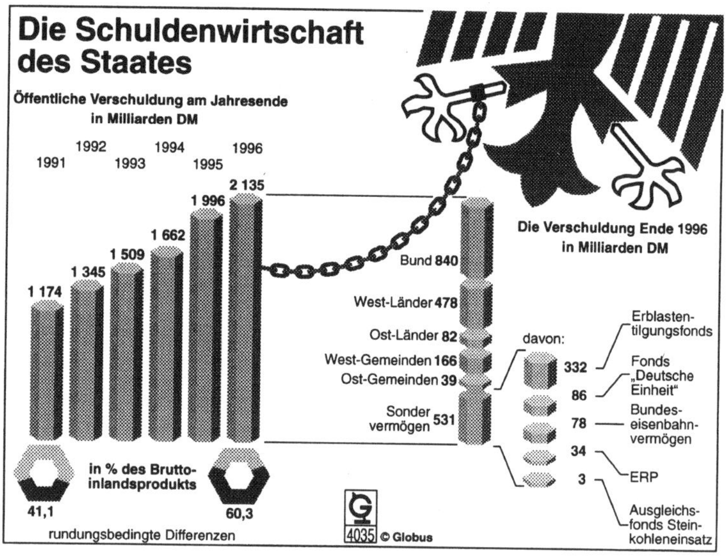

In Wirklichkeit wissen die meisten von ihnen nicht, was sie tun. Als der Fernsehsender RTL in der Sendung »Wie bitte?« eine Reihe von Bundestagsabgeordneten mit der dreizehnstelligen Schuldenzahl konfrontierte, da kamen die merkwürdigsten Antworten.

Einer glaubte, dies seien die Ausgaben für Sozialhilfe. Ein anderer hielt die Ziffer für den Stand der Weltbevölkerung. Und ein dritter weigerte sich, diese »schreckliche Zahl« überhaupt auszusprechen. Die Antworten auf die Frage, wie hoch diese Summe denn sei, schwankten meist zwischen 2 und 224 Milliarden. Einer behauptete gar, das müßten wohl »Billiarden« sein.

Dabei hatte alles einmal so bescheiden angefangen. Der erste deutsche Finanzminister der Nachkriegszeit, Fritz Schäffer, brachte noch das Kunststück fertig, mit eiserner Sparsamkeit Geld zur Seite zu legen und seinen berühmten »Juliusturm« aufzubauen. Bis 1955 hatte er Überschüsse von sieben Milliarden Mark angehäuft. Als er 1957 vor der Begehrlichkeit seiner Kollegen kapitulierte und ins Justizministerium wechselte, atmeten die Regierungspolitiker befreit auf und begannen erst langsam, später immer schneller, Schulden zu machen.

Seitdem ist die öffentliche Finanzmoral in Deutschland derart degeneriert, daß die Politiker schon vom Sparen sprechen, wenn sie lediglich die veranschlagte Neuverschuldung ein bißchen zurücknehmen. Ein semantischer Schwindel, der kaum noch jemandem auffällt. Einen Sachverhalt mit dem Gegenteil zu benennen, ist eine Methode à la Orwell. Wahrheit ist Lüge, Schuldenmachen ist Sparen.

In Bonn werden nur noch »Sparhaushalte« vorgelegt. Sehen wir uns den neuesten etwas genauer an. Der Entwurf für 1998 unterstellt Steuereinnahmen von 347,6 Milliarden und sieht eine Nettokreditaufnahme von 57,8 Milliarden vor. Die Bruttokreditaufnahme ist übrigens weitaus höher, weil ja auch immer Schulden nur zu dem Zweck gemacht werden müssen,

Altschulden zu tilgen. Die jedes Jahr fälligen Schulden können selbstverständlich nicht aus den laufenden Einnahmen zurückgezahlt werden. Sie werden einfach durch neue ersetzt – ein technischer Vorgang, der im Bundeshaushalt überhaupt nicht auftaucht.

Die Ausgaben der Bundesregierung 1998 sollen, so stellt sie sich das vor, bei 461 Milliarden liegen. Zieht man davon die 147 Milliarden ab, die auf die Haupttätigkeit des Staates (»Arbeit und Sozialordnung«) entfallen, dann bleiben nur zwei große Etatposten übrig: Verkehr und Verteidigung mit 43,1 beziehungsweise 46,6 Milliarden. Der Anteil der Rüstungsausgaben ist seit den achtziger Jahren stark geschrumpft – das ist die Friedensdividende, die dem Ende des Kalten Krieges zu verdanken ist.

Das Dynamit in diesem Etat schlummert in einer Position, die sich Bundesschuld nennt. Sie beläuft sich auf 87,4 Milliarden Mark. Das sind 25% der für 1998 veranschlagten Steuereinnahmen! Es kostet den Bund praktisch soviel wie Verteidigung und Verkehr zusammengenommen, seine aufgelaufenen Schulden zu bedienen. Was man mit diesen 87 Milliarden alles anfangen könnte!

Genau hier liegt der Kern des Problems. Nicht die Schuldenlast als solche drückt, sondern der Zins, der darauf fällig wird. Ein souveräner Staat, der die Steuerhoheit innehat und im Notfall an der Notenpresse hantieren kann, macht im Gegensatz zum Privatunternehmer nicht so schnell pleite. Er hält sich sehr lange über Wasser. Kritisch wird es erst, wenn er für die Zinsen, die er seinen Gläubigern versprochen hat, nicht mehr aufkommen kann. Oder wenn sich die Gläubiger weigern, dem Staat neue Kredite vorzustrecken.

Beides hängt freilich von zu vielen Faktoren ab, als daß es möglich wäre, den Staatsbankrott im voraus zu berechnen (wie es ein deutscher Wirtschaftsautor in den achtziger Jahren versuchte). Daß eine Zinsquote von 25% den Haushalt weitgehend blockiert, leuchtet auf den ersten Blick ein. Denn dieses Geld steht für echte Ausgaben, für Investitionen oder Beamtengehälter, nicht mehr zur Verfügung.

Wie hoch kann die Zinsquote gesteigert werden, bis das Spiel aus ist? Darüber kann man nur spekulieren. Jedenfalls ist der Gefahrenbereich längst erreicht. Es ist ein bißchen wie mit der Steuerbelastung einer Volkswirtschaft. 100% sind nicht machbar, weil dann die Steuereinnahmen auf null sinken würden. Bei einem Steuersatz von null Prozent kommt ebenfalls nichts herein. Das Optimum liegt irgendwo dazwischen, vielleicht in der Nähe von 30%. Wird zuviel besteuert, dann fallen die Einnahmen das Staates ab einem gewissen Punkt. Daraus geht aber auch hervor, daß der verschuldete Staat keineswegs dadurch zahlungsfähig bleiben kann, daß er die Steuern immer mehr erhöht.

Eine Zinslast von 25% der Steuereinnahmen wäre möglicherweise tragbar, wenn mit den Krediten Investitionen finanziert worden wären, die später eine Rendite abwürfen. Aber davon kann längst keine Rede mehr sein. Die Situation ist nahezu aussichtslos.

Besonders brisant wird sie dadurch, daß die Bundesregierung – nach dem Vorbild der USA – die Laufzeiten zunehmend verkürzt. Anstatt die tiefen langfristigen Zinsen zu nutzen, um sich auf 20 oder 30 Jahre zu einem festen Zinssatz zu finanzieren, ist Waigel zunehmend auf kurze Laufzeiten – teilweise unter einem Jahr – ausgewichen. Warum, ist klar: Die ein- und zweijährigen Zinsen liegen derzeit weit unter den dreißigjährigen. So kann man auf kurze Sicht Geld sparen. Und so installiert man einen Sprengsatz im Bundeshaushalt. Immer nach dem Motto: Nach uns die Sintflut.

Waigel hat sich mit seinem »short-termism«, wie es die Bundesbank formulierte, einen unmittelbaren »Preisvorteil« verschafft. Ein »vorausschauendes Schuldenmanagement« sähe aber anders aus. Denn dazu hätte Bonn den kurzfristigen Zinsvorteil gegen die Berechenbarkeit abwägen müssen, die eine langfristige Festlegung zu historisch tiefen Sätzen bietet. Statt dessen macht sich Bonn mehr und mehr abhängig von künftigen Zinsschwankungen, die von der Regierung weder zu kontrollieren noch vorherzusehen sind.

Die Bundesbank monierte: Die Hinwendung zu kurzen Laufzeiten könne von den Märkten als »Anzeichen einer schwindenden Solidität« gedeutet werden. Ein wahres Wort, genau darum handelt es sich.

Der Bundesrepublik drohen italienische Verhältnisse. Auch dort sorgt – mehr noch als in Deutschland – ein Übergewicht der kurzfristigen Schulden für eine fatale Abhängigkeit von der Zinsentwicklung. Die Schulden müssen in Italien noch häufiger umgeschlagen werden als in Deutschland. Steigen die kurzfristigen Zinsen wieder an, was sie früher oder später tun werden, dann wird es eng im Haushalt.

Der Bundesfinanzminister hinterläßt mit diesen Methoden seinen Nachfolgern eine drückende Hypothek. Dies auch im Zusammenhang mit dem Euro: Bringt dieser höhere Zinsen mit sich, wovon fast alle Experten ausgehen, dann kann die Zinsquote des Bundeshaushaltes nur steigen. Dann sind allein deswegen zusätzliche Schulden nötig. Dann »nährt sich die Verschuldung aus sich selbst heraus«, wie es die Bundesbank ausdrückte.

Wie konnte ein so reicher und so produktiver Staat wie Deutschland schon wieder in eine solche Misere geraten, obwohl diesmal kein Krieg schuld war? Wir haben es mit keinem spezifisch deutschen Problem zu tun. Hier liegt ein verhängnisvoller Mechanismus vor, den der Katheder-Sozialist Adolph Wagner schon vor über hundert Jahren beschrieb. Katheder-Sozialisten nannte man damals sozialistische Intellektuelle, die für soziale Reformen und Staatsinterventionen eintraten.

Adolph Wagner formulierte 1863 das »Gesetz der wachsenden Ausdehnung der öffentlichen und speziell der Staatstätigkeit«. Der Staat entwickle sich zunehmend zum »Cultur- und Wohlfahrtsstaat«, er sei nicht mehr nur Rechtsstaat.

Mit Rechtsstaat meinte Wagner damals noch einen Staat, der für innere und äußere Sicherheit und für eine funktionierende Verwaltung sorgt, sich in andere Bereiche wie die Wirtschaft hingegen nicht einmischt.

Ein interessanter Denkansatz, der freilich nichts daran ändert, daß die Bürger heute wie vor hundert Jahren vom Staat im Grunde nur eines erwarten: Sicherheit. Sicherheit vor Mord und Totschlag, Sicherheit vor Invasionen, Sicherheit des Eigentums und der Verträge und inzwischen eben auch Sicherheit vor sozialen Notlagen.

Danilo Zolo und die Sicherheitsgarantie des Staates

Der Philosoph Danilo Zolo, ein führender »Italo-Realist«, erkannte, daß die besondere Funktion des modernen politischen Systems darin besteht, die Angst der Menschen durch Zuweisung von Sicherheit zu mindern. In diesem Sinne stelle Politik einen »komplexen Ordnungs- und Stabilitätsfaktor« dar. Gefordert vom Staat seien Schutz und die Abdeckung von Risiken. Und so ergebe sich ein Kontinuum vom Minimalstaat zum Interventionsstaat, dann zum paternalistischen und schließlich zum totalitären Staat.

Wenn man sich mit diesen Gedanken anfreundet, begreift man sofort, warum der deutsche Staat in den neunziger Jahren in eine Legitimitätskrise taumelte: Er versagte und verweigerte den Bürgern zunehmend das, wofür er unterhalten wird, nämlich Schutz und Sicherheit.

Nur die äußere Sicherheit hat sich dramatisch verbessert. Nach dem Zusammenbruch der Sowjetunion sind eine Aggression und eine nukleare Katastrophe, die das Ende bedeutet hätte, nicht mehr zu befürchten. Dies haben wir nicht der Europäischen Gemeinschaft, wie in Bonn oft behauptet wird, sondern der Nato, dem Bündnis mit den USA und der Existenz der Bundeswehr zu verdanken.

Mit der inneren Sicherheit ist es nicht mehr weit her. Die Wahrscheinlichkeit, Opfer eines Totschlags, eines Einbruchs oder eines Raubes in einer deutschen Großstadt zu werden, ist deutlich gestiegen. Das organisierte Verbrechen operiert weitgehend ungehindert, es wird zum Staat im Staate. Kleinere Delikte zur Anzeige zu bringen ist längst sinnlos. Die Polizei ist unterbezahlt, überfordert und von der Politik im Stich gelassen.

Zudem hat der millionenfache Zuzug von mittellosen Angehörigen fremder Kulturen tief sitzende Ängste ausgelöst. Das konnte gar nicht anders sein. Denn laut Danilo Zolo ist die Unterscheidung zwischen innerhalb und außerhalb ein spezifisches Kriterium des politischen Kodex.

Unsicherheitsgefühle löste auch die Abschaffung der Grenzkontrollen in der EU aus. Sie mögen oft kleinlich und lästig gewesen sein, aber die Bürger glauben an die Schutzfunktion einer Grenze. Die ganze Künstlichkeit des Schengener Abkommens erkennt man daran, daß die polizeilichen Kontrollen nun auf die Straßen im grenznahen Raum verlagert werden, wo sie nur umständlich und wenig effektiv durchgeführt werden können. Im Juli 1997 vereinbarte Kohl mit Wien und Rom die Öffnung der bayerischen Südgrenze, obwohl die notwendigen Sicherheitsmaßnahmen längst nicht abgeschlossen waren – freie Fahrt für Kriminelle. Die Einwände und Proteste von Edmund Stoiber interessierten den Kanzler überhaupt nicht. Probleme der inneren Sicherheit waren ihm schon immer gleichgültig. So ist nun einmal sein Staatsverständnis.

Selbst auf das Versprechen sozialer Sicherheit – den Inbegriff der staatlichen Legitimation – ist kaum noch Verlaß. Niemand weiß mehr, mit welcher Rente er später einmal rechnen kann. Niemand weiß, ob er eine Chance hat, seine eingezahlten Beträge im Alter wenigstens mit einer Minimalverzinsung zurückzubekommen.

Nach letztem Stand werden in Deutschland 41,7 Millionen Arbeitsplätze gebraucht. Es sind aber nur 34,1 Millionen vorhanden. Es fehlen 7,6 Millionen Jobs. Diejenigen, die sie hätten besetzen sollen oder wollen, waren arbeitslos, im Vorruhestand, auf Arbeitsbeschaffungsmaßnahmen, in der Umschulung oder in der sogenannten stillen Reserve.

Die erschreckende Zahl von 7,6 Millionen erklärt einen guten Teil der staatlichen Finanznot. Dahinter verbergen sich individuelle Schicksale wie das eines 50jährigen Abteilungsleiters, der seine Position verliert, weil der Betrieb ins Ausland abgewandert ist oder pleite gemacht hat; der sich nach Jahren der Arbeitslosigkeit als Garderobenmann in einem Nobelrestaurant zu DM 9,50 die Stunde wiederfindet, welches von nicht mehr als 0,02% der Bevölkerung besucht werden kann; der dann erst unter die Rentenbeitragsgrenze und später unter die Armutsgrenze fällt, wenn es ans Auszahlen der Rente geht.

Eine Regierung, die vor diesem Hintergrund schwindender innenpolitischer und wirtschaftlicher Sicherheit auch noch die Axt an die vertraute Währung legt, macht einen monumentalen Fehler. Sie nimmt dem Volk den letzten Rest an Orientierung, Gewißheit und Selbstwertgefühl. Eine solche Regierung wird als Wegbereiterin des Chaos, als Bedrohung empfunden. Sie verfehlt ihre Aufgabe, Schutz zu bieten. Sie beraubt sich selbst ihrer Legitimität. Indem sie behauptet, der Nationalstaat sei überholt, entledigt sie sich ihrer Verantwortung und erklärt das Volk im Grunde für überflüssig.

Daß unter solchen Vorzeichen die europäische Integration nicht mehr als Chance, sondern als Risiko begriffen wird, kann man nur bedauern. Eine Meinungsumfrage ergab, daß die Bundesbürger mit dem Wort »Europa« an erster Stelle Kriminalität assoziieren. Ein schlimmer Befund, der bei den Europapolitikern zum Nachdenken darüber anregen sollte, was sie falsch gemacht haben.

Es mag sein, wie Johannes Gross sagte, daß das Volk die Regierung nicht verdient hat. Aber er hat nur halb recht. Bis zu einem gewissen Grad stimmt es auch, daß ein Volk die Regierung hat, die es verdient. Die Staatsverschuldung, die mit bitterer Konsequenz in die jetzige Finanzkrise führte, begann schließlich mit sozialen Wohltaten und Wahlgeschenken, die vom Bürger durchaus geschätzt und honoriert wurden. Die Wähler wurden bestochen, weil sie sich gerne bestechen ließen.

Eine Hand wusch die andere: Von 1970 bis 1997 stiegen die staatlichen Sozialausgaben von 84,4 auf 467,4 Milliarden – aber dafür durften die Bundeszuschüsse an die Parteistiftungen noch schneller steigen, nämlich von 74,3 auf 624 Millionen. Sie verstehen, was ich meine.

Heute sind die führenden Politiker in Bonn alle irgendwie Sozialisten, aber sie haben nicht alle gleich schwer gesündigt. Den Weg in den Schuldenstaat beschritten zuerst die Sozialdemokraten.

Schuldenexplosion: Die Fehler bei der deutschen Währungsunion

1959 belief sich die Verschuldung der Gebietskörperschaften (Bund, Länder, Gemeinden) noch auf 50 Milliarden Mark. 1964 lag sie bei 74 Milliarden. 1969, als mit Franz Josef Strauß der letzte in der Reihe »bürgerlicher« Finanzminister abdankte, war Deutschland mit 118 Milliarden Mark beziehungsweise 19,8% des Bruttoinlandsproduktes verschuldet. Das war noch kontrollierbar. Das war, relativ zur Wirtschaftsleistung, nur knapp ein Drittel des heutigen Schuldenstandes.

Danach standen von 1969 bis 1982 nur noch SPD-Minister an der Spitze des Finanzministeriums. Es war die Ära der Reformen, unter denen hauptsächlich das Verteilen von Geld verstanden wurde. Die Regierungen Brandt und Schmidt zusammen legten neun große Konjunkturprogramme auf, ohne daß die Arbeitslosigkeit deswegen fühlbar verringert wurde. Beide Regierungen konnten mit Geld nicht umgehen. Am Ende der siebziger Jahre war die Staatsschuld auf 414 Milliarden angeschwollen. Sie stieg 1975 bis 1979 weitaus schneller als in den vier Jahren nach der Wiedervereinigung, die ja nun wirklich als Sonderfall der deutschen Geschichte eingestuft werden muß.

Eine Wende zum Besseren brachte die Ära Stoltenberg von 1982 bis 1989. Er war der nach Schäffer beste Finanzminister, den das Land je hatte. Der »kühle Klare« aus dem hohen Norden schaffte es zwar auch nicht, Schulden zurückzuzahlen oder den Anstieg in absoluten Zahlen wenigstens einzufrieren. Er stabilisierte aber den Anteil der aufgelaufenen Schulden am Sozialprodukt. 1989, im letzten Jahr vor der Wiedervereinigung, war Deutschland mit 929 Milliarden Mark im Minus. Das entsprach 41,8% des Bruttoinlandsproduktes.

Seitdem hat sich der Schuldenberg mehr als verdoppelt. Der Anteil am Bruttoinlandsprodukt hat die in Maastricht vorgesehene Marke von 60% überschritten.

Seit 1989 heißt der Finanzminister Theo Waigel. Er hat in seiner Amtszeit gemeinsam mit den Ländern und Kommunen mehr Schulden gemacht als alle Finanzminister zusammen in den vier Jahrzehnten zuvor. Er schaffte es auf wunderbare Weise dennoch, gelegentlich in den Ruf eines Sparministers zu kommen. Für mildernde Umstände kann man nur deswegen plädieren, weil er nie wirklich Herr des Verfahrens und seiner Entscheidungen, sondern ein Getriebener und treuer Vasall seines Kanzlers war. Ein Schuldenmacher und Euro-Vollstrecker, der den ihn umgebenden Horror mit Ironie, Zynismus und bodenständiger Bauernschläue überspielte und damit für sich selbst überhaupt erst erträglich machte.

Seine Zahlen stellten sich hinterher meist als falsch heraus, und in den ersten Jahren nach der Wiedervereinigung schien es, als versuche er, die einigungsbedingten Schulden zu vernebeln und in Schattenhaushalten zu verstecken.

Inzwischen haben wir einen Überblick über den Umfang dieser Nebenhaushalte. Ende 1996 lag das Bundeseisenbahnvermögen (gemeint ist nichts anderes als die auf den Staat entfallenden Schulden der Bahn) bei 78 Milliarden und das ERP-Sondervermögen (= Schulden) bei 34 Milliarden. Der Fonds »Deutsche Einheit« war mit 84 Milliarden im Minus und der sogenannte Erblastentilgungsfonds mit 332 Milliarden.

Der Erblastentilgungsfonds enthält 205 Milliarden Mark Schulden der Treuhandanstalt und 102 Milliarden aus dem Kreditabwicklungsfonds, der hauptsächlich auf die mißglückte deutsche Währungsunion vom 1. Juli 1990 zurückgeht. (Aber auch der Schuldenberg der Treuhand wäre in dieser Höhe vermeidbar gewesen.)

Da die DDR im Ausland nur unerheblich verschuldet war und da in der DDR weder ein Kapitalmarkt noch ein Bankensystem existierte und jedenfalls keine echten Schulden gemacht werden konnten, stellt sich die Frage, wie diese mysteriöse Erblast zustande kommen konnte.

Das Bonner Finanzministerium gab dazu folgende Erklärung: »Zentrale und ausschlaggebende Ursachen für die finanzielle Erblast der ehemaligen DDR sind 40 Jahre sozialistischer Mißwirtschaft, für die die SED die historische Verantwortung trägt.«

Das mit der Mißwirtschaft stimmt. Die SBZ/DDR hat erst enteignet, was zu enteignen war, dann von der Substanz und in ihren letzten Jahren von Bonner Krediten gelebt. Sie wurde vom freien Deutschland künstlich beatmet. Mit der Wiedervereinigung setzte sich der Bonner Fiskus in den Besitz der in den Nachkriegsjahren zusammengestohlenen Häuser, Bauernhöfe und Ländereien. Das persönlich nicht betroffene CDU-Mitglied Heiko Peters prangert den Skandal seit längerem in Zeitungsanzeigen als pure Hehlerei an. Offenbar hatte die Bundesregierung gehofft, mit dem Erlös aus dem kommunistischen Raubgut einen Teil der einigungsbedingten Kosten zu bestreiten.

Diese Rechnung ging nicht auf. Die CDU beschädigte sich selbst. Eine bürgerliche, nicht-sozialistische Regierung zerstört ihre Legitimität und Selbstachtung, wen sie sich am Eigentum vergreift. Aber das tut sie schließlich auch, wenn sie Rentenversicherungsbeiträge zweckentfremdet oder die Sparer mittels eines weichen Euro kalt und langsam enteignet.

Dennoch: Eine Erblast in Form von richtigen Schulden, wie sie jetzt im Erblastentilgungsfonds geparkt sind, hat das Honecker-Regime nicht hinterlassen. Der Wahrheit näher kam da schon Bundesbankpräsident Karl Otto Pöhl, als er am 20. März 1991 zum immensen Ärger Kohls in Brüssel die deutsche Währungsunion folgendermaßen kommentierte: »Wir haben die D-Mark von einem Tag auf den anderen eingeführt, praktisch ohne jede Vorbereitung, und ich möchte hinzufügen, zum falschen Wechselkurs. Daher ist das Ergebnis eine Katastrophe, wie Sie sehen.«

In der Bilanz des Kreditsystems der DDR per 31. Mai 1990 standen Kredite in Höhe von 397 Milliarden DDR-Mark an inländische Kreditnehmer, hauptsächlich an Betriebe und an das Wohnungswesen. Kredite im marktwirtschaftlichen Sinn waren das nicht, sondern bilanztechnische Manipulationen. Die inländischen Schulden der DDR waren eine Fiktion.

Anstatt diese fiktiven Schulden im Zuge der Währungsunion mehr oder weniger verschwinden zu lassen, wurden sie 2 zu 1 in harte D-Mark umgewandelt. Sie wurden nicht etwa abgewertet, sondern real um 300 bis 400% aufgewertet. Eine schwachsinnigere und kostspieligere Währungsreform hat es nie gegeben. Sie wurde nicht zur Entschuldung, sondern ganz im Gegenteil zur Neuverschuldung genutzt. Die schwache DDR-Wirtschaft vereinigte sich mit der ungleich produktiveren westdeutschen Wirtschaft zu einem völlig überhöhten Wechselkurs, wie Pöhl zurecht monierte. Verhindern konnte er es nicht, er wurde bekanntlich – in Verletzung des Bundesbankgesetzes – vorher vom Bundeskanzler nicht gefragt.

Daß die DDR-Betriebe unter diesen Bedingungen nicht konkurrenzfähig sein konnten, versteht ein Volkswirt im ersten Semester. Die von Anfang an überhöhten Löhne taten ein übriges. Sie wurden in zynischer Komplizenschaft zwischen westdeutschen Gewerkschaften und westdeutschen Arbeitgebern ausgehandelt. So erreichte man, daß die Wirtschaft in den neuen Bundesländern keine Chance hatte, den Westfirmen Konkurrenz zu machen.

An den Folgen der mißglückten wirtschaftlichen und monetären Vereinigung wird ganz Deutschland noch eine Generation lang laborieren. Die finanzielle Erblast ist hausgemacht. Eine Währungsunion, die deutsche, wurde bereits verpfuscht. Jetzt versuchen sie sich an einer zweiten, an der europäischen, nachdem die Folgen der ersten überhaupt noch nicht verkraftet sind.

Als ein Bonner Regierungssprecher im Oktober 1992 gefragt wurde, wer denn eigentlich die Gläubiger dieser sogenannten Erblast in Höhe von 400 Milliarden D-Mark seien, wer also die Zinsen dafür kassiere, antwortete er, das könne er nicht genau sagen.

Nun, die Antwort ist einfach: Es sind die westdeutschen Banken. Sie haben mit der Wiedervereinigung ein neues, schönes Kreditportfolio zurechtgeschneidert bekommen.

Die Rolle der Banken ist auch in einem anderen Zusammenhang interessant: bei der Frage, ob Staatsschulden nicht doch vielleicht auch ein Gewinn sind, weil es doch jemanden geben muß, der die Zinsen einstreicht und davon möglicherweise ganz gut lebt.

In manchen Büchern wird folgende Milchmädchenrechnung angestellt: Der Staat nimmt den Bürgern in Form von Steuern Geld ab und zahlt damit seine Zinsen. Da dieselbe Öffentlichkeit die Schuldpapiere des Staates hält, fließt das Geld in der Form von Zinsen mit der Zeit wieder an sie zurück. Ergo ist die Verschuldung unter dem Strich kein Verlust, weil die Bilanz zwei Seiten hat, weil die Forderungen immer so groß sind wie die Verbindlichkeiten.

Leider funktioniert das etwas anders. Staatsschulden bewirken immer eine Umverteilung innerhalb der Gesellschaft, aber auch zwischen In- und Ausland. Es kommt nämlich darauf an, wer die Papiere hält. Und das sind zum geringsten Teil die steuerzahlenden Bürger.

Seit 1990 – in der Zeit, in der sich die Staatsschuld verdoppelte – gingen zwei Fünftel der neuen Schuldtitel (= Nettokreditaufnahme) an das Ausland und knapp die Hälfte an deutsche Banken. Der Rest entfiel auf Versicherungen und private Haushalte. Die »inländischen Nichtbanken«, so die Bundesbank, waren am Erwerb öffentlicher Schuldtitel nur wenig beteiligt. Vielleicht hatten sie kein Geld mehr, wahrscheinlich waren ihnen die Zinsen auch zu niedrig.

Es ist so ähnlich wie 1938/39: Weil die Schulden mit dem Instrument solider Staatsanleihen beim Publikum nicht mehr unterzubringen sind, müssen die Banken einspringen. Sie übernehmen die sogenannten Schuldscheindarlehen und freuen sich über eine Anlage, die jedenfalls sicherer ist als ein Darlehen an einen mittelständischen Betrieb, der schließlich pleite machen könnte.

Die Zinsen, die an die Banken fließen, zahlt niemand anderer als der Steuerzahler. Jetzt und auch später, denn neue Schulden sind immer spätere Steuern. Man braucht die Geldinstitute deswegen nicht zu schelten. Schließlich tun sie dem Staat sogar einen Gefallen. Allerdings fasziniert die totale Sinnlosigkeit dieses Geldkreislaufes. Die Staatsverschuldung ist zum Selbstzweck geworden, das hat sie mit der Staatsbürokratie gemein.

Deutschland und Europa: in der Schuldenfalle. Und ein Ausweg ist nicht sichtbar. Daß der Maastrichter Vertrag und der sogenannte Stabilitätspakt solide Finanzen garantieren könnten, ist so wahrscheinlich wie die Übernahme der englischen Sitte des Schlangestehens durch die Italiener. Die scheinbaren Sparmaßnahmen der letzten Jahre und der rührende Eifer, zum Stichjahr 1997 ein zurechtgemogeltes Defizit vorzulegen, ändern nicht das Geringste am Kern des Problems.

»Die Bundesbank beiseite zu schaffen, um endlich wieder die dringend benötigten Schulden machen zu können – das ist für die meisten Nachbarstaaten die große Idee«, schrieb Winfried Münster in der *Süddeutschen Zeitung*.

Staatsfinanzen und Renten: Die demographische Zeitbombe

Das Schlimmste steht erst noch bevor, nämlich nach der Jahrtausendwende. Dann wird es sich rächen, daß der Staatsapparat nicht nur in Deutschland über Jahrzehnte hinweg aufgebläht wurde und daß die staatliche Rentenversicherung immer nur von der Hand in den Mund lebte, anstatt Rücklagen zu bilden.

Bald wird ein großer Teil der früher in Deutschland eingestellten Staatsdiener in Pension gehen, und damit kommt auf die Haushalte der Bundesländer ein schockartiger Mehrbedarf zu. Vor allem aber ist die Zahlungsfähigkeit der staatlichen Rentenversicherung nicht nur in Deutschland, sondern mehr noch in Italien und Spanien völlig unsicher.

Heute macht der Teil der deutschen Bevölkerung, der über 60 Jahre alt ist, 35% derjenigen im arbeitsfähigen Alter (zwischen 20 und 59) aus. Bis zum Jahr 2030 wird dieser Anteil nach und nach auf 80% steigen. Immer weniger Arbeitnehmer müssen für immer mehr Rentner aufkommen – für Rentner, die im Laufe ihres Lebens Beiträge bezahlt und darauf (laut eines früheren Urteils des Bundesverfassungsgerichtes) einen Eigentumsanspruch haben.

Wir haben es hier mit dem krassesten Beispiel dafür zu tun, daß es den Politikern in Bonn an Mut oder an der Einsicht fehlt, langfristig zu planen. Einer der wenigen deutschen Politiker, die seriöse Lösungsvorschläge gemacht haben, ist Kurt Biedenkopf. Nur fand er in der von Kohl beherrschten CDU kein Gehör.

Biedenkopf stützt sich dabei auf die wegweisenden Arbeiten von Professor Meinhard Miegel und dessen Instituts in Bonn. Miegel hat erkannt, daß in Deutschland nicht nur eine demographische Zeitbombe tickt, sondern daß das jetzige System der Rentenversicherung auch daran scheitern muß, daß die Vollzeitbeschäftigung zugunsten von Teilzeitjobs zurückgeht.

1970 kamen fünf Arbeitnehmer mit einer vollwertigen Beschäftigung und regulären Sozialbeiträgen auf einen informellen Arbeitnehmer, der nur gelegentlich oder halbtags aktiv war.

Jetzt ist das Verhältnis 2 zu 1. In 15 Jahren wird es, wenn der Trend anhält, bei 1 zu 1 liegen. Die Hälfte der Arbeitnehmer ist dann nur gelegentlich oder teilzeitbeschäftigt und leistet keine oder nur geringe Beiträge zur Sozialversicherung. Damit aber können die Renten nicht mehr bezahlt werden.

In Italien und Spanien ist die Situation noch dramatischer, in Frankreich ähnlich schlecht wie in Deutschland. Spanien hat die niedrigste Geburtenrate Europas. Das Land steht vor einer »echten Katastrophe im nächsten Jahrhundert«, wie der Madrider Finanzexperte Pedro Schwartz prognostizierte. »Die Rentenzeitbombe schwebt wie ein böser Geist über der Geburt des schönen neuen Euro«, schrieb Victor Smart in der Wochenzeitung *The European*.

Tatsache ist: Würde man den Barwert der Zahlungsversprechen, die die europäischen Staaten gegenüber ihren Beamten und Rentenversicherten eingegangen sind, zur offiziellen Staatsschuld hinzurechnen, dann würde sich diese vervielfachen.

In Deutschland liegt die offene Staatsschuld, die als Kriterium für den Eintritt in die Währungsunion gilt, bei etwas über 60% – die verdeckte Staatsschuld aber bei über 150%. Nur sie berücksichtigt die Zahlungsverpflichtungen gegenüber den späteren Pensionären und Rentnern.

In Frankreich und Italien ist das Verhältnis noch schlechter. In Italien lag die offene Staatsschuld 1995 und 1996 bei 124%, die verdeckte über 250%.

Nun wird natürlich jede Regierung versuchen, den Versicherten weniger als das Versprochene auszuzahlen (sie also wie bei einer richtigen Währungsreform teilweise zu enteignen) und gleichzeitig die Sozialbeiträge oder die Steuern zu erhöhen. So läßt sich das Problem ein wenig entschärfen. Das Dilemma aber bleibt und mit ihm der schwer entrinnbare Zwang, einen inflationären Ausweg zu suchen.

Nachdem die Regierungen mit ihrer Finanz- und Sozialpolitik gescheitert sind, versuchen sie jetzt, aus der Verantwortung und unter das Dach einer Europäischen Währungsunion zu flüchten. Alle Maßnahmen der letzten Jahre waren rein kosmetisch. Obwohl die EG-Regierungen im Dezember 1991 in Maastricht eine Schuldenquote von 60% festlegten, haben sie diese Vorschrift schon grob mißachtet, bevor der Euro überhaupt eingeführt wurde – und bevor sich die Rentenkrise dramatisch zugespitzt hat.

Von Ende 1990 bis Ende 1996 stieg die deutsche Staatsschuld von 43,8% des Bruttoinlandsproduktes auf 60,5%. Das kann man teilweise mit der Wiedervereinigung entschuldigen. Aber auch anderswo verloren die Regierungen – so, als gebe es den Maastrichter Vertrag gar nicht – die Kontrolle über ihre Finanzen.

In Frankreich erhöhte sich die Finanzschuld im selben Zeitraum von 35 auf 56%, in Italien von 98 auf 124%, in Spanien von 45 auf 70%. Nur Irland konnte die Quote aus verschiedenen Gründen reduzieren, und zwar bis auf 73%.

Eine unheilvolle Entwicklung, die nur möglich war, weil das Geld mit der Lösung vom Gold seine frühere Verbindung zur realen Güterwelt verlor und seitdem nur noch durch Verschuldung entsteht. Das hat einerseits den Vorteil, daß zum Beispiel an den Aktienmärkten mit Spekulationsblasen fiktiver Reichtum erzeugt werden kann. Es hat andererseits den Nachteil, daß die Party irgendwann zu Ende geht und – im günstigsten Fall – mit einem fürchterlichen Kater bezahlt werden muß.

Der Frankfurter Autor Reinhard Deutsch spricht von einem Betrugssystem, von einer Verschleierung, deren Muster auf die Mefo-Wechsel des Dritten Reiches zurückgeht, und von einem Ponzi-Schema. Damit meint er ein Pyramidensystem, wie es kürzlich erst in Albanien zusammengebrochen ist – »allerdings mit dem Unterschied, daß bei unserem internationalen Finanzsystem der Zinssatz sehr viel bescheidener und das Gebiet sehr viel größer ist, wodurch sich das System wesentlich länger halten kann«.

Bei einem Ponzi-Schema werden bekanntlich die Zinsen nicht erwirtschaftet, sondern aus neuen Einlagen (im Falle des Staates aus neuen Schulden) bezahlt. Im Prinzip funktionieren die meisten Finanzschwindel auf diese Weise – eben auch der des Papiergeldsystems, unter dem die Geldmengen identisch sind mit den Schuldenmengen.

Solange der Euro nicht durch Gold gedeckt wird oder sonstwie an die reale Wirtschaft gebunden wird, ändert sich nichts an den Regeln dieses unseriösen Spiels. Es wird lediglich die Zuständigkeit auf eine höhere, supranationale Ebene verschoben – mit dem Ergebnis, daß die Gläubiger dann niemanden mehr politisch haftbar machen können.

Warum die Inflationsstatistiken untertreiben

Ein Paradox des Systems liegt darin, daß es zeitweise keine Inflation zu bewirken scheint, obwohl sich die innere Qualität des Geldes durch zunehmende Verschuldung verschlechtert. Daß die Inflation tot sei, ist heute vorherrschende Auffassung. Die Statistiken scheinen das zu bestätigen. Zwar stiegen für deutsche Unternehmen die Welthandelspreise für Rohstoffe 1996 um 8,5%, der deutsche Preisindex für die Lebenshaltung erhöhte sich jedoch nur um 1,5%. 1992 noch war er um 5,1% gestiegen.

Höher, aber im Vergleich zu früher noch moderat sind die offiziellen Inflationszahlen derzeit in den USA. Man muß aber wissen, daß diese Statistiken manipuliert werden. In den USA wurden in den vergangenen 30 Jahren 14 größere Änderungen des Verbraucherpreisindex vorgenommen – alle mit der klaren Absicht, die Inflation optisch zu verkleinern, wie der US-Finanzanalytiker Martin Armstrong in einer Untersuchung feststellte.

Ganz abgesehen davon, handelt es sich beim Verbraucherpreisindex nicht um einen Kaufkraftindex. Berücksichtigt wird lediglich ein (fragwürdiger) Warenkorb, nicht jedoch die Gesamtheit der Ausgaben eines Haushaltes. Und dazu gehören eben auch die Kosten des Staates, die sich in den Steuern niederschlagen. Der durchschnittliche Amerikaner gibt inzwischen mehr für Steuern als für Wohnen, Essen und Kleidung aus. Aber der Inflationsindex unterschlägt das einfach.

Auch in Deutschland ist dem durchschnittlichen Haushalt im Verlauf der neunziger Jahre weitaus weniger an Kaufkraft übrig geblieben, als dies im offiziellen Preisindex deutlich wird. Die Steuererhöhungen, die Explosion besonders der privaten Krankenversicherungsbeiträge, staatliche Gebühren für Müll und Abwasser, die horrenden Mietnebenkosten usw. – all dies ging auf Kosten der Kaufkraft und des Lebensstandards. Und gleichzeitig wird der Sieg über die Inflation verkündet. Der Bürger weiß selbst ganz genau, daß seine Ausgaben nicht stabil geblieben, sondern gestiegen sind – und darunter vor allem diejenigen, denen er nicht ausweichen kann.

In den USA ist die Staatsschuld seit 1980 um 25% per annum angewachsen, in Deutschland hat sie sich seit der Wiedervereinigung verdoppelt. Dort hat sie längst 5 Billionen Dollar überschritten, hier 2 Billionen Mark. Unter diesen Umständen von gesundem Geld zu sprechen, ist ein schlechter Witz.

Der Unterschied zu den hochinflationären siebziger Jahren liegt freilich darin, daß die Inflation weniger im Supermarkt sichtbar wird, sondern schubweise in jeweils andere Sektoren eindringt. Einmal in den Immobiliensektor wie im Japan der achtziger Jahre, ein andermal in die Aktienmärkte oder die Rohstoffe oder Gold.

Stets folgt auf eine manchmal lange Inkubationszeit ein überraschender Inflationsausbruch. Immer aber besteht ein innerer Zusammenhang mit der Explosion der Schuldenmenge. Armstrong weist zurecht darauf hin, daß sich der Dow Jones von 1980 bis 1996 nicht schneller erhöht hat als die amerikanische Staatsschuld. Ähnlich verhielt sich der DAX in Deutschland. Die Finanzwerte versuchen lediglich, mit der Verschuldung und der inneren Aushöhlung der Währungen Schritt zu halten.

Die konventionellen Inflationsmaßstäbe können also täuschen. Der Apfel sieht von außen noch rot aus, während sich im Inneren schon Fäulnis ausbreitet. Für die Regierungen und Zentralbanken kommt es darauf an, das Publikum bei Laune zu halten, damit die Staatsanleihen zu niedrigen Zinsen absetzbar bleiben. Dabei hilft selbstverständlich ein tiefer Goldpreis, weil er den Anschein erweckt, die Verhältnisse seien solide und stabil. Seit Jahren helfen die Zentralbanken durch Goldverkäufe und Golddarlehen nach, damit der Goldpreis niedrig bleibt. Er ist das Thermometer. Man versucht, das Thermometer anzuhalten.

Inflation und Desinflation kommen und gehen wie Flut und Ebbe. Die großen Gezeitenwechsel werden nicht von den Notenbanken gemacht, sie werden von ihnen nur beeinflußt. Und die großen Trends verlaufen in den USA und in Europa im Prinzip parallel.

Von den siebziger Jahren bis Anfang der achtziger Jahre stiegen die zehnjährigen Kapitalmarktzinsen in den USA bis auf über 14%, in Deutschland auf über 10%. Seitdem fallen sie mit Unterbrechungen und wiederum parallel, wobei allerdings der Wiedervereinigungsboom und die anschließende Wirtschaftsschwäche in Deutschland für ein zeitweises Auseinanderdriften sorgten. Dennoch werden sich Deutschland und Europa nicht dauerhaft vom weltweiten, besonders vom amerikanischen Zins- und Inflationstrend abkoppeln können.

Die letzte Inflationsspitze fiel auf das Jahr 1980, die vorletzte auf 1920. Eine neue Geldentwertung ist vorprogrammiert, nur das Timing und der Auslöser sind ungewiß.

Der Schweizer Schuldenexperte Rolf Nef vertritt zum Beispiel die Auffassung, daß eine weltweite Klimaverschlechterung und Abkühlung bevorsteht, daß die Ernten schlecht ausfallen und die Preise für Nahrungsmittel extrem ansteigen werden und daß dieser exogene Schock zuerst die am meisten verschuldeten Länder in den Ruin treiben wird.

Nichts anderes hat sich laut Nef vor rund 200 Jahren zugetragen. Schon lange vor der Französischen Revolution von 1789 war die französische Währung gegen das britische Pfund dramatisch verfallen, das Ancien Régime war hoffnungslos überschuldet, ein Klimasturz führte zu einer Explosion der Getreidepreise gegen Ende des 18. Jahrhunderts.

1790 gab der französische Staat 95% seiner Steuereinnahmen für Zinszahlungen aus. Vor diesem Hintergrund kam es zur Ausgabe der Assignaten, eines Papiergeldes, und zur Hyperinflation. 1797 veranstaltete Napoleon eine Währungsreform und schrieb zwei Drittel der Staatsschulden ab.

Nefs Regel lautet: Je höher die Staatsverschuldung, desto größer die Anfälligkeit für Schocks, die unerwartet auf eine Volkswirtschaft treffen. Das Beispiel der Französischen Revolution zeigt aber auch, daß die Zustände erst unerträglich werden müssen, bevor der Staat zum letzten Mittel der klassischen Währungsreform greift und seine Gläubiger mit einem Federstrich enteignet. Soweit ist es noch nicht in Europa. Aber in Ländern wie Italien oder Belgien ist das Finale näher als zum Beispiel in Deutschland.

Der zeitliche Ablauf wird davon abhängen, ob der Euro eingeführt wird oder nicht. Wenn er nicht kommt, werden die besseren europäischen Währungen noch ziemlich lange vor einer Währungsreform sicher sein. Dazu zählen D-Mark, Schilling, Gulden, Schweizer Franken, Französischer Franc und das Britische Pfund.

Nehmen wir den Fall Deutschland und werfen wir einen Blick auf das Waffenarsenal von Bundesbank und Bundesregierung. Wie wir gesehen haben, sind die nationalen Schulden bereits so hoch, daß 25% der Steuereinnahmen für Zinszahlungen aufgewendet werden müssen. Um mit der Situation fertig zu werden, gibt es subtilere Mittel als eine Währungsreform.

Die seriöse Lösung bestünde darin, den Staatsanteil zu verkleinern und die Wirtschaft so schnell wachsen zu lassen, daß die Schulden wenn schon nicht absolut, so doch relativ zum Sozialprodukt sinken. Eine dauerhafte Wachstumsbeschleunigung setzt jedoch niedrigere Steuern voraus, die zunächst einmal das Defizit vergrößern – ein Risiko, das die Bundesregierung bisher scheute.

Grundsätzlich aber ist die Methode erfolgversprechend. Nach 1945 sorgte ein lang anhaltender Boom dafür, daß die Siegermächte ohne Währungsreform aus ihren Schulden herauswuchsen. Die USA zum Beispiel waren nach dem Krieg mit 130% des Bruttosozialproduktes verschuldet und konnten die Quote nach und nach bis auf 30% drücken.

In Italien funktionierte es andersherum. Mussolini strich im Krieg den Großteil der Staatsschulden, so daß die Quote von 110% auf fast 20% zurückging. Danach stieg sie im Trend nur noch an und liegt jetzt bei über 120%. Der italienische Staat hat während der gesamten Nachkriegszeit schlecht gewirtschaftet.

Zurück zur Situation in Deutschland. Falls der Befreiungsschlag durch höheres Wachstum nicht gelingt und sobald der Spielraum für Steuererhöhungen endgültig ausgereizt ist, bleibt im Prinzip nur noch die Verschlechterung des Geldes: im Inneren durch höhere Inflation, nach außen durch Abwertung. Dann werden entweder die inländischen oder die ausländischen Gläubiger oder beide zusammen um einen Teil des Geldes, das sie dem Staat geborgt haben, betrogen. Genauso verfuhren die USA, wenn auch mit größeren Unterbrechungen, seit den siebziger Jahren.

Und was passiert, wenn alle abwerten wollen oder müssen? Dann kann gemeinsam nur noch gegen Gold abgewertet werden, und der Goldpreis muß steigen.

Andere Maßnahmen, mit denen der Staat Zeit kaufen kann: Er verschuldet sich, solange dies billiger ist, kurzfristig statt langfristig. Er veranlaßt die Notenbank, die Zinsen auch bei zunehmender Inflation solange wie möglich tief zu halten. Er weicht auf Zero-Bonds aus, die den Haushalt erst bei Ablauf belasten. Oder es kommt – bei Renditen, die unter der Inflationsrate liegen – zu Zwangszuteilungen von Staatspapieren an Versicherungsgesellschaften. Oder – das ist der letzte Schritt vor der eigentlichen Währungsreform – die Coupons werden gekürzt. Zu diesen Mitteln schritten zahlreiche Staaten in den dreißiger Jahren, vor allem in Lateinamerika, auf dem Balkan und im vorderen Orient, aber auch in Europa.

Damals verloren US-Investoren durchschnittlich 75% der Zinsen auf Auslandsanleihen.

Vieles davon klingt aus heutiger Sicht unwahrscheinlich, aber nichts ist undenkbar. Der moderne Staat greift im Notfall zu jedem Mittel, das ihm opportun erscheint, um finanziell zu überleben. »Er hat immer noch zahlreiche legale Möglichkeiten, Geldgeber auszutricksen«, schreibt Professor Walter Wittmann. »In Krisen- und Kriegszeiten bietet er Zinsen, die weit unter den Marktbedingungen liegen. Er schreckt auch nicht davor zurück, die Emissionsbedingungen nachträglich zu ändern: Er verlängert Laufzeiten, senkt Zinsen potentiell auf null, lockert oder setzt Tilgungen aus. Er kann auch Zinsen in Tilgungen wandeln, dann wird nicht mehr verzinst. Der Staat schreckt auch nicht davor zurück, Anlagen im Ausland zu verbieten. Die Anleger können sich nur noch im Inland betätigen. Je nach Bedarf untersagt er auch hier bestimmte Anlagen, so zum Beispiel in Gold. Reicht das Angebot an Aktien nicht aus, so bleiben nur noch Staatsanleihen übrig. Somit ist man gezwungen, sich in die totale Abhängigkeit bankrotter Staaten zu begeben.«

Noch einmal: In den meisten Industriestaaten ist dieses Szenario jetzt nicht aktuell. Es könnte aber im Verlauf des nächsten Jahrhunderts Realität werden, wenn dann Überschuldung und Rentenkatastrophe zusammentreffen.

Nur ohne den Euro haben die europäischen Nationen eine gute Chance, sich auf absehbare Zeit durchzuwursteln. Zu Beginn des neuen Jahrhunderts wird zwar auch die D-Mark seit 1948 (nach offiziellen Zahlen) 75% ihres Wertes verloren haben. Aber warum sollte es der Bundesbank nicht gelingen, den Prozeß der Geldentwertung weiterhin kontrolliert und ohne Exzeß ablaufen zu lassen.

In einem Währungsgebiet von der Größe und Unübersichtlichkeit Europas sähe alles anders aus. Belgien und Italien sind heute bereits in einem Ausmaß verschuldet, das früher

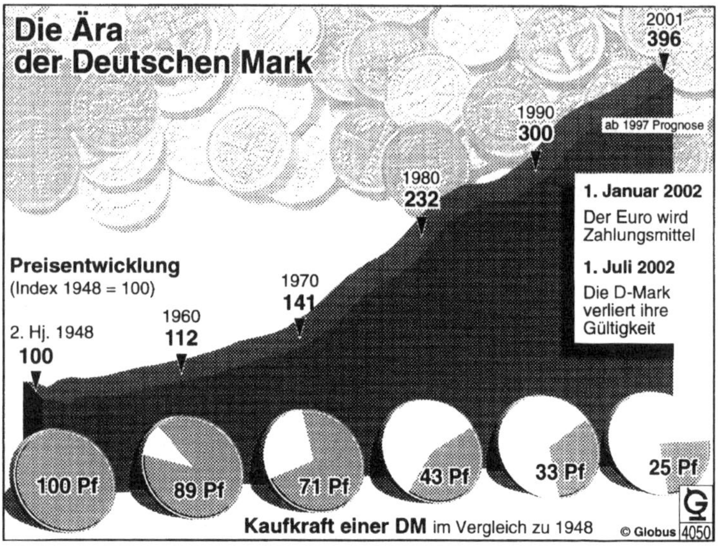

Währungsreformen notwendig machte. Sie sehen in der Währungsunion das rettende Ufer – aber da dürften sie sich täuschen.

Artikel 104b:
Die große Lebenslüge des Maastrichter Vertrages

Schon jetzt steht praktisch fest, daß die Bonität (= Kreditwürdigkeit) einer Reihe von europäischen Staaten herabgesetzt werden wird, sobald sie an der Währungsunion teilnehmen. Dabei handelt es sich um Belgien, Irland, Dänemark, Finnland, Schweden, Spanien, Italien und Portugal. Sie alle haben jetzt noch das Kreditrating AAA (Triple A) von der Agentur Standard & Poor's.

Warum die Herabstufung? Weil Papiergeld und die Verschuldung in Papiergeld auf die Autorität einer Regierung, auf einen souveränen Schuldner angewiesen sind, der auf die Hilfe seiner eigenen Notenbank und notfalls auf die Notenpresse zurückgreifen kann.

Mit dem Euro wird aber Italien und Belgien sowohl die Notenpresse als auch die eigene Zentralbank weggenommen. Auf die Zinsen von Staatsanleihen solcher Länder wird sich dann wieder ein Risikoaufschlag herausbilden (selbstverständlich auch, falls der Euro verschoben oder beerdigt wird).

Der britische Finanzexperte Bernard Connolly brachte dies in einer Studie, die große Beachtung fand, auf den Punkt: »Ein souveräner Schuldner kann fast immer – zu einem bestimmten Preis – neues Geld borgen, um alte Schulden zurückzuzahlen. Er kann nicht gezwungen werden, Konkurs anzumelden, obwohl er dies vielleicht tut, sobald und falls die Kosten des Betruges – in der Hyperinflation – unannehmbar werden.«

Zur Situation Italiens unter einem Euro-Regime schreibt Connolly: »Ein Schuldner, der nicht mehr souverän ist, muß mehr zahlen, um zu borgen. Er hat keine inflationäre Option. Er kann nicht Jedermann ein bißchen betrügen, indem er die Geldmenge unerwartet inflationär expandiert. Er kann diejenigen, die ihm viel geliehen haben, nur betrügen, indem er pleite macht.«

Die deutschen Unterhändler haben diese Gefahr in Maastricht durchaus gesehen. Sie haben in Artikel 104b die sogenannte »No bail-out«-Klausel aufgenommen. Danach gibt es keine gemeinschaftliche Haftung der EU-Staaten für die Staatsschulden eines Mitgliedslandes. Deutschland braucht, so hat man sich das vorgestellt, nicht für die italienischen oder belgischen Schulden geradezustehen.

Eben dieser Artikel 104b ist die große Lebenslüge des Maastrichter Vertrages. Denn mit der Währungsunion werden ja alle europäischen Schulden in Euro umgewandelt. Sie werden europäisiert. Schulden in Lira gibt es nicht mehr. Und um die europäischen Geld- und Schuldenmengen hat sich dann die Europäische Zentralbank zu kümmern.

Die USA ließen, als der Ernstfall bevorstand, New York nicht pleite gehen. In Deutschland hält der Bund das bankrotte Saarland über Wasser (und dafür erteilt Lafontaine den anderen Politikern Belehrungen über Wirtschaftspolitik). Falls der Euro kommt, dann weht eben auch über den südeuropäischen Schuldenbergen die Fahne mit den zwölf Sternen.

Am Ende wird in logischer Konsequenz ein neuer souveräner Schuldner, nämlich die europäische Regierung, die Schulden der Südeuropäer übernehmen müssen. Nein, das ist ungenau: Die Rechnung übernehmen wie immer nicht die Politiker, sondern die Steuerzahler derjenigen Länder, in denen in der Vergangenheit am wenigsten gesündigt wurde.

Falls der Euro kommt, wird er einmal weicher, einmal härter als der Dollar sein. Zumindest langfristig wird er sich weicher anfassen als die gute alte D-Mark, wobei offenbleibt, ob es sich eher um eine Camembert-Währung oder um eine Spaghetti-Mark handelt.

Die Europäische Zentralbank wird die Zügel der europäischen Geldpolitik durchaus zeitweise straff anziehen – und dann doch inflationieren müssen. Die Zinsen in Europa werden wie bisher die meiste Zeit dem weltweiten Trend folgen, aber sie werden höher als die D-Mark-Zinsen liegen. Unter dem Strich wird der Euro eine typische Schuldenwährung mit inflationärer Schlagseite – ein kostspieliges, unnötiges, absurdes Währungsexperiment. Ein Währungsexperiment, das dilettantisch geplant und schlecht vorbereitet wurde. Es kann nur zu steigender Volatilität, zu Unsicherheit und Chaos an den Devisen- und Aktienmärkten führen.

Ich gebe dem Euro nur eine zehnprozentige Chance, daß er sich letzten Endes doch als akzeptabler Nachfolger der D-Mark etabliert. Viel größer ist die Wahrscheinlichkeit, daß er entweder vertagt wird oder in der Übergangszeit von 1999 bis 2002 in den Stürmen einer Währungskrise untergeht, die seine Erfinder selbst provoziert haben.

KAPITEL 10

Wie Sie als Anleger auf Nummer Sicher gehen

Das Mißtrauen wächst! Zeichnung: Haitzinger

»Betrachtet man einige tausend Jahre Wirtschaftsgeschichte, so ist die Vernichtung von Vermögen durch finanzielle Katastrophen eher das Normale als das Ungewöhnliche. Sowohl große Einzelvermögen als auch die ganzer Länder, Regionen oder gar weltweit wurden in unregelmäßigen Abständen vernichtet oder zumindest dezimiert.«

Hans-Dieter Schulz auf einem Vortrag in Frankfurt am 22.3.1995

»Werden Sie Ihr eigener Anlageberater und damit auch Fondsberater. Die Voraussetzungen dafür bringen Sie eher mit als alle anderen. Denn Sie kennen Ihre Finanzen samt steuerlicher Situation besser als jeder noch so gut ausgebildete Bankangestellte.«

Manfred Gburek, *Fit für Fonds,* 1996

»Ähnlich wie der Aktienmarkt folgen die internationalen Kapitalbewegungen dem Muster Selbstverstärkung/Selbstzerstörung.«

George Soros, *The Alchemy of Finance,* New York, 1987

André Kostolany, Jahrgang 1908, ist einer von den Männern mit vielen Eigenschaften: Ungar von Geburt, amerikanischer Paßbesitzer, Wohnbürger in Paris und an der Côte d'Azur, Vermögensberater in München, Ritter der Ehrenlegion, Musikkenner, Sammler alter Bücher, Kolumnist – ein Partisan des Kapitalismus und zugleich Kritiker seiner Auswüchse, vor allem aber: Spekulant, ein Altmeister der Börse.

Meine Bekanntschaft mit André Kostolany und seinem Partner Gottfried Heller geht auf die siebziger Jahre zurück, als ich Gelegenheit hatte, auf einem ihrer Börsenseminare in Frankfurt südafrikanische Goldaktien vorzustellen, die damals um die 20% rentierten und dennoch vom Publikum als hochspekulativ eingestuft wurden.

Seitdem sind 20 Jahre vergangen, die Welt der Finanzen hat sich grundlegend verändert. Gold stieg zuerst auf $ 850, fiel später um zwei Drittel und hat sich seit 1985 in einer Bandbreite zwischen $ 280 und $ 500 etabliert.

Die Aktien hatten ihre guten und schlechten Jahre, aber seit 1982 ging es meist aufwärts – der Trend wurde nur einmal, 1987, brutal unterbrochen.

Selbst die Rentiers kamen auf ihre Kosten: Nach den miserablen siebziger Jahren machten diejenigen kein schlechtes Geschäft, die sich Anfang der achtziger zu den damals überdurchschnittlich hohen Renditen langfristig in Anleihen engagierten.

Jetzt, wo der Dow Jones – während ich dieses Kapitel schreibe – die 8000 und der DAX die 4000 hinter sich gelassen hat, muß ich an die vielen Ratschläge denken, mit denen Kostolany den Gang der Börse in Hausse und Baisse stets begleitet hat. Wir waren nicht immer einer Meinung. Er hat den Dollar oft zu rosig gesehen, die Dämonie der internationalen Überschuldung unterschätzt und an Professor Schlesinger, dem letzten Hüter der starken Mark, kein gutes Haar gelassen. Mit dem Euro kann er sich aber auch nicht anfreunden.

Er sprach nie, wie es heutzutage die smarten Portfolio-Manager und Investmentberater zum Überdruß tun, von Asset Allocation und zweidimensionaler Performance-Messung. Weder der Beta-Faktor noch die quantitative Analyse haben ihn je sonderlich interessiert. Für komplizierte Derivate, selbst für Optionen à la plain vanilla, hatte er meist nur Spott übrig. Er tat eben nie so, als sei er schlauer als seine Kunden.

»Die Börse ist wie ein dunkles Zimmer«, so Kostolany, »wir alle tasten darin herum. Der Unterschied ist nur: Ich taste schon etwas länger als die meisten anderen darin herum.«

So ungefähr begann ein Gespräch, das ich mit dem Altmeister vor längerer Zeit führte und aus dem ich einen kleinen Leitfaden für Hausse und Baisse zusammengestellt habe. Die Quintessenz besteht aus fünf durchaus unvollständigen Handlungsanweisungen.

Kostolanys Ratschläge für Anleger und Spekulanten

Erstens, so Kostolany, sollten Sie selbständig entscheiden. »An der Börse braucht man die vier G: Gedanken, Geld, Geduld und Glück.«

Was man nicht braucht, sind sogenannte Insider-Informationen. Die taugen nämlich meistens gar nichts. Also: »Das erste Verbot ist: todsicheren Tips und Geheiminformationen nachzulaufen.«

Selbst gegenüber dem Berater hinter dem Bankschalter ist Skepsis angebracht. Denn: Großbanken pflegen möglicherweise die Aktienkurse der Gesellschaften, an denen sie selbst beteiligt sind, und ihre Angestellten geben die Kaufempfehlungen nur so weiter, wie sie sie von oben bekommen haben.

Wie sich der Aktienmarkt wirklich entwickeln wird, vermögen die Berater am Bankschalter genausowenig vorherzusagen wie der Kunde, der sie um Rat angeht.

»Glauben Sie mir«, beteuert Kostolany, »die Bank weiß nicht mehr als Sie. Auch ein Newcomer kann Geschäfte machen. Sehen Sie: Auch ich weiß nicht mehr als Sie!«

Kostolany selbst fiel einmal auf einen scheinbar todsicheren Tip herein. Er war im Palace in St. Moritz abgestiegen. Da brachte ihm ein Hotelbote aus Versehen ein Telex aufs Zimmer, das an einen der bekanntesten Bankiers Europas adressiert war, der ebenfalls in dem Haus wohnte. Der Bankier war ein enger Freund von Sir Henry Deterding, dem Präsidenten von Royal Dutch. Kostolany kaufte, entsprechend der ihm versehentlich zugegangenen Information, sogleich per Telefon Royal Dutch. Und dann – fielen die Kurse.

Zweite Empfehlung: Achten Sie auf Liquidität und Psychologie.

Die Grundregel lautet: Die Kurse steigen vor allem, wenn viel Liquidität da ist und die Kapitalzinsen fallen. Steigende Zinsen sind andererseits für gewöhnlich ein Signal, zu verkaufen.

Die Liquidität kann zum Beispiel auch dadurch zunehmen, daß Barreserven der Investmentfonds angelegt werden oder daß internationales Kapital in ein Land strömt. »An der Börse ist alles möglich – und das Gegenteil davon.«

Auch in einem Wirtschaftsboom kann die Börse fallen – wenn die Industrie das Kapital zur Finanzierung von Investitionen braucht. Und in einer Rezession kann die Börse steigen, wenn bei flauer Investitionstätigkeit das umlaufende Kapital nur teilweise benötigt wird.

Die verschiedenen Einflüsse auf die verfügbare Geldmenge kristallisieren sich am deutlichsten im Zinstrend am Anleihemarkt.

»Die Erfahrung lehrt«, sagt Kostolany, »daß steigende Rentenkurse einer Hausse an den Aktienbörsen um sechs bis zwölf Monate vorausgehen. Umgekehrt ziehen fallende Rentenkurse innerhalb von einigen Monaten auch fallende Aktienkurse nach sich.«

Wichtig ist für Börsianer in spe zudem, zu wissen, was »Antizipation« bedeutet. Nach Hiroshima brach beispielsweise die amerikanische Börse zusammen, weil die Spekulanten den Sieg vorweggenommen hatten und jetzt verkauften, um ihre Gewinne mitzunehmen. Umgekehrt stieg die Börse in London und Paris, als Hitler 1940 in Frankreich einmarschierte. Denn: Wer verkaufen wollte, hatte schon verkauft, und da Krieg immer Inflation bedeutet, setzte eine Flucht in Sachwerte ein, also auch in Aktien.

Meist gilt: Wenn die Börse auf gute Nachrichten nicht reagiert, ist sie in schwacher Verfassung – und wenn sie schlechte Nachrichten ungerührt hinnimmt, beweist dies eine gesunde Konstitution.

Die dritte Handlungsanweisung lautet: Schwimmen Sie gegen den Strom.

»Die ganze Kunst an der Börse«, sagt Kostolany, »besteht darin, antizyklisch zu handeln: zu kaufen, wenn die Börsenkurse fallen und zu verkaufen, wenn sie lange genug gestiegen sind.«

Dabei ist wichtig, auf die Umsätze an der Börse zu achten und nicht in den Fehler jener Marktanalysten zu verfallen, die behaupten, Kursanstieg und Kursrückgang seien dann ohne besondere Bedeutung, wenn sie von nur kleinen Umsätzen begleitet sind.

In Wirklichkeit sieht das – laut Kostolany – so aus: »Wenn hohe Umsätze bei steigenden Kursen getätigt werden, ist dies eine schlechte Entwicklung, weil die Papiere zunehmend von starke in schwache, zittrige Hände wechseln. Die Gefahr eines Rückschlags wird dann größer.«

Wenn dagegen die Börse mit kleinen Umsätzen steigt, soll man kaufen, denn die nervösen Spekulanten, die immer nur dem allgemeinen Trend folgen, werden später auf dem Markt erscheinen und den Kurs weiter in die Höhe treiben.

Für den Abwärtstrend gilt laut Kostolany: »Wenn die Kurse mit großen Umsätzen fallen, dann bedeutet dies, daß die Aktien von schwachen, zittrigen in starke, kapitalkräftige Hände übergehen. Dieser Prozeß kann sich über Monate erstrecken. Man spricht von einem ›selling climax‹. Folge: Die Chance eines Kursaufschwungs wird größer.« Ein schlechtes Zeichen dagegen ist es, wenn die Börse mit kleinen Umsätzen fällt.

Es ist eine Tatsache, daß die meisten Spekulanten Hausfrauen ebenso wie Profis – mit dem Strom schwimmen, daß sie am liebsten kaufen und verkaufen, wenn die anderen dasselbe tun. Warum eigentlich? Antwort: Der Mensch neigt zu der Annahme, die Mehrheit müsse immer Recht haben.

»Man muß sehr zynisch sein«, urteilt Kostolany, »um sich der Massenpsychologie entziehen zu können.«

Besonderes Augenmerk verdient demnach jedes Unternehmen, das – fast! – pleite ist. In den schwächsten Aktien und Anleihen ist die meiste Musik. So war es zum Beispiel bei deutschen Auslandsanleihen, die Kostolany nach 1945 im Vertrauen auf den Wiederaufstieg kaufte und die zum Teil um das Zweihundertfache stiegen. Natürlich kann die Firma, in die man sein Geld gesteckt hat, auch ganz pleite gehen. Kostolanys Trost für diesen Fall: »Sie verlieren ja nie mehr, als Sie eingesetzt haben.«

Der vierte Rat lautet: Bleiben Sie lange genug drin.

Kostolany unterteilt die Leute, die sich an der Börse engagieren, in Spieler, Spekulanten und Anleger. Spieler sind diejenigen, die kaufen, um nach zehn Minuten, zehn Tagen oder zehn Wochen wieder zu verkaufen. Sie sind nützlich, weil sie den Markt liquide halten – mehr nicht. Denn ihnen fehlt jede Strategie. Begründbare Prognosen sind auf kurze Fristen unmöglich. Mit Hilfe des Trading – also des ständigen Wechsels von Kauf und Verkauf – dauerhaft reich werden zu wollen, ist eine Illusion. »Junger Trader, alter Schnorrer«, sagt ein Wiener Sprichwort.

Spekulanten hingegen – und zu ihnen rechnet sich Kostolany selbst – haben Argumente und Vorstellungen. Sie operieren mittelfristig und halten eine Aktie zum Beispiel auf ein oder zwei Jahre oder noch länger. Für sie kommt immer erst die strategische Überlegung und dann die taktische. Spekulanten verzichten auf die tägliche enervierende Lektüre der Börsenkurse. Sie bilden sich erst einmal eine feste Meinung über bestimmte Papiere, kaufen und halten die Papiere dann lange genug.

Für Spekulanten ist die Börse kein reines Roulette, aber

auch nicht Schach, sondern sowohl Glücks- als auch Kombinationsspiel, so etwas ähnliches wie Skat.

Und die Anleger? Sie haben Visionen. Sie kaufen Wertpapiere und lassen sie dann einfach liegen: fünf, zehn oder 20 Jahre lang. Anleger war, wer vor über 30 Jahren Xerox oder IBM erwarb und damit auf eine Wachstumsbranche setzte – und wer damals der Versuchung widerstand, nach 100% Kursgewinn hastig zu verkaufen. Anleger war auch, wer deutsche Standardwerte Anfang der fünfziger Jahre – nach der Währungsreform – kaufte und erst 1960 wieder abstieß.

Kostolany meint: »Kleine Gewinne zu machen und sie schnell in die Tasche zu stecken, ist eines Spekulanten nicht würdig. Die Juden pflegen zu sagen: Wenn schon Schweinefleisch, dann muß es sehr fett sein.«

Die fünfte Handlungsanweisung: Steigen Sie rechtzeitig aus.

Die schlimmsten Verluste im Börsengeschäft rühren daher, daß die Spekulanten den richtigen Zeitpunkt zum Verkauf bestimmter Papiere verpassen. Kostolany empfiehlt daher, das eigene Portfolio von Zeit zu Zeit durchzusehen und sich dabei die entscheidende Frage zu stellen: Würde ich diese Aktie heute kaufen, wenn ich sie nicht hätte? Wenn die Antwort negativ ausfällt, sollte unter allen Umständen verkauft werden – auch wenn dann Verluste eintreten.

»Auf Wertpapieren darf man nicht schlafen«, warnt Kostolany, »und man darf sich, wenn die Indizien für ein bestimmtes Papier ungünstig sind, nicht einbilden, die Kurse würden sich schon bald wieder erholen.«

Der psychologische Mechanismus dieses Fehlverhaltens ist leicht zu verstehen: Bei fallenden Kursen unterliegt der Spekulant der Selbsttäuschung, er könne immer noch im Kaufpreis bilanzieren und der Verlust werde erst eintreten, sobald er die Papiere abstoße. Um der Wahrheit nicht ins Gesicht sehen zu müssen, hält er an den Papieren fest, und je schneller sie fallen, desto schmerzhafter empfindet er es, sich von ihnen zu trennen.

Kostolany sagt also: »Wenn man einen Verlust erlitten hat, muß man ihn resigniert hinnehmen – mit dem Gedanken, aus dem Fehler gelernt zu haben, und mit dem Vorsatz, es beim nächsten Mal besser zu machen. Man muß seine Wertpapiere stets objektiv beurteilen, das heißt unabhängig davon, ob sie Profit oder Verlust gebracht haben.«

Und: »Die größte Qualität des Spekulanten ist Entschlossenheit, sein größter Fehler Unentschlossenheit.«

Nutzanwendung: Der Spekulant sollte aus seiner Aktie herausgehen, wenn sie die Korrigier- und Fundamentierphase hinter sich hat, also die Periode der erst langsamen und dann schnelleren Kurssteigerungen, und wenn sie in die Euphoriephase eingetreten ist. In der Euphoriephase bringt jeder Tag Gewinne. Die Situation sieht rosig aus. Wer jetzt nicht verkauft, verpaßt den richtigen Zeitpunkt und wird unweigerlich vom Kurssturz überrascht.

Kostolany ist Aktienspekulant und hat nie viel von Edelmetallen oder Anleihen gehalten. Aber jede dieser drei Investmentgattungen hat ihre guten und ihre schlechten Jahre. Man muß sie nicht gleichzeitig und nicht immer haben. Und man muß sich darüber im klaren sein, was von ihnen erwartet werden darf – und was nicht.

Gold ist eine Versicherung für schlechte Zeiten. Die Bonität ist besser als Triple A, weil Gold keine Forderung an einen Dritten darstellt. Anleihen hingegen sind Fremdkapital und immer nur so sicher wie die Qualität des Schuldners. Aktien sind Eigenkapital und ihre Kurse nichts anderes als diskontierte zukünftige Gewinne. Aktien bringen langfristig Wertsteigerung und eine Rendite, Gold behält lediglich seine Kaufkraft – ebenfalls langfristig. In Zeiten aber, in denen die Edelmetalle gefragt sind, lassen sie alle anderen Investments weit hinter sich.

Seit der Euro droht, blüht das Geschäft mit der Angst in Deutschland. Dubiose Firmen und unseriöse Anlageberater haben Hochkonjunktur. Das Publikum zeichnet Steuersparmodelle, die sich nie rentieren werden, fällt auf groteske Gewinnversprechungen herein, kauft überteuerte Aktien und läßt sich Versicherungen aufschwatzen, die sich nicht rechnen und nicht gebraucht werden.

Abermilliarden werden jährlich vernichtet und verschwendet, die Leute verwenden auf den Kauf eines neuen Autos mehr Mühe und Zeit als auf manche Finanzanlagen, mit denen sie sich auf Jahrzehnte hinaus binden.

Zugegeben, es ist nicht einfach, eine objektive Beratung zu bekommen. Neutrale Finanzberater, die nichts verkaufen wollen, gibt es in Deutschland kaum – und wenn es sie gäbe, wäre kaum jemand bereit, angemessene Honorare zu zahlen. Guter Geldrat, so glaubt man immer noch, habe möglichst kostenlos zu sein.

Das Mindeste, was Sie sich schuldig sind, ist, daß Sie einen weiten Bogen um Firmen und Vermittler machen, deren Qualität und Seriosität Sie nicht einwandfrei beurteilen können. Halten Sie sich an die etablierten Banken und Finanzberater. Und kaufen Sie Ihre Wertpapiere nicht aus dritter Hand, sondern über geregelte Börsen und einwandfreie Fondsgesellschaften.

Aber selbst damit enden die Schwierigkeiten nicht. Auch die Banken wollen in erster Linie Umsatz machen und Kommissionen einstreichen. Wirklich erstklassige Beratung ist für die gut betuchten Kunden reserviert. Die breite Masse wird mit Platitüden und vorzugsweise mit hauseigenen Fonds abgespeist, auch wenn deren Performance über Jahre hinweg ausgesprochen mau war.

Und wenn der Kunde dann einmal eine amerikanische oder australische Aktie ordern will, muß er sich sagen lassen, diese sei nicht bekannt und er solle doch erst einmal die Wertpapierkennummer herausfinden. Ein Düsseldorfer Unternehmensberater brachte den ganzen Finanzbetrieb einmal bissig auf die Formel: »Das Einzige, was stört, ist der Kunde.«

Daraus ziehen wir zunächst einmal den Schluß, daß man viel Energie und Zeit aufwenden muß, um eine gute Bank, einen intelligenten Berater zu finden und eine persönliche Beziehung zu ihm aufzubauen.

Und dann gibt es noch die sogenannten Strukturvertriebe, deren Verkäufer – oft im Twenalter – ausschließlich auf Umsatz getrimmt werden. Zum Beispiel beschäftigt eine große deutsche Vermögensverwaltung 12 000 Mitarbeiter, von denen nützliche und überflüssige Versicherungen, gute und schlechtere Fonds fabrikmäßig unter das Volk gebracht werden.

Manfred Gburek hat das Innenleben dieser Strukturvertriebe so geschildert:

»Darunter kann man sich eine Hierarchie-Pyramide vorstellen, an deren Spitze der Chef steht, während an der Basis viele Sklaven ihr Werk mehr oder weniger erfolgreich verrichten. Eine wesentliche Ursache für den Erfolg des Strukturvertriebs ist, daß er Sehnsüchte weckt: die Sehnsucht nach schnellem Geld und teuren Autos, Karriere und gesellschaftlicher Anerkennung. Die in einem Strukturvertrieb tätigen Verkäufer, Strukis genannt, arbeiten sich kaputt, um ihre Sehnsüchte zu stillen. Nur wenige erreichen den Gipfel der Pyramide. Auf dem Weg dorthin, so lautet eine wichtige Erkenntnis erfahrener Strukis, müssen sie möglichst viel vom verdienten Geld wieder ausgeben, um stets auf noch mehr Umsatz hungrig zu sein... Umsatz, Schulung, noch mehr Umsatz, Verkauf, Service, Provision und dazwischen immer wieder ein wenig Beratung – diese und ähnliche Zauberworte bestimmen heute das Geschäft mit Investmentfonds.«

Seitdem es sich herumgesprochen hat, daß die staatliche Rentenversicherung auf Sand gebaut ist, haben die Versicherungsvertreter einen neuen Argumentationsvorteil. Sie rennen den Kunden die Türen ein und unterbreiten ihnen »mit einer Mischung von Panikmache und Samaritertum« (so das *Kapitalforum*) die schönen privaten Rentenverträge. Über die mageren Renditen wundert sich kaum jemand.

Diese Renditen liegen meist irgendwo zwischen 4 und 7%. Selbst die beste Versicherung, die Öffentliche Braunschweig, rentierte über 20 Jahre hinweg mit nur 7,68% per annum – deutlich unter der Rendite von guten Aktienfonds. Wer sich statt dessen in einer Hochzinsphase Anleihen kaufte, am besten Zero-Bonds, und zusätzlich eine reine Risikoversicherung abschloß, schnitt besser ab.

Oft war es auch lukrativer, nicht eine Versicherung etwa bei der Allianz abzuschließen, sondern deren Aktien zu kaufen. Denn von dem, was die Versicherten später zurückerhalten, werden erst einmal die Verwaltungskosten dieser riesigen Bürokratien und dann auch noch die Dividenden abgezogen.

Dies ist kein generelles Plädoyer gegen Versicherungen – vor allem dann nicht, wenn die Steuervorteile erhalten bleiben, worauf aber bei der Unberechenbarkeit der Bonner Politik leider kein Verlaß ist. Es ist aber eine Aufforderung, ständig zu vergleichen, sich zu informieren, skeptisch zu sein und selbständig zu entscheiden. Auch bei den Fonds ist ein gesundes Mißtrauen angebracht. Im Zehnjahresvergleich (1985 bis 1995) gab es doch tatsächlich Fonds, die nur zwischen 1,2% und 14,8% zulegten, nicht pro Jahr, sondern über den gesamten Zeitraum hinweg!

»Einige Investmentgesellschaften«, so berichtet Manfred Gburek, »wildern in den Brieftaschen ihrer Kunden, ohne daß diese etwas merken.« Damit ist nicht der Ausgabeaufschlag samt Kommission gemeint, die an den Verkäufer geht. Die Rede ist von Management- und Depotgebühren, von Transaktionskosten, von Abschreibungen der Gründungskosten in den ersten Jahren, vom Aufwand für Werbung usw. »Je nach Größe des Fonds können solche laufenden Kosten in den ersten Jahren durchaus über 5% ausmachen«, meint die Expertin Anke Dembowski.

Prognosen: Niemand kennt die Zukunft

Wenn Sie das alles in Rechnung stellen und eine gehörige Portion Skepsis gegenüber den Finanzvermittlern entwickeln, dann sind Sie schon ein gutes Stück weiter auf dem Weg zum selbstverantwortlichen Anleger. Nun sollten Sie, in einem zweiten Schritt, die erforderliche Zurückhaltung gegenüber Prognosen aufbauen.

Jede große Hausse oder Baisse, die wir erleben, erscheint als selbst-evident und erzeugt die Illusion, die Gegenwart sei doch eigentlich vorhersagbar gewesen. In Wirklichkeit ist die Börse, wie Kostolany so schön sagte, immer ein dunkles Zimmer, in dem wir herumtasten.

Man braucht sich nur die Mühe zu machen, alte Zeitungen durchzublättern. 1996/1997 haussierte die deutsche Börse. Und dafür wurden die einleuchtendsten Begründungen vorgebracht: steigende Unternehmensgewinne, Anlagenotstand, keine Alternative zu Aktien, das Ende der Inflation, ein fester Dollar usw. Nur: Warum haben die Banken das nicht vorher gewußt?

Noch am 17. Januar 1995 meldete die *Frankfurter Allgemeine*: »1994: Ein schwarzes Jahr für die deutschen Fonds.« Und vier Jahre zuvor, im Januar 1991, berichtete die Zeitschrift *Finanztest*: »Fast die Hälfte aller Fonds mit negativer 2-Jahres-Bilanz. Für den Anleger ist die Fondsanlage durch Konzeptions- und Beratungsfehler oft eine Geldvernichtung in großem Stil.«

Die beiden Zitate sind bewußt ausgewählt, weil sie die Stimmung am Ende von jeweils einem schlechten Börsenjahr (1990 und 1994) exakt wiedergeben. Beide Male, sowohl im Januar 1991 als auch im Januar 1995, bot die Börse jedoch eine exzellente Kaufgelegenheit. Nur ahnte das kaum jemand. Man hätte eben einen langfristigen Zyklus beachten müssen, der seit dem Krieg in der Regel alle vier Jahre für einen Rückgang und für eine interessante Einstiegsmöglichkeit sorgt.

Die meisten Medien und Finanzberater denken aber nicht zyklisch. Sie denken immer nur in der Fortsetzung des gerade herrschenden Trends. Wenn der DAX steigt und Sie fragen Ihre Bank, wo er in einem halben Jahr stehen wird, dann wird Ihnen unweigerlich ein Indexstand genannt, der um ein paar hundert Punkte höher liegt als der aktuelle. Ist der DAX längere Zeit gefallen, dann wird meist à la Baisse gedacht. Erst hinterher wird eine überraschende Wende an der Börse rationalisiert und mit fundamentalen Begründungen ausgeschmückt und erklärt. Der Kunde will schließlich wissen, warum alles so gekommen ist.

Selbst den Insidern einer Branche unterlaufen immer wieder bizarre Prognosefehler. 1927 glaubte H.M. Warner, der Gründer der Filmgesellschaft Warner Brothers, fest an die Zukunft des Stummfilmes. »Wer zum Teufel will denn Schauspieler sprechen hören?« gab er zu bedenken.

1943 sagte Thomas Watson, der Chairman von IBM: »Ich denke, es gibt einen Weltmarkt für vielleicht fünf Computer.«

Und noch 1977 behauptete Ken Olson, der Gründer von Digital Equipment: »Es gibt keinen Grund, warum irgend jemand den Wunsch haben sollte, in seinem Haus einen Computer aufzustellen.«

Wir kennen die Zukunft nicht, aber wir können aus der Vergangenheit lernen. Fast alles ist schon einmal dagewesen, vieles wiederholt sich, die Grundmuster menschlicher Verhaltensweisen und Emotionen bleiben dieselben. Selbst die Börse funktioniert trotz allen technischen Fortschrittes heute nicht viel anders als im 19. Jahrhundert: Sie übertreibt, sie fällt zurück, sie wird halbwegs von berechenbaren Fakten und unberechenbaren Emotionen gleichermaßen gesteuert – von

Gier und Euphorie, von Angst und Panik, und manchmal auch leidet sie unter Lustlosigkeit und Desinteresse.

Man kann die Börse überlisten, man kann Risiken definieren und ihnen manchmal auch ausweichen – aber nicht mit dem Blick in die Kristallkugel, sondern nur mit Erfahrung, Disziplin und mit Methoden, die sich bewährt haben. Man braucht kein Hellseher zu sein. Man muß sich vielmehr darauf konzentrieren, das Richtige zu tun.

Wenn die Börse ein effizienter Markt wäre, wie eine bekannte Theorie besagt, dann böte sie keinen Ansatzpunkt für intelligente Anlageentscheidungen. Dann wäre sie immer richtig bewertet, dann wären alle relevanten Informationen in den Kursen bereits enthalten.

Dann ginge es uns so wie jenem Börsianer, der die Wall Street entlang spazierte, einen Dollarschein auf der Straße liegen sah und ihn nicht aufhob. Wenn der Schein dort wirklich läge, erklärte er seinem Freund, hätte ihn längst jemand aufgehoben.

In der Welt der Finanzen existiert eine derartige Effizienz nicht. Es kommt zu Verzerrungen, zu Übertreibungen und zu Unterbewertungen, die objektiv feststellbar sind. Wer stets nur unterbewertete, qualitativ gute Anlagen kauft, wird auf Dauer nichts falsch machen. Das gilt auch für Ihre persönliche Anlagestrategie angesichts der Euro-Risiken. Handeln Sie nicht in Angst und Panik, sondern konzentrieren Sie sich auf Investments, die auch ohne den Euro interessant wären.

In meinem 1993 erschienenen Buch *Das Maastricht Dossier* hatte ich unter anderen folgende Hinweise gegeben:

(1) »In den zwanziger und vierziger Jahren hat sich gezeigt, daß Aktien vor und nach Währungsumstellungen extrem volatil sind, daß sie am Ende aber die Geldanlagen mit Abstand schlagen.«

(2) »Üben Sie große Zurückhaltung gegenüber Festverzinsli-

chen mit langer Laufzeit, bei denen die Gefahr besteht, daß sie 1999 in weiche ECU-Anleihen umgewandelt werden.«

(3) »Größere Konten sollten nicht nur in der Deutschen Mark investiert sein. Es ist durchaus vernünftig, das Währungsrisiko aufzuteilen und in andere Währungen zu diversifizieren, sofern sie fundamental nicht schlechter als die Mark und gemessen an der Kaufkraftparität unterbewertet sind.«

Ad 1: Nach dem eher schlechten Jahr 1994 avancierten die Aktien zur mit Abstand besten Anlage. Das Kalkül, daß sie eine Absicherung gegen den Euro bieten könnten, ist inzwischen Allgemeingut. Jetzt sind viele, aber nicht alle Titel überbewertet. Und zwar gemessen am Buchwert und am Kurs/Gewinn-Verhältnis.

Schon Anfang 1997 war Wall Street um 60% teurer als die Wiederbeschaffungskosten der dort notierten Aktiengesellschaften. Das heißt, es wäre billiger gewesen, die Fabriken des Landes neu aufzubauen, als sie über die Aktienbörse zu kaufen. Die Börse kann sehr wohl sehr lange überbewertet bleiben, aber damit wird das Risiko nicht kleiner – im Gegenteil.

Ad 2: Die Anleihen sind, ob mit oder ohne Euro, immer noch nicht in der Kaufzone. Die Renditen sind in Deutschland tiefer als während der Zinstäler 1978 und 1987. Da sich Renditen und Anleihekurse bekanntlich spiegelbildlich entwickeln, müssen die Besitzer langfristiger Renten beim nächsten Zinsanstieg mit Kursverlusten rechnen.

Ad 3: Eine hervorragende Alternative zur D-Mark waren der Dollar und das Pfund, das zumindest 1999 nicht beim Euro dabei sein wird. Über drei Mark wird sich das Pfund aber nicht auf Dauer halten können. Und sollten die Briten eines Tages doch der Währungsunion beitreten, dann bestimmt nicht zu überhöhten Kursen.

Der Dollar kostete 1993 um die 1,60 Mark und fiel 1995 unter 1,40, bevor die Hausse startete. Die Bandbreite liegt seit

1989 ungefähr zwischen DM 1,40 und DM 2,–. Die Kaufkraftparität des Greenbacks wird meist, je nach Basisjahr, mit DM 1,80 oder DM 2,– angegeben. Das bedeutet: zwischen 1,80 und 2,– ist der Dollar nicht mehr unterbewertet. Nur wenn die Europäer sehr dumme Fehler machen, wird er über diesen Bereich hinaus steigen können. Wird der Euro aber verschoben, kann es schnell zu einem Rutsch von 10 oder 20 Pfennigen kommen.

Es geht uns hier nicht um Kursprognosen, sondern um die Abwägung von Chance und Risiko. Wer zum Beispiel in Deutschland lebt, sein Geld verdient und ausgibt, muß wohl oder übel in der eigenen Währung rechnen und denken. Wenn eine andere Währung klettert, verliert er nichts. Die Beweislast für eine Anlageentscheidung liegt immer bei der Fremdwährung, nicht bei der eigenen. Jeder, der nicht international denkt und operiert, ist ein Gefangener der eigenen Währung – und hieße sie Euro.

Der Anleger muß immer eine realistische Vorstellung davon haben, was er von einem bestimmten Investment erwarten darf und was nicht. Dazu zeige ich Ihnen eine Tabelle, die Sie gründlich studieren sollten. Sie wurde von dem Berliner Professor Richard Stehle erarbeitet und am 12. Juli 1997 von der Union Investment, einer großen Fondsgesellschaft, der Öffentlichkeit vorgestellt. Es handelt sich um die wohl gründlichste derartige Untersuchung, die bisher angestellt wurde.

Das Resultat ist positiv für die Aktienfreunde, enttäuschend für die Liebhaber von Anleihen und generell ein wertvoller Anhaltspunkt dafür, was man von der Börse erwarten darf und was nicht. Die Studie kann für Ihre persönliche Finanzplanung außerordentlich hilfreich sein.

In der ersten Spalte finden Sie die jährlichen Renditen der 30 größten deutschen Aktien seit 1948, als die Börse wieder aufgemacht wurde. Bis 1987 wurden die Werte auf der Basis der DAX-Formel berechnet, ab 1988 wurde der DAX selbst

Vergleich der jährlichen bzw. der durchschnittlichen jährlichen Renditen (in %, geometrische Mittelwerte, nominal, Einkommensteuersatz 0%)

Jahr	Aktien 30 größte	alle Frankfurter	"alle"	Renten	Staats-anleihen	Pfandbriefe	REXP
1948	-16,0		11,5	5,0		5,0	
1949	161,7		137,3	4,2		4,2	
1950	-5,6		-10,4	4,7		4,7	
1951	112,1		88,0	1,9		1,9	
1952	-7,3		-16,4	11,3		11,3	
1953	25,2	17,4	18,2	3,5		3,5	
1954	93,5	77,3	73,4	6,4		6,4	
1955	7,1	13,8	22,7	5,9	5,9	10,6	
1956	-6,7	-5,3	-4,0	0,9	0,9	2,4	
1957	7,5	9,5	10,4	5,0	5,0	-0,2	
1958	64,6	63,5	52,2	10,3	10,3	15,2	
1959	83,9	78,8	73,7	11,0	11,0	14,1	
1960	49,1	45,4	37,9	3,3	3,3	1,9	
1961	-6,7	-6,4	-7,0	9,4	9,4	9,3	
1962	-23,7	-22,8	-21,5	5,5	5,5	5,9	
1963	11,0	11,5	12,0	5,4	5,4	5,8	
1964	5,6	6,7	9,5	5,3	5,3	6,3	
1965	-11,2	-12,3	-11,9	2,9	2,9	3,6	
1966	-14,4	-13,4	-13,6	2,0	2,0	1,1	
1967	51,4	49,2	37,9	10,3	12,6	11,7	10,3
1968	14,8	16,0	16,0	8,9	9,1	8,2	8,9
1969	13,4	17,9	19,1	0,9	4,6	4,9	0,9
1970	-27,3	-24,4	-21,5	5,5	0,1	-2,4	5,5
1971	9,4	9,8	7,2	8,5	8,3	7,0	8,5
1972	15,6	16,5	16,4	4,1	7,3	7,5	4,1
1973	-20,6	-17,1	-15,1	3,3	1,4	-1,3	3,3
1974	6,4	2,5	2,4	8,2	4,2	1,0	8,2
1975	41,3	36,8	31,2	13,5	16,0	17,2	13,5
1976	-3,0	-4,2	-2,2	11,1	9,3	12,3	11,1
1977	13,4	15,5	16,0	13,6	13,6	22,4	13,6
1978	9,1	11,7	13,6	3,7	8,3	8,2	3,7
1979	-6,9	-6,3	-7,6	0,5	0,1	1,9	0,5
1980	4,3	6,0	5,7	3,1	4,0	3,5	3,1
1981	5,3	4,8	4,8	5,1	0,7	0,4	5,1
1982	20,2	19,7	16,8	18,6	16,3	15,4	18,6
1983	45,4	40,2	40,7	4,9	13,7	12,7	4,9
1984	15,6	13,0	12,6	13,2	8,6	9,2	13,2
1985	87,6	77,9	68,2	10,3	11,1	10,5	10,3
1986	5,8	8,2	16,2	8,6	11,6	10,4	8,6
1987	-36,9	-33,9	-32,5	6,8	6,9	8,0	6,8
1988	35,0	33,4	29,4	5,0	5,7	5,9	5,0
1989	36,6	38,8	32,8	1,6	2,3	1,8	1,6
1990	-20,9	-14,8	-5,8	1,4	-1,0	-0,1	1,4
1991	14,5	7,6	2,5	11,2	8,9	7,5	11,2
1992	-0,7	-3,9	-4,3	13,4	11,5	10,4	13,4
1993	48,6	44,8		14,7			14,7
1994	-6,3	-4,4		-2,5			-2,5
1995	8,0			16,7			16,7
1996	29,2			7,5			7,5
1997	31,8			3,7			3,7
D 48-54	38,7		33,7	5,2		5,2	
D 53-92	11,7	11,5	11,3	6,7	[6,8]	6,9	
D 68-97	10,3			7,4			7,4
D 48-97	14,5			6,7			

verwendet. Berücksichtigt werden Kursveränderungen, Dividenden, Bezugsrechte, Gratisaktien und zusätzliche Aktien bei Nennwertumstellungen.

Auch bei den Renten (vierte Spalte) wird der gesamte Ertrag ermittelt, das heißt Kursgewinne und Kursverluste sowie die ausgezahlten Zinsen.

Ganz unten sind die Durchschnittsrenditen für verschiedene Zeiträume angegeben, wobei für 1997 nur das erste Halbjahr berücksichtigt werden konnte.

Zum DAX muß man wissen, daß er die langfristige Performance der deutschen Börse überzeichnet. Er ist ein Hurra-Index, wie die *FAZ* einmal schrieb. Aufgenommen werden nur 30 der 35 deutschen Aktien, die nach Marktkapitalisierung und Börsenwert die größten sind. Auf beide Kennzahlen hat jedoch die Kursentwicklung den entscheidenden Einfluß. Sobald eine Aktie zu stark zurückfällt, scheidet sie aus und wird durch eine bessere ersetzt.

Abgesehen davon ist der DAX keineswegs repräsentativ für die deutsche Wirtschaft. Banken und Versicherungen, denen es oft in schlechten Zeiten gutgeht, sind stark vertreten. Die Bauwirtschaft fehlt ganz, obwohl sie für die Konjunktur große Bedeutung hat.

Wer den DAX insgesamt kauft, legt sich also ein Portfolio zu, um dessen kontinuierliche Bereinigung sich andere kümmern. Auf Dauer wird ein Anleger, der sich seine Titel selbst zusammensucht, größte Mühe haben, den DAX zu schlagen.

Aktien schlagen Anleihen: Ein langfristiger Renditevergleich

Wie hat er abgeschnitten? Wenn man die untypisch guten Jahre nach der Währungsreform außer acht läßt und zum Beispiel von 1953 bis 1992 rechnet, ergibt sich eine durchschnittliche jährliche Rendite von 11,7%.

Wie wir später an anderen Beispielen sehen werden, sind 10 bis 12% das Optimum, das für sehr geschickte Investoren langfristig erreichbar ist. Alles, was darüber liegt, ist ein Geschenk des Himmels und muß meist später mit unangenehmen Einbußen bezahlt werden. An der Börse herrscht eine Art von ausgleichender Gerechtigkeit.

Wenn wir den Kaufkraftverlust durch Inflation berücksichtigen und einen marginalen Steuersatz von 36% unterstellen, dann schrumpft die reale DAX-Rendite auf 5,12 bis 7,06% per annum. Dies bezogen auf einen vierzigjährigen Anlagezeitraum und gerechnet ab den Jahren 1953 bis 1958.

Zurück zu unserer Tabelle, die die nominalen Renditen (vor Inflation und Steuern) angibt. Sie illustriert sehr schön, daß es durchaus eine Reihe von exzellenten Börsenjahren (zum Beispiel von 1982 bis 1985) hintereinander geben kann, daß dann aber unweigerlich Einbrüche folgen. 1987 schloß mit einem Minus von 36,9%, 1990 gingen 20,9% verloren. Dann sinkt die Stimmung auf den Nullpunkt, kaum jemand rät zu Aktienanlagen.

Diese zyklischen Stimmungsschwankungen macht sich der intelligente Anleger zunutze, indem er sich vorzugsweise am Ende eines schlechten Jahres engagiert. Nur so hat er eine Chance, den Durchschnitt zu schlagen.

Alternative dazu: Er befolgt ein cost averaging Programm. Das heißt, er investiert jedes Jahr gleich große Geldbeträge. Dann bekommt er bei tiefen Kursen mehr, bei höheren weniger Aktien. Die Masse der Anleger macht es bekanntlich umgekehrt. Sie kauft mit Vorliebe in der Euphorie – und wenig oder gar nichts, wenn der Index um 20 oder 30% gefallen ist. So kommt man auf keinen grünen Zweig.

Dabei sagt die Performance eines Jahres fast nichts über Erfolg oder Mißerfolg einer Anlagestrategie aus. Entscheidend ist, was langfristig unter dem Strich herauskommt. Langfristig ist die Aktie in der Tat die beste Anlage.

Aber was heißt langfristig? Langfristig sind wir alle tot, sagte schon John Maynard Keynes. Und die langfristig so rentable Börse kann sich durchaus einmal zehn oder 20 Jahre nicht lohnen. Wenn unser Anleger im fortgeschrittenen Alter von 60 oder 70 ist, investiert er möglicherweise nicht für sich, sondern für die Erben. Es ist deshalb vernünftig, den Anteil von Anleihen oder Geldmarktpapieren zu erhöhen, wenn es auf die Pensionierung zugeht – dies vor allem dann, wenn der Anleger auf regelmäßige Einkünfte angewiesen ist. Langfristig kann manchmal sehr lange sein. Wer an Wall Street 1929 ausgerechnet an der Spitze investierte, bevor der Dow Jones fast 90% verlor, mußte über 20 Jahre lang warten, bis er seine Einstiegskurse wieder sah.

Und auf den DAX-Ausbruch über 600 und den Dow Jones über 1000 (dazu kam es 1982/83) mußte man zwei Jahrzehnte lang warten. Weil sich so lange nichts getan hatte, erklärte das amerikanische Magazin *Business Week* in einer berühmten Titelgeschichte vom Sommer 1982 den »Tod der Aktie« (»The Death of Equities«).

Wie verheerend der Crash von 1929 war, ist weitgehend bekannt. Nur wenige aber wissen noch, daß ein deutscher Aktienkäufer des Jahres 1961 sich 25 Jahre lang mit einer durchschnittlichen, realen Jahresrendite von 0,57% (bei einem marginalen Steuersatz von 36%) zufriedengeben mußte.

Aber selbst nominal kam es einmal im 10-Jahres-Vergleich zu leichten Verlusten, und zwar von 1961 bis 1970. Die Börse stagnierte, obwohl die Wirtschaft weiter wuchs. Folge: Der deutsche Anleger kehrte den Aktien den Rücken. Das Publikum begriff nicht, daß mit einer Reihe von schlechten Börsenjahren die Wahrscheinlichkeit wächst, daß bessere folgen – und umgekehrt.

Hans A. Bernecker, der Herausgeber der *Actienbörse*, beklagt zu Recht, daß der Anteil der Aktien am privaten deutschen Geldvermögen 1960 noch bei 24% lag und bis 1995 auf fast 5% zurückging. Und er sagt: »Wer in Aktien denkt, muß im Risiko denken.« Falls sich die risikoscheue Einstellung des deutschen Publikums dauerhaft ändert, können deutsche Aktien durchaus – mit den üblichen Rückschlägen – ein paar gute Jahre vor sich haben.

Anleihen werden da schwer mithalten können. Im Spitzenjahr 1982 brachten sie (siehe Tabelle) 18,6%, im jährlichen Durchschnitt seit 1948 aber nur 6,7%. Nach der Inflation und nach einem marginalen Steuersatz von 36% blieb davon, ebenfalls seit 1948, fast nichts übrig, nämlich nur 1,42% im Jahr.

Das zeigt wieder einmal, wie betrügerisch der Papiergeldstandard ist. Selbst die so tüchtige Bundesbank konnte die Interessen der Gläubiger, das heißt der Sparer, nicht wirklich schützen. Mit dem Goldstandard ging 1914 auch das Zeitalter der Rentiers zu Ende, die damals von 3% realer Rendite oder mehr gut leben konnten.

Wenn die Rentenbesitzer unter dem Zwangsregime des Euro auch nur moderat schlechter abschneiden (und das ist eine sehr zurückhaltende Annahme), dann werden sie auf Dauer systematisch enteignet. Dann wird die Eigentumsgarantie des Grundgesetzes verletzt. Dann war die Einführung des Euro verfassungswidrig.

Steht Gold vor einem Comeback?

Aber bis dahin könnten die Edelmetalle ihr Comeback erlebt haben. Einen Vorgeschmack gab im ersten Halbjahr 1997 Palladium, als der Preis im Handumdrehen von 120 auf 220 Dollar stieg, weil die Russen nicht lieferten.

Gold ist in einer ungünstigeren Ausgangsposition. Zwar wird seit Jahren viel zuwenig produziert, aber die Lücke wurde bisher durch Verkäufe und vor allem durch Ausleihungen kleinerer Zentralbanken geschlossen. Solche Notenbanken verhalten sich nicht anders als gewöhnliche Spekulanten: Sie sind am Gold desinteressiert und schreiben es ab, solange der Preis stagniert oder fällt.

Es gibt keinen überzeugenden Grund dafür, Gold für tot zu erklären. Langfristige Untersuchungen des amerikanischen Professors Jastram haben ergeben, daß auch in der Vergangenheit Gold zeitweise unter seine Kaufkraftparität fiel und daß diese Perioden der Unterbewertung durchaus 20 Jahre dauern konnten. So war Gold, gemessen an seiner Kaufkraft, von 1900 bis 1920 und von 1950 bis 1970 zu billig und keine gute Anlage. Auf diese Zusammenhänge habe ich schon 1984 in meinem *Gold Guide* hingewiesen.

Gegen D-Mark gerechnet, schnitt Gold in den letzten Jahren ganz passabel ab. Der tiefste Kilopreis – er lag 1992 unter DM 16 000 – wurde nicht wieder erreicht. Selbst im schlechten Goldjahr 1996 machte der Preis in DM ein kleines Plus. Gold ist eine Versicherung gegen finanzielle und politische Katastrophen. Treten sie nicht ein, um so besser. Man behält ja die eingezahlte Prämie – und für später das Gewinnpotential, sobald das Klima an den Finanzmärkten umschlagen sollte.

Die Untersuchung der Union Invest möchte ich jetzt mit einigen Werten ergänzen, die von der amerikanischen Investmentbank Goldman Sachs stammen. Sie vergleichen den amerikanischen Aktienindex S&P mit Geld- und Goldanlagen.

Vorausgeschickt werden muß, daß amerikanische Aktien langfristig keineswegs besser, sondern schlechter als deutsche Aktien abgeschnitten haben. Nominal hatte der Index S&P 500, umgerechnet in D-Mark, in den vergangenen 50 Jahren eine durchschnittliche Jahresrendite von 10,39%, der DAX aber eine von 14,49%. In den vergangenen 40 Jahren (wobei wir die Jahre nach der deutschen Währungsreform auslassen) waren es in den USA 9,58%, in Deutschland 11,64%.

In den inflationären siebziger Jahren schlug Gold Aktien und Anleihen mit großem Abstand. Aber selbst in der darauffolgenden Desinflation hatten die Goldanlagen immer wieder einmal ihre Glanzjahre. Der nordamerikanische Goldminenindex von Goldman Sachs (ohne Dividenden) schlug den S&P (mit Dividenden) in den Jahren 1982, 1985, 1986, 1987, 1989 und 1993.

Physisches Gold schnitt 1986, 1987 und 1993 besser als der S&P ab. In den vergangenen 20 Jahren wurden die Spitzenjahre der Goldminen (an die 100%) nie vom S&P erreicht.

Wer heute behauptet, Gold sei als alternative Anlage passé, sollte erst einmal den nächsten Aktiencrash, die nächste Finanzkrise und den nächsten Inflationszyklus abwarten. Regenschirme verkaufen sich immer schlecht, wenn die Sonne scheint. Und die Goldreserven der Zentralbanken, die jetzt noch wie ein Damoklesschwert über dem Markt hängen, machen nur einen Bruchteil der heißen Gelder aus, die ruhelos und opportunistisch um den Erdball kreisen.

Was tut der Anleger, der auf Nummer Sicher gehen will? Er baut erstens bei fallenden Preisen den Edelmetallanteil seines Portfolios vorsichtig aus, berücksichtigt dabei auch das strategische Metall Platin und große Goldminenkonzerne wie Newmont, Homestake und Normandy – Gesellschaften, die weltweit operieren und so viele einzelne Minen besitzen, daß die Risikostreuung mit der eines Goldfonds vergleichbar ist.

Dabei darf aber nicht übertrieben werden, denn auch Gold ist nur eine Anlage unter anderen. Und es kommt für kleine Konten, die auf Zinseinnahmen angewiesen sind und keine größeren Schwankungen vertragen, möglicherweise gar nicht in Frage.

Zweitens kauft der sicherheitsbewußte Anleger langfristige Anleihen möglichst nur am Beginn einer Zinssenkungsphase.

Als langfristig gelten in Deutschland schon Papiere mit einer Laufzeit von fünf bis zehn Jahren, in den USA von zehn bis 30 Jahren. Je länger die Laufzeit, desto größer der potentielle Kursgewinn, der bekanntlich nach Ablauf der Spekulationsfrist steuerfrei bleibt.

Ideal für eine solche Zinsstrategie sind die Zero-Bonds. Sie bieten keine laufenden Zinszahlungen, sondern werden mit einem Abschlag ausgegeben und bei Fälligkeit zu 100% getilgt. Man erhält also nur eine einmalige Zahlung. Und das hat den Vorteil, daß das Problem der Wiederanlage entfällt. Damit kann der Vorzug der Zinseszinsen mühelos ausgespielt werden.

Beispiel: Eine Null-Coupon-Anleihe mit 30 Jahren Restlaufzeit und dem Nennwert 100 notiert bei einem Zinsniveau von 6% bei 17,41 und ein Jahr später bei 18,46. Steigen allerdings die Zinsen während dieser zwölf Monate wider Erwarten auf 6,5%, dann sinkt der Kurs auf 16,10. Es ergibt sich ein Verlust von 7,52%.

Der Anleger muß sich also vorher über den Zinstrend ein Urteil bilden. Und das war bisher gar nicht so schwierig. Dazu studiert man den Diskontsatz. Man entdeckt, daß die Bundesbank auf die erste Diskontsatzerhöhung fast immer weitere Erhöhungen folgen läßt – keine gute Zeit für Anleihen. Und immer, wenn die Bundesbank zum ersten Mal den Diskontsatz wieder senkt, folgen weitere Herabsetzungen.

In Deutschland gab es von 1982 bis 1987 – mit einer einzigen Ausnahme 1984 – immer nur Diskontsenkungen, von 1988 bis 1992 nur Anhebungen, ab 1992 wieder nur Senkungen. Das war eine sehr zuverlässige und für den Anleger berechenbare Zinspolitik. Ob die Europäische Zentralbank das auch schaffen würde, ist zu bezweifeln.

Noch einmal: Wer langfristige Anleihen nur in Zinssenkungsphasen kauft und hält, wird Freude an seinem Investment haben und oft gleich gut wie mit Aktien abschneiden.

Dreht hingegen der Zinstrend, dann sollte der Anleger in Festgeld, in kurz- bis mittelfristige Papiere mit einer Laufzeit von maximal fünf Jahren oder in Floater gehen, deren Renditen regelmäßig den Marktverhältnissen angepaßt werden und die deswegen kein Kursrisiko tragen.

Drittens: der Aktienmarkt. Er bewegt sich oft, aber keineswegs immer mit dem Zinstrend. Und das Timing von Aktienkäufen ist ohnehin schwieriger als das von Engagements am Rentenmarkt.

Jeder Anleger muß sich die Investmentmethode und die Strategie zulegen, die seinen persönlichen Umständen und seiner Mentalität entsprechen. Aktien selbst auszusuchen und laufend zu beobachten, kostet viel Zeit. Wer sie nicht hat, greift zu einem Index-Fonds oder einem Index-Zertifikat – oder zu einem Aktienfonds.

Besonders sinnvoll sind dabei Fonds, die international diversifizieren. Denn damit erbringen sie eine Leistung, die den normalen Anleger hoffnungslos überfordert. Er kann sich allenfalls ein Urteil über seine Heimatbörse bilden, aber nicht über die weltweiten Finanzmärkte.

Lassen Sie sich von jedem Fonds, den Sie in Erwägung ziehen, einen langfristigen Chart und eine langfristige Renditeberechnung vorlegen. Sie müssen Vergleiche ziehen. Dann werden Sie schnell herausfinden, daß weit über 90% der Fonds uninteressant sind.

Es bleibt nur eine Handvoll Spitzenprodukte übrig. Dazu zählen in Deutschland die von Jens Erhardt verwalteten Fonds (Astra, ARS, FMM), der Akkumula von DWS/Deutsche Bank und der amerikanische Templeton Growth Fund. (Diese Auswahl ist nicht vollständig und nur als Beispiel gedacht.)

Der Templeton Growth Fund hatte in den vergangenen 20 Jahren (bis Ende 1996) einen jährlichen durchschnittlichen Wertzuwachs von 13,7% (umgerechnet in D-Mark) und der Akkumula von 11,1%.

Andere erstklassige deutsche Fonds – das waren nur sehr wenige – brachten über 20 Jahre hinweg zwischen 10 und 11%. Das unterstreicht, was ich bereits sagte: 10 bis 12% Zuwachs auf Dauer sind ein Traumergebnis und langfristig kaum zu überbieten.

Schauen Sie sich auch die Volatilität der Fonds an. Der Templeton Growth zum Beispiel verlor maximal in einem Jahr 16,9% (1957) und machte selbst 1987 ein kleines Plus von 3,1%.

Selbstverständlich würden auch gute Fonds wie Akkumula und Templeton von einer Finanzkatastrophe hart getroffen. Mit diesem Risiko muß man leben. »Die Finanzkrise«, schrieb Professor Wittmann, »wird wie ein Blitz aus heiterem Himmel zuschlagen und nicht nur Laien und Amateure, sondern auch Professionelle überraschen. Letztere können es sich gar nicht leisten, von einer unmittelbar bevorstehenden Krise zu sprechen. Ihre Verantwortung verbietet ihnen, in Panik zu machen.«

Die Kunst der Anlage besteht eben nicht zuletzt in der Kontrolle des Risikos. Und das beherrscht man am besten über die Größe der Position. Im Gegensatz zu den Fondsmanagern genießt der private Anleger den Vorteil des Heimspiels. Er kann es sich leisten, abzuwarten, auf Bargeldreserven zu sitzen und erst dann zu handeln, wenn er die Umstände für optimal hält.

Er muß nichts tun. Und es ist oft besser, von – sagen wir – 500 000 Mark nur 100 000 gezielt und mit der Chance eines 50%-Profits einzusetzen, anstatt die 500 000 über alle möglichen Finanzmärkte zu streuen, die man nicht gründlich kennt.

Daß Geld immer irgendwie »arbeiten« muß, ist ein dummer Spruch. Sie sollten nicht immer voll investiert sein, sondern auch einmal für längere Zeit warten können.

Wer investiert, geht eine Wette ein – sei sie lang- oder kurzfristig. Und der Euro macht die Geldanlage nicht leichter, er erhöht zunächst nur die Volatilität an den Aktien- und Devisenmärkten.

Volatilität funktioniert nicht nur in eine Richtung. Mit der Unsicherheit nehmen die Kursausschläge zu, und im schlimmsten Fall endet das alles zwar nicht im Tod der Aktie, wohl aber im (temporären) Tod der langfristigen Anlage. Die große Gefahr sehe ich darin, daß sich die Unruhe am Devisenmarkt zum Chaos ausweitet und schließlich auch die anderen Finanzmärkte mit in den Strudel reißt.

Mit ihrem dilettantischen und verschwörerischen Plan, die nationalen Währungen zu liquidieren, haben die Politiker Europas die Büchse der Pandora geöffnet. Unheil breitet sich aus. Gefragt ist jetzt die Kunst des finanziellen Überlebens.

Dokumentation

Anmerkungen

Kapitel 1 Euro: Ende der Täuschung

Zur Vorgeschichte des Maastrichter Vertrages vgl. Bandulet, Das Maastricht Dossier, und David Marsh, Der zaudernde Riese.

Strauß-Zitat und Warnungen der Bundesbank vor der Währungsunion: stern, Nummer 25/1997.

Joffe: Foreign Affairs, Januar/Februar 1996.

Joffe-Zitat »Kompensation«: SZ, 3.6.1997.

Mafia: SZ, 15.7.1997.

Euro-Propaganda der Bundesregierung: Broschüre »Der Euro – stark wie die Mark«, BMF, April 1996.

Lamers: Der Spiegel, Nummer 7/1995.

Deutsche Bank im November 1996: International Herald Tribune, 11.11.1996.

Kapitel 2 Die Hüter unseres Geldes

Zitat am Anfang aus: Die Geldpolitik der Bundesbank, Oktober 1995, Deutsche Bundesbank.

Zitat Pöhl nach: Bandulet, Das Maastricht Dossier

Zu den DM-Banknoten: Monatsbericht der Deutschen Bundesbank, November 1992 und August 1990.
Hero Moeller, Handwörterbuch der Sozialwissenschaften IV, 1965.

Zum Thema Geldgeschichte und Geldschöpfung: Erich Leverkus, Freier Tausch und fauler Zauber. Vom Geld und seiner Geschichte.

Kapitel 3 Währungsunion oder Währungsreform?

Lusser-Zitat in: WamS, 1.1.1995.

Zu EZB, Mark und Euro: Wilhelm Nölling, Unser Geld.

Neuerscheinung: Franz-Ulrich Willeke, Die Zukunft der D-Mark.

Der Vertrag von Maastricht: Presse- und Informationsamt der Bundesregierung, 1992.

Professor Gunnar Heinsohn und Professor Otto Steiger: Kategorie-2-Sicherheiten: Alarmierende Defekte im zukünftigen ESZB, Wirtschaftsdienst des HWWA, 1997/V.

Zur deutschen Geldpolitik ausführlich: Die Geldpolitik der Bundesbank, Deutsche Bundesbank, Oktober 1995.

Zitat Dahrendorf: Die Woche, 14.3.1997.

Zitat Mundorf: Handelsblatt, 9.7.1997.

Zitat Neue Zürcher Zeitung: 17.10.1994.

Zitat Zulauf: Cash, 17.3.1995.

Kapitel 4 Der Schwindel mit den Maastricht-Kriterien

Prodi-Zitat: Financial Times, 2.10.1996.

Zitat von Pedro Schwartz: DeutschlandBrief, Februar 1997.

Was das BMF zu den Maastricht-Kriterien sagte: Der Euro – stark wie die Mark, Bonn, April 1996.

Eurostat und der Fall France Télécom: Wall Street Journal, 4.11.1996. Außerdem: Mitteilung des Statistischen Bundesamtes, Wiesbaden, vom 1.11.1996.

Zur Bemerkung aus Irland (»Wir lassen eben das BSP steigen«) und generell zu dubiosen Statistiken: John Laughland, Wall Street Journal, 9.10.1996.

Zu den EG-Plänen, die Schattenwirtschaft in das BSP einzurechnen: Peter Norman, Financial Times, 10.6.1996.

Kapitel 5 Nie wieder: Deutsche Erfahrungen 1920 – 1945

Ausführliche Darstellung der Geldpolitik der zwanziger und dreißiger Jahre in: Währung und Wirtschaft in Deutschland, 1876–1975, herausgegeben von der Deutschen Bundesbank, 1976.

Persönliche Details vor allem zu Schacht: David Marsh, Die Bundesbank.

Lesenswert, wenngleich ein Rechtfertigungsversuch: Hjalmar Schacht: 76 Jahre meines Lebens, Kindler und Schiermeyer, 1953.

Günter Reimann, Die Ohnmacht der Mächtigen.

Kapitel 6 Der Aufstieg der D-Mark (1948–1990)

Zitat über das Schicksal der Witwe: David Marsh, Die Bundesbank.

Zur Geschichte der D-Mark: Währung und Wirtschaft in Deutschland 1876 - 1975.

Erhard-Zitate: Ludwig Erhard, Wohlstand für Alle.

Zu den Währungskrisen der siebziger Jahre und der Gründung des EWS: Otmar Emminger, D-Mark, Dollar, Währungskrisen. (Der gebürtige Augsburger Emminger war von 1977 bis Ende 1979 Präsident der Bundesbank.)

Kapitel 7 Der Zahlmeister: Was die Party kostet

Zitat Aznar: FAZ, 11.6.1997.

Erhard-Zitate aus: Wohlstand für Alle.

Bundesbank-Studie: Die Finanzbeziehungen der Bundesrepublik Deutschland zu den Europäischen Gemeinschaften seit dem Jahr 1988, Monatsbericht November 1993.

Thomas Laake in: Droge Subventionen, herausgegeben vom Bund der Selbständigen in NRW.

Stoiber-Kritik »Heller Wahnsinn«: Münchner Merkur, 6.11.1996.

Subventionsbetrügereien: Focus, Nr. 43/1995.
Streit um Olivenöl: Main-Post, 1.7.1997.

ASU-Broschüre: Für ein Europa des Wettbewerbs, April 1993, ASU, Postfach 200154, 53131 Bonn.

Besatzungskosten und reparationsähnliche Leistungen Deutschlands nach 1945: Jörg Fisch, Reparationen nach dem Zweiten Weltkrieg.

Zum Marshall-Plan vgl.: FAZ, 5.7.1997.

Zu Erhard und Montanunion: Volker Hentschel, Ludwig Erhard.

Hintergrund zu Jean Monnet: International Currency Review, Oktober/Dezember 1993, World Reports, London, Hrsg. Christopher Story.

Zu Colbert: Klassiker des ökonomischen Denkens, 1. Band.

Kapital 8 Operation Rheingold und der Krieg der Währungen

Professor Caesar: FAZ, 4.6.1997.

Wo das deutsche Gold liegt: vgl. FAZ, 5.6.1997.

Wohin die Gold-Buchgewinne fließen sollten: FAZ, 6.6.1997.

Golddeckung des SFR: Neue Züricher Zeitung, 21.6.1997.

Könnte der Euro durch Gold gedeckt werden? Vgl. Gold&Money Intelligence, Februar 1997.
Werner Obst, Euro und Osterweiterung.
Zur Dollarisierung der D-Mark: vgl. Die Rolle der D-Mark als internationale Anlage- und Reservewährung, Monatsbericht der Deutschen Bundesbank, April 1997.

Zitate Dr. Jens Erhardt aus seinem Börsendienst Finanzwoche.

Zitat Professor Nölling: FAZ, 8.7.1997.

Professor Sinn: Der Euro kostet Deutschland bis zu 90 Milliarden DM, FAZ, 5.6.1997.

Kapital 9 Inflation – Ausweg aus der Schuldenfalle?

Bundeshaushalt 1998: FAZ, 11.7.1997. Der Bund rechnet für 1998 mit sonstigen Einnahmen in Höhe von 55,6 Milliarden, darunter Privatisierungserlöse und Bundesbankgewinn.

Bundesbankzitate: Die Entwicklung der Staatsverschuldung seit der deutschen Vereinigung, Monatsbericht, März 1997.

Adolph Wagner nach: Hans Apel, Staat ohne Maß.

Danilo Zolo, Die demokratische Fürstenherrschaft.

Beispiel Abteilungsleiter: Kapitalforum, Nr. 1/1997.

Zu den deutschen Staatsschulden vgl. auch: Der Spiegel, 9.6.1997.

Zur deutschen Währungsunion: Bandulet, Das Maastricht Dossier, S. 68ff.

Zitat Münster: SZ, 17.6.1996.

Professor Miegel: Financial Times, 16.12.1996.

Zahlen zur verdeckten Staatsschuld: Vereinsbank, Der Euro und die Kapitalmärkte, April 1997.

Manuskript Reinhard Deutsch: Drei Thesen zur Modernisierung der Marktwirtschaft.

Martin Armstrong: Why Inflation is Really Understated, The World Capital Market Review, September 1996.

Rolf Nef: The Browning Newsletter, Burlington, Vermont, USA.

Professor Wittmann: Das globale Desaster.

Connolly: Lombard Street Research, Monthly International Review, Oktober 1996.

Kapital 10 Wie Sie als Anleger auf Nummer Sicher gehen

Strukturvertriebe: Manfred Gburek, Fit für Fonds.

Zum DAX: FAZ, 19.7.1997.

Geschichte des Goldes: Bandulet, Gold Guide.

Renditeberechnungen Goldman, Sachs: Gold&Money Intelligence, März 1996.

Professor Wittmann: Das globale Desaster.

Die Präsidenten von Reichsbank, Bank deutscher Länder und Deutscher Bundesbank

Hermann von Dechend	01.01.1876–40.04.1890
Richard Koch	01.05.1890–1908
Rudolf Havenstein	1908–20.11.1923
Hjalmar Schacht	22.12.1923–02.04.1930
Hans Luther	03.04.1930–16.03.1933
Hjalmar Schacht	17.03.1933–19.01.1939
Walther Funk	20.01.1939–08.05.1945
Dr. Karl Bernard (Präsident des Zentralbankrats)	20.05.1948–31.12.1957
Dr. Wilhelm Vocke (Präsident des Direktoriums)	20.05.1948–31.12.1957
Dr. h.c. Karl Blessing	01.01.1958–31.12.1969
Dr. Karl Klasen	01.01.1970–31.05.1977
Dr. Otmar Emminger	01.06.1977–31.12.1979
Karl Otto Pöhl	01.01.1980–31.07.1991
Prof. Dr. Helmut Schlesinger	01.08.1991–30.09.1993
Dr. Hans Tietmeyer	seit 01.10.1993

Das Manifest der 62 Professoren gegen die Währungsunion vom Juni 1992

(unterzeichnet u.a. von:
Renate Ohr, Hohenheim;
Norbert Berthold, Würzburg;
Rolf Caesar, Hohenheim;
Herbert Giersch, Kiel;
Manfred Neumann, Bonn;
Hans-Jürgen Schmahl, Hamburg;
Roland Vaubel, Mannheim;
Christian Watrin, Köln.)

1. Eine Wirtschafts- und Währungsunion kann als erstrebenswertes Ziel des europäischen Integrationsprozesses angesehen werden. Die Beschlüsse von Maastricht sind allerdings in entscheidenden Punkten ungeeignet, dieses Ziel angemessen zu verwirklichen.
2. Eine funktionsfähige Wirtschafts- und Währungsunion erfordert als Vorbedingung eine dauerhafte – über mehrere Jahre hinweg nachgewiesene – Angleichung der relevanten Wirtschaftsstrukturen der Mitgliedsländer. Eine einmalige – stichtagsbezogene – und damit mehr oder weniger zufällige Erfüllung einzelner Kriterien ist kein Nachweis der erforderlichen Konvergenz.
3. Die in Maastricht festgelegten Konvergenzkriterien sind zu weich. So ist u.a. nicht irgendeine relative, sondern allein eine in absoluten Werten definierte Preisniveaustabilität als ökonomische Vorbedingung für den Eintritt in die Wirtschafts- und Währungsunion zu fordern.

4. Der endgültig fixierte Termin für die Realisierung der Währungsunion (01.01.1999) wird eine politische Eigengesetzlichkeit gegenüber den vereinbarten Konvergenzkriterien nach sich ziehen: Ist der Zeitpunkt erreicht, besteht die Gefahr, daß insbesondere das Inflationskriterium und das Defizitkriterium einer »tragbaren Finanzlage der öffentlichen Hand« politisch verwässert werden, um Diskriminierungen einzelner Länder zu vermeiden.
5. Die Europäische Zentralbank wird – trotz weitgehender Unabhängigkeit – Preisstabilität in Europa nicht durchsetzen, weil es für sie aufgrund unterschiedlicher Interessen der nationalen Entscheidungsträger keinen genügend starken Anreiz gibt, dies zu wollen. Die persönliche Unabhängigkeit der Gouverneure ist nicht gesichert, und Sanktionen bei Verletzung des Stabilitätsziels fehlen.
6. Als Voraussetzung für eine erfolgreiche Politik der Preisstabilität müßte die Europäische Zentralbank auch die Wechselkurskompetenz gegenüber Drittlandswährungen besitzen. Da diese Kompetenzübertragung nicht vorgesehen ist, besteht die Gefahr, daß über politische Einflußnahme auf die Wechselkurse die Geldpolitik stabilitätswidrig konterkariert wird. Dies gilt gleichermaßen für die Tatsache, daß Kapitalverkehrskontrollen gegenüber Drittländern immer noch möglich sind.
7. Einen Konsens, Preisstabilität als Priorität zu betrachten, wie er traditionell in Deutschland vorliegt, gibt es in Gesamteuropa bisher noch nicht. Nur mit einem solchen Konsens, den Notenbank, Regierung und Bevölkerung gemeinsam tragen, kann jedoch eine konsequente Stabilitätspolitik verfolgt werden, da diese u.a. der Unterstützung der Lohnpolitik und der Finanzpolitik des Staates bedarf.
8. Die ökonomisch schwächeren europäischen Partnerländer werden bei einer gemeinsamen Währung einem verstärk-

ten Konkurrenzdruck ausgesetzt, wodurch sie aufgrund ihrer geringeren Produktivität und Wettbewerbsfähigkeit wachsende Arbeitslosigkeit erfahren werden. Hohe Transferzahlungen im Sinne eines »Finanzausgleichs« werden damit notwendig. Da bisher noch keine Vereinbarungen über die Struktur einer politischen Union existieren, fehlt hierfür jedoch ein demokratisch hinreichend legitimiertes Regelungssystem.

9. Zur Zeit gibt es daher kein ökonomisch zwingendes Argument dafür, von oben eine monetäre Einheit auf ein wirtschaftlich, sozial und interessenpolitisch noch uneiniges Europa zu stülpen. Die Verwirklichung des EG-Binnenmarktes benötigt oder erzwingt keineswegs eine gemeinsame europäische Währung.
10. Die überhastete Einführung einer Europäischen Währungsunion wird Westeuropa starken ökonomischen Spannungen aussetzen, die in absehbarer Zeit zu einer politischen Zerreißprobe führen können und damit das Integrationsziel gefährden.

Konvergenzkriterien: Wie die FDP weich wurde

Umfragen besagen: 60% der Bürger trauen den Politikern nicht – eine erschreckende Zahl für eine Demokratie.

Doch wen wundert das schon, wenn er zum Beispiel einmal nachvollzieht, wie die FDP ungeniert ihre Wahlversprechen bricht:

Bei ihrem Parteitag am 16. Oktober 1993 in Magdeburg versicherten die FDP-Delegierten ihren Wählern zum Euro wörtlich:

- »Bei der Stabilität des Gelds darf auch n i c h t d a s k l e i n s t e Risiko für den Bürger zugelassen werden.«

Der Kleine Parteitag der FDP am 22. Januar 1994 in Hannover bestätigte das gleiche Versprechen ein zweites Mal:

- »Bei der Stabilität des Geldes darf n i c h t d a s k l e i n s t e Risiko für den Bürger zugelassen werden.«

Viereinhalb Monate später jedoch bekamen die FDP-Politiker kalte Füsse. Jetzt beschlossen sie auf ihrem Bundesparteitag am 3.–5. Juni 1994 in Rostock nur noch:

- »Bei der Stabilität des Geldes darf k e i n Risiko für den Bürger zugelassen werden.«

Das »nicht das kleinste« hatten sie herausoperiert, weil sie allmählich auch erkannten, daß der Euro sehr wohl Risiken für den Bürger mit sich bringt.

Doch auch am 17. Oktober 1995 tönte der europapolitische Sprecher der FDP, Helmut Haussmann, im FDP-Positionspapier unter der Überschrift »Die strengen Konvergenzkriterien einhalten«:

- »Die Liberalen werden sich jedem Versuch der Aufweichung der Stabilitätskriterien widersetzen und ihre Zustimmung ausdrücklich von der tatsächlichen Erfüllung der strengen Konvergenzkriterien durch die Teilnehmerländer abhängig machen.«
- »Rabatte können nicht gewährt werden.«
- »Es muß klar sein, daß die Eintrittsbedingungen Maximal-Werte sind.«
- »Die im Vertrag getroffenen Regelungen müssen strikt stabilitätsorientiert werden.«

Noch im September 1996 schrieb er ähnliches in der FDP-Zeitschrift LIBERALE DEPESCHE:

- »Die strikte Einhaltung der Konvergenzkriterien garantiert die Stabilität des Euro.«

Außerdem definierte er, die 3% Defizit und die 60% Schuldenstand seien O b e rgrenzen – was bedeutete, daß alles über 3,0 und 60,0% zu hoch ist.

Doch dann plötzlich merkte auch Ex-Wirtschaftsminister Haussmann, was alle Welt längst wußte: daß Deutschland und Frankreich die Kriterien nicht einhalten können.

Daraufhin wendete er den Hals und verkündete am 21. März 1997 im Bundestag:

- »Wer für einen Vorrang der Stabilitätskriterien vor dem Zeitplan votiert, mißachtet den Vertrag.«

Und es gelang ihm sogar, sich selbst die Worte im Munde herumzudrehen: statt »strikt stabilitätsorientiert« erfand er flugs den Begriff »strikt vertragskonform« (weil der Maastricht-Vertrag in der Tat eine Aufweichung der Stabilitätskriterien ermöglicht).

Womit hatte Haussmann seine Rede im Parlament begonnen? Sinnigerweise mit der Devise »Was not tut, ist Wahrheit.«

Erklärung der Bundesbank vom 28. Mai 1997 zur Neubewertung der Gold- und Devisenreserven

Nachstehende Stellungnahme des Zentralbankrates ist heute vorab der Bundesregierung zugeleitet worden:
Der Zentralbankrat der Deutschen Bundesbank hat sich auf seiner Sitzung am 28. Mai 1997 mit dem vom Bundesfinanzministerium vorgelegten Konzept zur Rechnungslegung der Deutschen Bundesbank befaßt.
Darin ist vorgesehen, die Gold- und Devisenreserven deutlich höher zu bewerten und den Bewertungsgewinn teilweise an den Bund zur Tilgung von Schulden des Erblastentilgungsfonds auszuschütten. Diese Ausschüttung soll bereits 1997 und 1998 erfolgen. Außerdem soll eine Neuordnung der Kapitalausstattung und der Rücklagen vorgenommen werden.
Der Zentralbankrat gibt dazu folgende Stellungnahme ab:

1. Dem gesetzlichen Rahmen in Deutschland entsprechend bilanziert die Bundesbank bisher nach dem Niederstwertprinzip. Nach dem gegenwärtigen Verhandlungsstand im Europäischen Währungsinstitut zeichnet sich für die Europäische Zentralbank (EZB) bzw. für die Konsolidierte Bilanz des Europäischen Systems der Zentralbanken (ESZB) eine Bewertung zu Marktpreisen ab, bei der nicht realisierte Bewertungsgewinne allerdings nicht ausgeschüttet, sondern in ein Neubewertungskonto eingebracht werden. Über die Bewertungsmethode in der Währungsunion entscheidet verbindlich erst der EZB-Rat. Das gilt auch für die Bewertung des von den nationalen Notenbanken auf die EZB zu übertragenden Teils der Reserven. Im übrigen stehen die

bei der Bundesbank verbleibenden Reserven grundsätzlich weiterhin für die nationale Verwendung zur Verfügung.

2. Das vorgelegte Konzept des Bundesfinanzministeriums für die Jahre 1997 und 1998 entspricht nicht den für das ESZB vorgesehenen Regelungen, da es die Neubewertung der Reserven mit einer Ausschüttung nicht realisierter Gewinne verbindet.
3. Mit dem Eintritt in die Europäische Währungsunion (EWU) ändern sich die Aufgaben der Bundesbank. Zu diesem Zeitpunkt sollte auch die Neuregelung der Bewertungsvorschriften sowie der benötigten finanziellen Ausstattung wirksam werden. Dabei sollten die Kapitalstruktur neu geordnet und die Ausgleichsforderungen der Bundesbank abgelöst werden. In diesem Zusammenhang kann dann auch eine geldpolitisch vertretbare Ausschüttung vorgesehen werden. Es obliegt dem Gesetzgeber, die dafür erforderliche Gesetzeslage zu schaffen. Die Zentralbank hält es in Übereinstimmung mit dem Konzept des Bundesfinanzministeriums für richtig, diese Ausschüttung ausschließlich zur Rückführung der Schulden des Erblastentilgungsfonds zu verwenden.

   Die im Konzept des Bundesfinanzministeriums bisher vorgesehene detaillierte Sonderregelung für die Jahre 1997 und 1998 kann als Eingriff in die eigenverantwortliche Aufstellung und Feststellung der Bilanz und insoweit in die Unabhängigkeit der Bundesbank angesehen werden.

   Nach der Entscheidung über den Kreis der Länder, die von Anfang an an der EWU teilnehmen, wird die Bundesbank in ihrem Abschluß für das Jahr 1997 auf der Basis des geltenden Rechts einer geänderten Risikolage gegebenenfalls Rechnung tragen.
4. Bei einer Ausschüttung noch im Jahre 1997, dem Referenzjahr für die Auswahl der EWU-Teilnehmerländer, besteht die Gefahr der Einbuße an Vertrauen in die Stabilität der

künftigen europäischen Währung. Bundesregierung und Bundesbank haben bisher stets betont, daß die Konvergenzkriterien des Maastricht-Vertrages glaubwürdig und dauerhaft erfüllt werden müssen, um die Europäische Währungsunion auf eine solide Grundlage zu stellen. Eine formale Erfüllung der fiskalpolitischen Kriterien durch die Ausschüttung des Neubewertungsgewinns wird aus der Sicht der Bundesbank diesen Anforderungen nicht gerecht. Zu einer nachhaltigen Verbesserung der öffentlichen Finanzen kann die Ausschüttung nur einen begrenzten Beitrag leisten. Dagegen wären negative Rückwirkungen auf die Interpretation der Beitrittskriterien und die stabilitätspolitische Glaubwürdigkeit der Auswahl des Teilnehmerkreises im Mai 1998 kaum zu vermeiden.

5. Eine Ausschüttung stiller Reserven wäre je nach Größenordnung geldpolitisch beherrschbar. Wird sie jedoch gesetzlich vorgeschrieben, bedeutet dies einen Eingriff in die Geldpolitik der Bundesbank. Eine solche Maßnahme stünde im Widerspruch sowohl zur deutschen Tradition als auch zu den Vorstellungen des Maastricht-Vertrages über die Unabhängigkeit der Notenbanken.

John Laughland über falsche Europaideen

Wenn Sie firm im Englischen sind, sollten Sie zu einem neuen Buch von John Laughland greifen: The Tainted Source. The Undemocratic Origins of the European Idea. (Little, Brown, London 1997, 370 Seiten)

Laughland studierte in Oxford und München, lehrte Politik und Philosophie an der Sorbonne, arbeitet für das *Wall Street Journal* und den *Spectator* und lebt in Brüssel. Mit seinem neuen Buch ist ihm ein großer Wurf gelungen. Er kann nachweisen, wie die europäische Idee von den Nationalsozialisten, den Kommunisten und inzwischen auch von den Maastricht-Ideologen okkupiert und in ein Instrument gegen die Freiheit umgeschmiedet wurde. Hinter der Dauerkampagne gegen die Souveränität der Nationen, gegen stabiles Geld und gegen den traditionellen Rechtsstaat sieht Laughland das Konzept der »Einen Welt« (One World). Originalzitate aus dem Buch:

- Als er noch französischer Außenminister war, erklärte Roland Dumas: »Das Recht der Völker auf Selbstbestimmung darf nicht die Ursache für Instabilität sein.« Bei einer anderen Gelegenheit fügte er hinzu: »Es ist nicht die Aufgabe der EG, die Unabhängigkeit der Völker zu fördern.«
- Vielleicht der größte Exponent dieser Ansicht im Westen war François Mitterrand. Er war bekannt dafür, daß er die mühsame Vielfalt kleiner Nationen verachtete und an große geopolitische Gruppierungen glaubte. Bei einem Treffen mit Gorbatschow am 30.10.1991 in Frankreich versicherte Mitterrand seinem Gast, daß Frankreich nichts tun würde, um das Auseinanderbrechen der Sowjetunion zu er-

mutigen... Im Januar 1996 sagte der kommunistische Führer Gennadi Zyuganov, er befürworte die Integration der früheren Sowjetstaaten »nach dem Modell der Europäischen Union«.

- Gorbatschow behauptete 1995, nötig sei »die Schaffung eines globalen Systems gemeinsamer Sicherheit«. In der Tat, der häufige Gebrauch von Worten wie »Architektur« oder »System« in solchen Zusammenhängen setzt die Existenz eines Architekten oder Planers voraus, der die neue Welt gestaltet. Wie alles sozialistische Gedankengut, fußt dieses »neue Denken« auf einer radikalen Ablehnung der Menschheit, wie sie existiert, und der Freiheit. Die Tatsache, daß solche Pläne für eine paneuropäische Regierung ständig vom Ruf nach einer supranationalen Sozialpolitik begleitet werden, unterstreicht nur ihre sozialistische Natur.
- Die ganze Gorbatschowsche und One-World-Ideologie von dem »gemeinsamen europäischen Haus« setzt die Auflösung des politischen Lebens in eine uniforme weltweite Verwaltung voraus. Es ist deswegen nicht überraschend, daß die One-World-Ideologie bei der internationalen Linken so populär ist.
- Die One-World-Ideologie behauptet auch, daß Grenzen Barrieren sind, die niedergerissen werden sollten. Sie sieht keinen Unterschied zwischen Innen- und Außenpolitik. Aber es ist natürlich so, daß eine Grenze eine Linie ist, die eine Jurisdiktion abgrenzt. Und der Unterschied zwischen »innen« und »außen« ist deswegen der eigentliche Eckstein der staatlichen Existenz und der Herrschaft des Rechts.
- Unser »Plan« sollte darin bestehen, den Prinzipien einer freien Gesellschaft treu zu bleiben. Das ist schwierig. Aber das menschliche Leben als solches ist unstabil und unsicher. Nur das Recht, die Demokratie und gesundes Geld machen diese natürliche Unsicherheit begreifbar und sogar stimulierend.

Parlamentsvorbehalt

Der Deutsche Bundestag beschloß am 2. Dezember 1992 in abschließender Lesung mit 543 von 568 abgegebenen Stimmen das Zustimmungsgesetz zum Unions-Vertrag; der Bundesrat stimmte am 18. Dezember 1992 dem Gesetz einstimmig zu. Das Gesetz ist am 30. Dezember 1992 im Bundesgesetzblatt verkündet worden und am 31. Dezember 1992 in Kraft getreten. In der Sitzung vom 2. Dezember 1992 faßte der Bundestag eine Entschließung zur Wirtschafts- und Währungsunion, in der es heißt:

»...3. Der Deutsche Bundestag erkennt an, daß der Vertrag über die Europäische Union eine Grundlage für eine stabile europäische künftige Währung schafft, insbesondere durch die Sicherung der Unabhängigkeit der Europäischen Zentralbank und die Vereinbarung von Stabilitätskriterien für die teilnehmenden Mitgliedstaaten.

Dabei werden beim Übergang zur dritten Stufe der Wirtschafts- und Währungsunion die Stabilitätskriterien eng und strikt auszulegen sein. Die Entscheidung für den Übergang zur dritten Stufe kann nur auf der Grundlage erwiesener Stabilität, des Gleichlaufs bei den wirtschaftlichen Grunddaten und erwiesener dauerhafter haushalts- und finanzpolitischer Solidität der teilnehmenden Mitgliedstaaten getroffen werden. Sie darf sich nicht an Opportunitätsgesichtspunkten, sondern muß sich an den realen ökonomischen Gegebenheiten orientieren. Die Natur der Kriterien bedingt es, daß ihre Erfüllung nicht nur statistisch gesichert werden kann. Ihre dauerhafte Erfüllung muß vielmehr auch aus dem Verlauf des Konvergenzprozesses glaubhaft sein. Die künftige europäische

Währung muß so stabil sein und bleiben wie die Deutsche Mark.

Der Deutsche Bundestag wird sich jedem Versuch widersetzen, die Stabilitätskriterien aufzuweichen, die in Maastricht vereinbart worden sind. Er wird darüber wachen, daß der Übergang zur dritten Stufe der Wirtschafts- und Währungsunion sich streng an diesen Kriterien orientiert.

Der Übergang zur dritten Stufe der Wirtschafts- und Währungsunion erfordert auch eine Bewertung durch den Deutschen Bundestag. Die Bundesregierung bedarf demgemäß für ihr Stimmverhalten bei Beschlüssen des Rates nach Artikel 109 j Abs. 3 und 4 des Vertrages zur Gründung der Europäischen Union des zustimmenden Votums des Deutschen Bundestages. Das Votum des Deutschen Bundestages bezieht sich auf dieselbe Materie wie die Bewertung des Rates der Wirtschafts- und Finanzminister und die Entscheidung des Rates in der Zusammensetzung der Staats- und Regierungschefs.

4. Der Deutsche Bundestag fordert die Bundesregierung auf zu erklären, daß sie dieses Votum des Deutschen Bundestages respektieren wird.

5. Er fordert die Bundesregierung auf, diese Vorgehensweise den Vertragspartnern sowie der Europäischen Kommission und dem Europäischen Parlament mitzuteilen.

6. Der Deutsche Bundestag fordert die Bundesregierung auf, ihm ab 1994 jährlich einen Bericht über die Entwicklung der Konvergenz in der Europäischen Union vorzulegen...« (BT-Drucks. 12/3906; Sten.Bes. 12/126 S. 10879 ff.)

Der Bundesrat faßte in seiner Sitzung vom 18. Dezember 1992 eine weitgehend gleichlautende Entschließung.

Am 2. April 1993 sandte der Bundesminister der Finanzen Theo Waigel an die Vorsitzende des Europaausschusses des Deutschen Bundestages Dr. Hellwig ein Schreiben, in dem es u.a. heißt:

»... Im Plenum des Deutschen Bundestages habe ich am 2. Dezember 1992 bereits festgestellt, die Bundesregierung werde sich vor dem wichtigen Schritt in die Währungsunion ›der Rückendeckung der gesetzgebenden Gremien versichern‹. Ich habe dabei auf das ›zustimmende Votum‹ Bezug genommen, von dem in den übereinstimmenden Entschließungen des Bundestages und Bundesrates gesprochen wird.
Ich habe mich auch bereit erklärt, das zwischen Parlament und Bundesregierung gewählte Verfahren unseren Partnern in der Gemeinschaft in Zusammenarbeit mit dem Bundesaußenminister mitzuteilen.
Diese Mitteilung sollte alsbald nach Hinterlegung der Ratifikationsurkunde durch die Bundesregierung erfolgen, mit der das Ratifikationsverfahren bei uns abgeschlossen wird.«

Literaturverzeichnis

Hans Apel, Staat ohne Maß: Die Finanzpolitik in der Sackgasse, Düsseldorf/München 1997

Roland Baader, Die Euro-Katastrophe: für Europas Vielfalt – gegen Brüssels Einfalt, Böblingen 1993

Bruno Bandulet, Gold Guide, Niederglatt 1987
ders., Die Rückseite des Wunders. Deutschland und seine Tabus, München 1990
ders., Das Maastricht Dossier, München 1993

Hans A. Bernecker (Hrsg.), Wegweiser für Kapitalanlagen 1997, Ebmatingen 1997

Bernard Connolly, The Rotten Heart of Europe. The Dirty War for Europe's Money, London 1995

Ludwig Erhard, Wohlstand für Alle, Düsseldorf 1997

Otmar Emminger, D-Mark, Dollar, Währungskrisen: Erinnerungen eines ehemaligen Bundesbankpräsidenten, Stuttgart 1986

Deutsche Bundesbank (Hrsg.), Die Geldpolitik der Bundesbank, Frankfurt/Main 1995

Deutsche Bundesbank (Hrsg.), Währung und Wirtschaft in Deutschland 1876 - 1975, Frankfurt/Main 1976

Jörg Fisch, Reparationen nach dem Zweiten Weltkrieg, München 1992

Manfred Gburek, Fit für Fonds, Wiesbaden 1996

James Goldsmith, Die Falle und wie wir ihr entrinnen können, Holm 1996

Wilhelm Hankel, Dollar und ECU. Leitwährungen im Wettstreit, Frankfurt/Main 1992
ders., Die sieben Todsünden der Wiedervereinigung – Wege aus dem Wirtschaftsdesaster, Berlin 1993
ders., Das große Geld-Theater: Über DM, Dollar, Rubel und ECU, Stuttgart 1995

Wilhelm Hankel/Bruno Bandulet, Wenn die D-Mark stirbt. Der Vertrag von Maastricht und die Konsequenzen, Bad Kissingen 1995

Volker Hentschel, Ludwig Erhard: ein Politikerleben, Lech 1996

John Laughland, The Tainted Source: The Undemocratic Origins of the European Idea, London 1977

Erich Leverkus, Freier Tausch und fauler Zauber. Vom Geld und seiner Geschichte, Frankfurt/Main 1990

David Marsh, Die Bundesbank: Geschäfte mit der Macht, München 1992
ders., Der zaudernde Riese. Deutschland in Europa, München 1994

Marcel van Meerhaeghe, The Information Policy of the European Commission, 1995. Zu beziehen über: Centre für the New Europe, Roularta Media Building, Research Park, De Haak, 13-1731 Zellik, Belgien

Meinhard Miegel, Stefanie Wahl, Das Ende des Individualismus. Die Kultur des Westens zerstört sich selbst, München/Landsberg am Lech 1994

Wilhelm Nölling, Unser Geld: der Kampf um die Stabilität der Währungen in Europa, Berlin/Frankfurt am Main 1993

Werner Obst, Euro und Osterweiterung – Chance und Schicksal für 800 Millionen Europäer, München 1997

Günter Reimann, Die Ohnmacht der Mächtigen. Das Kapital und die Weltkrise, Leipzig 1993

Joachim Schäfer (Hrsg.), Bund der Selbständigen e.V., »Droge« Subventionen – Strukturkonservierung in Europa, Dortmund 1996

George Soros, The Alchemy of Finance. Reading the Mind of the Market, New York 1987

Joachim Starbatty (Hrsg.), Klassiker des ökonomischen Denkens. Zweiter Band, München 1989

Franz-Ulrich Willeke (Hrsg.), Die Zukunft der D-Mark: eine Streitschrift zur Europäischen Währungsunion, München/Landsberg am Lech 1997

Walter Wittmann, Das globale Desaster. Politik und Finanzen im Bankrott, München 1995

Danilo Zolo, Die demokratische Fürstenherrschaft. Für eine realistische Theorie der Politik, Göttingen 1997

Personenregister